인종담론과 성(性)담론: 셰익스피어의 경우

김종환 지음

계명대학교 출판부

이 저서는 2009년 교육과학기술부의 재원으로 한국연구재단의
지원을 받아 수행된 연구임 (NRF-2009-A00132)

일러두기

- 이 책에서 인용하는 모든 셰익스피어 작품의 대사는 G. B. Evans가 편집한 *The Riverside Shakespeare* (Boston: Houghton Mifflin, 1974)에 따른다.
- 원문인용의 번역은 모두 필자의 것이다.
- 작품인용 원문은 각 장의 인용문헌 뒤에 부가한다.
- 한글 서명은 『 』로 영문 서명은 모두 이탤릭으로 처리한다.
- 작품명과 등장인물명은 몇몇 경우를 제외하고는 『셰익스피어 연극 사전』(도서출판 동인, 2005)을 따른다.
- MLA 방식에 따라 내주를 사용하지만, 부가적인 설명이 필요한 부분은 각주로 처리한다.

시작하는 말

이 연구는 20세기에 진행된 주요한 비평적 논의, 즉 문화유물론과 페미니스트 비평의 논의를 참조하여 셰익스피어 작품에 반영된 인종담론과 성(性)담론을 읽어 내려는 시도이다. 이 과정에서 타자 재현의 주요한 도구로 작용하는 담론의 문제성을 드러낼 것이며, 타자 재현의 정당성을 논의할 것이다. 인종담론과 인종적 타자 재현이 주요한 문제로 부각된 것은 문화유물론이다. 성담론과 성적 타자인 여성에 관한 재현이 주요한 문제로 부각된 것은 페미니스트 비평이다. 담론과 문학적 재현은 항상 정치성을 띠고 있다. 담론은 그 대상과 방향성과 목적을 담고 있는 정치적 언어 실천이고, 재현에는 항상 작가의 시각이 반영되어 있기 때문이다. 담론은 사회의 구체적 상황과 특수한 맥락에서 생산되며 주체와 타자, 즉 개인의 정체성은 그를 둘러싼 담론의 영역 가운데 형성되고 재현된다. 그러므로 담론은 이데올로기가 행사되는 통로로 작용하며 담론은 항상 '타자화'의 주요한 도구이다.

인종과 성에 관련된 재현의 정당성과 타자화 담론에 내포된 정치성은 최근의 연구에서 가장 논란이 되어 왔던 문제 중의 하나일 것이다. 1970년대 중반 이후, 백인과 유색인종, 남성과 여성이란 대립 쌍의 경계를 의문시하고 후자의 입장을 고려하는 비평이 활발하게 전개되면서, 후자에 속한 '타자'의 재현 방식과 타자화의 담론은 현대 비평의 핵심적인 문제로 부각된다. 문화유물론은 인종적·종교적 타자의 문제를 페미니스트 비평은 남성의 타자로서 존재하여 왔던 여성을 분석의 초점으로 삼는다. 이들의 논의에서 대립 쌍의 경계와 차이를 조장하는 담론과 그 재현 방식은 항상 중요한 분석 대상이다.

지금까지 페미니스트 비평은 텍스트에 대한 기존의 남성중심의 접근 방식을 비판하고 타자화된 여성 인물의 목소리를 확대하여 읽으려고 할 뿐 인종적 타자의 문제는 고려의 대상으로 하지 않았다. 문화유물론자들 역시 인종적 타자의 문제를 성적인 타자로부터 고립시켜 연구를 진행하여 왔다. 그러나 인종적 타자와 성적 타자에 내포된 문제를 따로 분리하여 고찰하는 것이 아니라, 이를 다면적으로 그리고 총체적으로 고찰할 때, 텍스트의 보다 온전한 의미가 드러날 수 있을 것이다. 인종적 타자의 재현과 타자화 담론은 성적 타자의 그것과 서로 동떨어진 것이 아니기 때문이다. 어떤 문화에서 인종적 타자가 지배 권력과 담론을 통해 형성되고 텍스트에 재현되는 방식은 성적 타자가 남성중심적인 담론을 통해 형성되고 남성작가에 의해 텍스트에 재현되는 방식과 그리 큰 차이가 없다. 다만 '전복성'의 문제와 담론의 심각성, 그리고 정치적 강도가 차이 있을 뿐이다. 이는 셰익스피어 텍스트에서도 예외가 아니다.

본 연구는 셰익스피어의 작품 가운데 인종적 타자의 문제와 성적 타자의 문제가 한 텍스트에 동시에 드러나고 있는 『오셀로』(*Othello*), 『타이터스 앤드로니커스』(*Titus Andronicus*), 『태풍』(*The Tempest*), 『베니스의 상인』(*The Merchant of Venice*), 그리고 『안토니와 클레오파트라』(*Anthony & Cleopatra*)를 논의의 대상으로 삼는다. 텍스트가 생성되었던 역사적·문화적 맥락 속에서 셰익스피어의 텍스트들을 논의하면서 인종적 타자와 성적인 타자의 형성에 기여했던 담론의 문제성을 드러내고, 인종담론과 성담론의 연관 관계를 밝히면서 타자의 재현에 있어 셰익스피어의 태도를 읽어낼 것이다. 이를 위하여 본 연구는 다음 네 가지 가설을 설정하고 연구를 진행한다.

첫째, 인종의 '차이'와 성의 '차이'에 관련된 타자화 담론과 타자의 재현 방식은 서로 동떨어진 것이 아니다. 이 둘은 연관성을 갖고 동시에 작용하고 있다. 둘째, 한 텍스트에서 인종담론과 성담론이 갈등 관계에 있을 경우 인종담론이 성담론보다 우세하게 작용하며, 성담론은 인종담론을 강화하는데 기여한다. 이는 인종적 타자의 문제가 성적 타자의 문제보다 더 심각한 양상으로 진행되고 있음을 시사한다. 셋째, 타자화 과정과 타자의 재현 방식에는 유사성이 있으나, 인종적 타자와 성적 타자의 '전복성'에는 차이가 있다. 대체로 인종적 타자의 전복성이 기존의 질서에 더 위협적이지만, 이는 강력한 통제에 직면한다. 남성과 여성의 경계를 넘어 차이를 희석시키려는 성적 타자의 시도는 어느 정도 성공하는 경우를 볼 수 있지만, 인종의 차이와 경계를 넘으려는 인종적 타자의 시도는 모두 실패한다. 이는 성적인 경계는 어느 정도 희석될 수 있지만 인종적 경계는 쉽게 희석될 수 없음을 시사한다. 넷째, 표면적으로는 셰익스피어가 당대의 백인 남성중심의 담론을 재현하고 있는 것 같지만, 이를 자신의 텍스트에 여과 없이 반영하고 있는 것은 아니다. 표면적으로는 이를 재현하고 있는 것 같으나, 암묵적으로는 도리어 당대의 인종차별담론과 여성차별담론을 비판한다.

포스트모더니즘의 논의가 확산된 시점에서 백과 흑, 선과 악, 정의와 불의, 남성과 여성의 경계가 임의적이라는 주장이 설득력을 갖게 되었고, 타자라는 존재가 담론행위의 산물이라는 주장도 설득력을 가지게 되었다. 인종과 젠더의 차이가 차별로 이어지지 않고 다름이 함께 어울리는 세상을 기대한다.

2012년 7월 29일

김 종 환

차 례

인종담론과 성(性)담론: 셰익스피어의 경우

1. 연구동향과 선행연구

1990년대 이전까지의 페미니스트 비평은 텍스트에 대한 기존의 남성중심의 접근 방식을 비판하고 '타자화'된 여성 인물의 목소리를 확대하여 읽으려고 할 뿐 인종적 타자의 문제는 고려의 대상으로 하지 않았다. 문화유물론자들 역시 인종적 타자의 문제를 성적인 타자로부터 고립시켜 연구를 진행하여 왔다. 그러나 최근에 들어 서구의 연구자들 사이에서 인종적 타자나 성적인 타자를 고립시켜 연구하는 태도를 지양하고, 두 그룹을 동시에 고려하려는 움직임이 산발적으로 나타나고 있다. 셰익스피어 연구에서 아니아 룸바(Ania Loomba)의 연구와 마르고 헨드릭스(Margo Hendricks)의 선집[1]은 이러한 경향을 대표한다. 인종담론과 성담론을 통합적으로 검토하면서 셰익스피어 당대 문화의 지

1) Ania Loomba, *Gender, Race, Renaissance Drama* (Manchester: Manchester UP, 1989); Margo Hendricks and Patricia Parker, eds., *Women, 'Race', and Writing in the Early Modern Period* (London: Routledge, 1994).

형도를 그리는 시도가 진행되고 있다는 말이다.

서구백인중심 담론은 서양을 세계의 중심에 위치시키고, 타문화를 주변부에 두면서 서구문화의 지배를 정당화하였고, 오리엔털리즘이란 “동양 세계를 지배하고, 재구성하여, 동양에 대한 지배력을 획득하는 서구의 방식”이라고 보았던 사이드(Edward Said)의 성찰은 본 연구의 인종적 타자 논의에 중요한 근거를 제시한다. 사회를 야만과 문명, 또는 비논리와 논리의 이분법적인 구도로 파악하기를 거부했던 레비스트로스의 성찰도 본 연구에 유용한 시각을 제공해준다. 또한 성차에 대한 보바르의 철학적 성찰도 성적 타자를 논의하는 데 중요한 시각을 제공한다.

1980년대 중반 이후 문화유물론과 페미니스트 비평이 활성화되면서 비평가들은 기존의 지배 권력과 중심문화로부터 배제되어온 타자에 대한 관심을 확대하기에 이르렀다. 문화유물론은 백인중심문화로부터 타자로 존재하여 왔던 유색인종에 대한 재현의 문제점을 지적하였다. 최근에 문화유물론이 문학비평을 주도하면서 셰익스피어 작품과 관련된 인종문제와 식민담론은 중요한 문제로 부각되었다. 문화유물론자들은 셰익스피어의 텍스트에 작용하고 있는 당대 영국의 식민팽창주의 담론과 역사적 현실간의 상호작용에 관한 새로운 관점을 드러내고 있다. 특히 이들은 당대 이데올로기와 작가간의 상호작용, 작품의 공연과 수용, 비평과정에서 작가와 작품, 관객 간에 일어나는 복합적인 거래의 과정에 주목한다. 문화유물론자들은 셰익스피어가 당대의 지배 담론이 유포하는 윤리적·이데올로기적·정치적 조류에 깊이 얽혀있다고 간주한다. 모든 ‘차이’의 주체는 항상 그 컨텍스트의 패러다임과 얽혀있으며, 문학 역시 그것을 생산하는 문화적·정치적 배경과 유리되어 존재할 수 없다고 생각하기 때문이다.

소외된 하위주체의 목소리를 드러내는 작업에서 인종담론과 함께 또 하나의 큰 축을 형성하는 성담론은 페미니스트 비평의 주요 논점이 되었다. 1980년대 중반 이후, 종전의 백인 기독교인 학자들이 주도하였던 페미니스트 비평은, 다양한 인종적 문화적 배경을 가진 여성주의자들의 비평으로 대체되기에 이르렀고, 유물론적 페미니스트 비평가들은 문화유물론의 비평적 시각들을 자신의 입장에 맞추어 받아들이게 된다. 셰익스피어의 작품에서 캘리밴(Caliban), 아론(Aaron), 오셀로(Othello), 샤일록(Shylock), 클레오파트라(Cleopatra), 타모라(Tamora), 데스데모나(Desdemona)는 이러한 정치적 비평의 초점이 되고 있는 인물들이다. 그러나 셰익스피어 각각의 작품에 드러난 담론을 총괄하여 고찰하고 인종담론과 성담론과의 연계성을 연구하는 작업은 그리 활성화되지 못했다. 인종담론과 성담론 각각에 관해서는 상당한 정도의 개별 연구 작업이 진행되고 있으나, 그 두 담론 사이의 연계성과 이를 동시에 포괄하는 작업은 아직까지 그리 활성화되지 못했다는 말이다.

주목할 만한 해외의 연구는 다음과 같다. 1991년 발레리 웨인(Valerie Wayne)은 자신이 편집한 책[2]의 서문에서 역사가 객관성을 유지하는 관념적인 실체가 아니라 정치적 행위가 개입되어 형성되고 생산된다는 점을 분명히 하면서, 성과 인종과 계급을 비롯한 모든 것이 우리가 현재에서 과거를 창출해내는 방식에 영향을 미친다고 언급함으로써 이 두 가지의 담론을 함께 고찰할 수 있는 실마리를 제공하였다. 룸바는 『젠더, 인종, 그리고 르네상스 드라마』(*Gender, Race, Renaissance Drama*)에서 인종과 성의 문제가 유리되어 있는 것이 아니며, 제국주의가 내포하고 있는 근본 문제가 가부장제가 내포하고 있는 근본문제와 크게 다르지 않음을 강조하면서, 성차에 관련된 가부장제의 모순과 동시에 인종의 차이에 관한 식민주의의 모순은 동일한 문화적 뿌리를 가

2) *The Matter of Difference: Materialist Feminist Criticism of Shakespeare* (Ithaca: Cornell UP, 1991).

지고 서로 얽혀 있다고 주장하였다. 이 책은 영국의 식민 지배를 받았고 교육에서 셰익스피어가 대단히 큰 비중을 차지했던 인도에서 백인 남성중심 문화의 인종적·성적 타자였던 저자의 경험이 잘 반영되어 있는 책이다. 이와 같이 성(性)과 인종적 타자를 동일선상에서 논의하는 작업은 로버츠(J. A. Roberts)의 저서에서도 반복된다.

헨드릭스(Hendricks)와 파커(P. Parker)가 편집한 『여성, 인종, 그리고 근대 초기의 글쓰기』(*Women, "Race," and Writing in the Early Modern Period*)는 16세기에서 18세기까지의 유럽 문학 작품에 나타난 젠더와 인종의 관계 최초로 다루고 있는 연구서이다. 이 선집에 실린 17명의 페미니스트 비평가들의 논문은 역사적으로 형성된 '인종'의 허구적 본질, 허구적인 '젠더'의 문제를 논의하고, 문학작품 그리고 인문학과 과학적 논문과 여행담 등의 저작들에 인종담론과 성담론이 어떤 식으로 반영되어 있는지를 논의한다. 특히 하워드(Howard)와 브라운(Brown)의 논문은 인종과 젠더의 문제를 관련짓는 작업에 방법론적으로 유용하다. 브라운은 젠더가 지배 문화의 지리적 범위 내에서 형성된 차이의 범주이고, 인종은 외재적이고 지리적 범위 밖에서 외적 대상으로 규정된 차이의 범주라고 주장한다. 인종과 젠더의 허구적 형성과 이 두 가지 범주의 상호 작용을 고찰하는 이 선집의 논문들은 중요한 방법론적 토대를 제공한다.

룸바와 오킨(Martin Orkin)의 비평선집(1998)은 셰익스피어 연구에 있어 탈식민주의 이론과 실제 비평과의 대화 가능성을 모색한다. 이 책에는 인종과 젠더의 문제를 식민주의라는 컨텍스트와 연결지우면서 분석하는 다양한 비평적 시각이 수록되어 있다. 이 선집은 특히 두 가지 측면에서 가치가 있다. 첫째, '인종'이라는 용어를 정의하고 오늘날의 문학비평에서 그 중요성을 환기시킨다. 둘째, 인종에 대한 논의가 국지적으로 전개될 것이 아니라, 좀 더 광범위한 국제적인 범주에서 논의될 문제라는 것을 상기시키면서, 비교분석의 필요성과 중요성을 강조한다.

룸바는 셰익스피어 시대 영국의 이방인들에 관한 논문[3]에서 인종적, 종교적, 국가적, 문화적 차이에 대한 반응을 논의하고, 작가가 '차이'의 개념을 형성하는 과정을 논의한다. 룸바는 '타자성'의 의미를 재고하면서 타자에 대한 여러 집단의 태도가 서로 상충되고 있는 모순적인 현상을 지적하고 이것이 어떻게 극복되어 지배담론이 되었는지를 탐색한다. 또한 국가라는 공동체를 결속시키기 위한 장치로 이용되어 온 지리적 경계와 식민화와 관련된 여러 고증자료들을 분석한다. 근대 초기 유럽에서 제국주의의 성장은 인종적·문화적 타자를 바라보는 새로운 관점을 생산하였고, 타 인종을 열등한 존재로 부각시키는 인종적 담론이 유포되었다. 인종 차별은 피부색에 대한 편견 그 이상의 것이다. 룸바는 흑인의 검은 피부가 흑인의 열등성을 드러내는 기표로 작용하는 현상의 허구성을 지적한다.

룸바는 또한 자신의 연구서인 『셰익스피어, 인종, 식민주의』(*Shakespeare, Race, and Colonialism*, 2002)에서 셰익스피어가 어떻게 타자에 대한 당대의 사고에 의해 영향을 받았으며 또 타자담론을 형성하는 데 기여했는지를 논의한다. 룸바는 식민주의 시대에 출현한 인종 이데올로기와 그 이전의 야만성, 흑인성, 종교적 차이에 대한 개념이 상당한 차이가 있었을 것이라고 가정하고, 셰익스피어의 극에 나타난 인종의 문제를 그 작품들이 생산된 당시의 역사적 컨텍스트와의 연관성 아래에서 고찰한다.

알렉산더(C. M. S. Alexander)가 편집한 『셰익스피어와 인종』(*Shakespeare and Race,* 2001)은 셰익스피어 작품에 드러난 인종 관련 문제를 고찰한 13편

3) "Outsiders in Shakespeare's English," *The Cambridge Companion to Shakespeare,* eds. Margreta de Grazia and Stanley Wells (Cambridge: Cambridge UP, 2001), 147-66.

의 논문을 수록한 선집이다. 논문의 저자들은 셰익스피어의 극에 나타난 인종과 민족성, 정치, 종교, 정체성, 국가주의, 권력의 분배 등을 탐구한다. 이들은 또한 엘리자베스 시대에 대한 역사적 연구에서 최근의 비평 이론에 이르기까지 다양한 관점에서 텍스트와 공연 관계를 다루고 있어, 인종의 문제를 다각도로 비교하고 고찰할 수 있는 기반을 제공하고 있다. 이 선집에 실린 논문들은 상당수가 이미 발표된 글들이긴 하지만, 이 논문들을 주제적으로 분류해서 편집함으로써 이 분야의 연구에 기여하고 있으며, 연구자들이 관심을 기울일 문제점들은 제기하고 있다.

캘러한(D. Callaghan)은 재현의 문제, 특히 젠더와 인종의 극적인 묘사에 관련된 문제들을 논의한다. 저자는 인종의 극적 재현에 대해 정치적 회의를 제기하면서 타자를 고려해야 한다고 주장한다. 또한 백인들로만 구성된 극단이 셰익스피어 작품을 상연하고 인종적 타자를 재현하기 때문에 현실을 왜곡할 수 있다고 지적한다. 즉 흑인으로 분장한 백인 배우의 등장이 재현의 허구성을 증폭시킨다고 지적한다. 체더그조이(K. Chedgzoy)는 셰익스피어가 교육, 연극, 영화 등을 통해 재생산되고 소비되는 방식에 관심을 기울인다. 텍스트의 정치성에 관심을 가진 비평가들은 셰익스피어 작품에서 젠더, 섹슈얼리티, 인종, 문화 계급적 위계질서에 대한 불안이 어떻게 교차하는지를 논의의 대상으로 삼는다. 체더그조이는 젠더와 섹슈얼리티의 문제를 인종과 식민주의 문제와 통합하는 작업은 아직 이루어 지 않았음을 지적하고, 국가적 정체성과 문화의 형성 과정을 고찰하기 위해 젠더, 섹슈얼리티, 그리고 인종을 동시에 고려할 필요가 있다고 주장한다.

젠더와 인종을 동시에 고려하려는 경향은 특히 유물론적 페미니스트 비평(Materialist Feminist)에서 두드러지며, 뉴턴(Judith Newton)과 웨인은 이러한 동향을 대표한다. 유물론적 페미니스트 비평도 다른 페미니스트 비평과 마찬가지로 남성의 타자로 존재하는 여성들에게 가해진 억압과 착취를 연구하고 가부장제적 전제를 해체하려고 노력한다. 그러나 젠더 이데올로기뿐만 아니라 계급과 인종 이데올로기의 관계 속에서 여성뿐만 아니라 남성에 가해진 억압도 고찰한다. 뉴턴은 남성을 가부장제의 전통으로부터 자유로운 존재로 보는 시각을 거부하고, "여성뿐만 아니라 남성도 이데올로기적으로 각인되어 있다"는 가정 아래 인종과 젠더 문제를 동시에 고려한다(Newton xxi-xxvi). 웨인은 성과 인종과 계급과 우리가 처한 역사적 시기, 지리적 환경, 우리의 정치적 입장 등 모든 것이 우리가 현재에서 과거를 창출해내는 방식에 영향을 미친다고 생각하며, 비평 자체가 일종의 정치적 행위라고 주장하면서 성과 인종, 그리고 계급을 동시에 고려한다. 유물론적 페미니스트들은 남성으로부터 여성을 분리하는 태도를 지양하고 남성을 포함한 모든 피억압자를 고려의 대상으로 삼음으로써, '여성만의 문화'를 주장하고 '여성만의 경험'을 중시하는 편협한 시각으로부터 벗어나 있으며, 궁극적으로는 여성해방뿐만 아니라 인간해방을 지향하고 있다.

1990년대 이후 페미니스트 비평 영역에서 진행되고 있는 괄목할만한 현상은 여성의 섹슈얼리티와 성정체성의 형성과 지배담론 혹은 권력과의 관계, 복장전환에 내포된 문화적 함의와 갈등 등이 집중적으로 거론되고 있다는 점이다. 전자를 대변하는 경우가 뉴먼(Karen Newman)과 트롭(Valerie Traub)일 것이다. 뉴먼은 근대 영국에 있어서 여성성의 형성 과정을 논의하고 젠더와 권력이 어떤 관계를 맺고 있는가를 고찰하고 있는데, 정체성의 확립에 대단히 중요한 기능을 수행하는 언어의 기능을 환기시키고 있다. 트롭은 여성의 육체에 대한 남성의 환상, 남성의 욕망과 이에 수반되는 긴장과 혐오와 공포에 초점을 맞추고 있다.[4] 후자를 대변하는 연구는 하워드(Jean Howard)의 연구와 가버(M. Garber), 그리고 블로(V. L. Bullough)의 연구이다.

1980년대 초까지의 연구는 복장전환을 특정한 시대의 특정한 무대 관례로서 간주하였다. 그러나 1980년대 중반 이후 복장전환을 르네상스 시대의 정체성 형성을 이해하고, 남성과 여성의 관계와 당대의 문화에서 진행되었던 갈등과 불안을 효과적으로 고찰할 수 있는 단초로 간주하기 시작했다. 특히 복장전환은 남성과 여성이란 전통적인 이분법의 체계와 당위성을 희석시키고 성적 타자의 저항 가능성을 내포하고 있어 관심사로 부각되고 있다. 하워드는 1988년도 논문에서 근대 초 영국 극장에서의 복장전환과 젠더의 문제를 논의하면서 복장전환에 관련된 문제의 분석 틀을 제공한다. 가버는 복장전환의 문화적 함의를 통시적으로 고찰하면서 르네상스 시대 영국 문화를 조망한다.[5)] 블로의 저술 『복장전도와 성, 그리고 젠더』(*Cross-dressing, Sex and Gender*, 1993)는 복장전환의 역사적 배경을 고찰하는데 유용한 자료를 제공한다.

셰익스피어 연구의 최근 동향에서 주시할 점은 텍스트를 역사적·정치적·종교적·문화적 맥락 속에 위치시키고, 텍스트의 형성과정에서 권력과 담론의 역할을 주시하면서, 중심문화에서 배제되어 왔던 '타자' 재현의 문제를 집중적으로 논의한다는 점이다. 또한 여성만을 고립시키거나, 인종적 타자만을 고립시킨 채 연구하는 태도를 지양하고, 성적 타자와 인종적 타자를 동시에 고려하는 방향으로 진행되고 있다는 점이다. 인종적 타자와 성적 타자가 형성되고 재현되는 과정은 유사점이 많고, 이 두 가지 문제를 동시에 고려할 때 텍스트의 온전한 의미가 드러날 수 있으리라는 점이 이 연구의 출발점이다. 인종적 타자와

---

4) Karen Newman, *Fashioning Femininity and English Renaissance Drama* (Chicago & London: U of Chicago P, 1991); Valerie Traub, *Desire and Anxiety: Circulations of Sexuality in Shakespearean Drama* (New York: Routledge, 1992).

5) Jean Howard, "Crossdressing, The Theatre, and Gender Struggle in Early Modern England," *Shakespeare Quarterly* 39 (1988): 418-40; Marjorie Garber, *Vested Interests: Cross-dressing and Cultural Anxiety* (New York: Routledge, 1997).

성적 타자를 동시에 고려하면서 타자 재현의 문제를 논의하려는 본 연구가 초점을 맞추는 것은 담론의 정치성과 타자 재현의 정당성이다.

■ 인용문헌

Alexander, Catherine M. S. and Stanley Wells, eds. *Shakespeare and Race.* Cambridge: Cambridge UP, 2000.

Bullough, Vern L. and Bonnie Bullough. *Crossdressing, Sex, and Gender.* Philadelphia: U of Pennsylvania P, 1993.

Callaghan, Dympna. "What's at Stake in Representing Race?" *Shakespeare Studies* 26 (1998): 21-26.

Chedgzoy, Kate. *Shakespeare, Feminism and Gender*. London: Macmillan, 2001.

Garber, Marjorie. *Vested Interests: Cross-dressing and Cultural Anxiety.* New York: Routledge, 1997.

Hendricks, Margo and Patricia Parker, eds. *Women, 'Race', and Writing in the Early Modern Period.* London: Routledge, 1994.

Howard, Jean. "Crossdressing, The Theatre, and Gender Struggle in Early Modern England." *Shakespeare Quarterly* 39 (1988): 418-40.

Loomba, Ania. *Gender, Race, Renaissance Drama*. Manchester: Manchester UP, 1989.

_____. *Colonialism/Postcolonialism.* London: Routledge, 1998.

_____. "Outsiders in Shakespeare's English." *The Cambridge Companion to Shakespeare.* Eds. Margreta de Grazia and Stanley Wells. Cambridege: Cambridge UP, 2001. 147-66.

_____. *Shakespeare, Race, and Colonialism.* Oxford: Oxford UP, 2002.

Loomba, Ania and Martin Orkin, eds. *Post-Colonial Shakespeares*. London: Routledge, 1998.

Newman, Karen. *Fashioning Femininity and English Renaissance Drama.* Chicago & London: U of Chicago P, 1991.

Newton, Judith and Deborah Rosenfelt. "Introduction: Toward a Materialist-Feminist Criticism." *Feminist Criticism and Social Change: Sex, Class and Race in*

Literature and Culture. Eds. Judith Newton and Deborah Rosenfelt. New York: Methuen, 1985. xv-xxxix.

Roberts, J. A. *Shakespearean Wild: Geography, Genus, and Gender*. Lincoln: U of Nebraska P, 1991.

Traub, Valerie. *Desire and Anxiety: Circulations of Sexuality in Shakespearean Drama*. New York: Routledge, 1992.

Wayne, Valerie and Catherine Belsey, eds. *The Matter of Difference: Materialist Feminist Criticism of Shakespeare*. Ithaca: Cornell UP, 1991.

2. 담론과 비평적 패러다임

현재 담론은 언어를 통해 표현되는 인간관계를 분석할 수 있는 개념적 도구로 사용되고 있다. 전통적으로 담론은 직관과 대립되는 개념으로 사용되었다. 즉 언어를 통한 진리의 형성과정을 지칭하는 개념이 담론이었고, 담론연구는 주로 진리를 구성하는 언어규칙에 초점을 맞추고 진행되었다. 이런 맥락에서의 담론연구는 개별적인 경험 사실을 토대로 일반적 진리에 도달하는 합리적 과정과 절차를 포함한다. 이와는 달리 포스트모더니즘 도래 이후의 논의에서 담론은 진리를 진리로서 가능하게 하는 권력 관계, 즉 지식과 권력의 상관관계를 구성하는 언어규칙을 의미한다. 따라서 담론연구는 일련의 규칙 배후에서 작용하는 권력관계를 분석하고, '언어유희'에 함축되어 있는 현실 '재현'의 방식에 초점을 맞춘다.

담론개념은 특정한 시점에서 인간의 언어행위를 규제하는 모든 관계를 포괄한다. 세상에 대한 인간의 관계가 철학적으로 사유되든 문학적으로 재현되든 그 관계는 언어를 통해 언어 속에 재현된다. 그러므로 광의의 담론은 인간의 모든 언어행위와 이로부터 파생되는 모든 관계를 포괄한다. 담론의 정치성과 인종담론과 성담론의 배경을 고려하기 전에 담론개념과 담론에 관련된 비평적 패러다임을 먼저 고찰하는 것이 순서일 것이다. 포스트모더니즘 이후 현대 비평에서 사용하는 담론개념은 주로 언어의 사회성을 중시하고, 주체와 이데올로기와의 관련성 속에서 담론을 고찰하는 바흐친과 알튀세의 연구와 언어와 권력, 그리고 지식의 관계를 규명하는 푸코의 연구에 근거를 두고 있다.

1. 담론개념과 비평

언어학에서 담론이란 구어에서 한마디 말(utterance)보다 큰 일련의 말들이나, 문어에서 한 문장보다 큰 일련의 문장들을 지칭하는 용어이며, 담론이론은 한마디의 말 또는 문장이 왜, 어떻게 다른 말이나 문장과 결합되어 특정한 메시지를 형성하며 하나의 통일체를 구성하는가를 탐구한다(Kinneavy 5). 담론분석에서 문장은 분석의 기본 단위이며, 연속적인 문장들의 결합과정이 주요한 분석의 대상이다. 따라서 한 문장이 다른 문장과 결합하여 어떻게 전체를 구성하는가의 문제는 담론 연구의 영역에 속한다. 담론의 형태로 결합된 여러 문장들이 하나의 개별 텍스트를 이루듯, 하나의 텍스트는 다른 텍스트와 연관되고 결합되어 좀 더 큰 담론을 형성하기도 한다. 협의적 의미의 담론은 몇 마디의 대화나 농담, 세미나에서의 토론, 한편의 시, 또는 문학 텍스트가 될 수도 있고, 광의적 의미의 담론은 한 특정 사회의 문화적·사회적·정치적·역사적 지식이나 이데올로기일 수도 있다.

맥호울(McHoul)은 담론연구를 첫째, 텍스트로서의 담론, 둘째 대화로서의 담론, 셋째 권력과 지식의 체계로서의 담론을 연구하는 분야로 분류하고 있다(940). 세 분야의 연구는 모두 언어의 사회적 기능을 중시하고, 언어가 연속된 일련의 응집체로서 서로 관련을 맺고 있다고 간주하며 일련의 문장과 대화가 성립된 컨텍스트를 중시한다. 여기서 문학비평에서 주로 사용하는 담론개념은 세 번째의 권력과 지식의 체계로서의 담론이며, 이는 "정치적·사회적·문화적으로, 그리고 이데올로기적으로 형성되는 언어의 물질성"에 초점을 맞춘다(Kress 786).

담론개념은 소쉬르의 언어학을 바탕으로 전개된 구조주의 이후 구체적인 논의의 대상으로 부각되었다. 그러나 담론이 비평의 중요한 개념으로 자리잡은 것은 탈구조주의가 의미생성과정, 의미작용과정, 의미의 상충과 변화과정 등을 논의의 초점으로 삼았던 1960년대 후반 이후에 이르러서이다. 즉 담론에 관한 논의가 가속화 된 것은 언어의 투명성과 저자의 기능을 의문시하는 탈구조주의에 이르러서이다(Easthope 8). 탈구조주의적 담론이론에 앞서 전통적 담론분석을 보여주는 대표적인 경우가 오스틴(J. L. Austin)과 야콥슨(Jakobson)일 것이다. 오스틴은 언어 사용을 일종의 행위로서 간주한다. 그러나 그의 담론분석은 언어의 투명성을 전제로 한 미시적 차원에 머물고 있고 사회를 보는 관점은 여전히 관념적인 차원에서 머물고 있다. 야콥슨에 따르면 발신자는 수신자에게 언어라는 기호를 통해 메시지를 전달하며, 그러한 의사전달은 특정한 컨텍스트 가운데 양자 사이의 접촉을 통해 이루어진다(Jakobson 66). 야콥슨을 위시한 전통적 담론분석에서 화자 또는 발신자와 청자 또는 수신자를 상정하고 있는 모든 발화는 담론으로 간주되며, 그 핵심적인 가정은 언어와 더불어 담론도 일종의 의사소통 수단이라는 점이다.[1] 의사소통 차원의 담론이론에

1) 뱅브니스트(Benveniste)도 화자와 청자를 가정하고 있는 모든 발화를 담론으로 간주한다. 그러나 그에게 담론은 "청자에게 영향을 미치려고 하는 의도"를 갖

서 언어는 투명한 의사소통 수단으로 간주되고 '기표'와 '기의'는 일치하고 있으며, 발신자이던 수신자이던 주체는 언어에 선재하는 자족적 개인으로 간주된다. 이처럼 전통적 담론이론의 기본적인 가정은 언어의 투명성이다.

언어의 투명성을 가정하는 경우 문학 텍스트에서 전달되는 내용인 '기의'는 그 전달수단인 '기표'와 일치한다. 그러나 탈구조주의는 언어의 투명성을 부인하고 있으며 언어는 중립적 의사소통 수단으로 간주하지 않는다. 언어의 투명성이 부인된다면 언어는 저자의 의도를 완벽하게 전달할 수 있는 수단이 될 수 없으며, 언어는 세계를 모방하여 완벽하게 재현해 낼 수 있는 매개체도 아니다. 그러므로 텍스트는 텍스트 밖의 그 어떤 것을 투명하게 반영하거나 재현할 수 없다.

탈구조주의는 기표가 "차이들의 체계"라는 소쉬르의 주장을 받아들이지만, 언어의 유희성에 주목하고 기표와 기의 간의 안정성을 의문시하고 있다. 그들은 기표와 기의를 임의적으로 결합하여 의미를 고정시키려는 소쉬르의 이론을 비판한다. 탈구조주의자들에게 기의는 컨텍스트에 따라 끊임없이 변화하며, 기호란 양면성을 가진 단위라기보다는 "두 개의 유동적인 층 사이의 일시적인 상태"를 의미한다(Culler 96). 데리다(Derrida)는 기호들이 합리적 발화 주체가 인식할 수 있는 고정된 의미를 가진다는 소쉬르의 이성중심주의를 비판하면서, '차이'와 '지연'이란 이중적인 과정을 통해 의미를 생산하는 '차연' 개념을 소개한다.

데리다의 주장을 따르면 기표와 기의는 결코 고정될 수 없다. 기표와 기의는 상호간의 '차이'를 통해서만 정체성을 부여받게 되며, 부단한 '지연'의 과정에

고 있는 발화를 의미한다. 그에게 즉 담론이란 텍스트에서 화자에 의해 내용이 전달되는 수단이나 이야기가 진술되는 양식이며, 언어는 중립적인 의사소통 수단이 아니다(206-09).

종속되어 있다. 기표들은 항상 담론적 컨텍스트에 놓이며, 이에 따라 기의는 일시적으로 고정될 뿐이다. 따라서 기의는 기표가 위치하게 되는 담론적 컨텍스트의 변화에 따라 유동적이다(Culler 96-100). 이렇게 해체비평은 기표와 기의의 1:1의 지시적 기능이 거부하고, 언어의 유희성과 의미의 지연과정에 초점을 맞춘다. 푸코는 의미가 산출되는 사회적·정치적 담론에 초점을 맞춘다. 이들에게 의미는 일시적으로 고정된 것이며 확정적 의미란 존재하지 않는다. 탈구조주의적 사고에서 기표는 투명한 것도 아니며 기의에 종속된 전달 수단도 아니다. 또한 "본질적으로 투명한 담론은 없다"(Easthope 13, 17). 의사소통 체계에서 언어의 투명성을 불신하면서 쟁점이 되는 것이 바로 담론개념이다.

기표와 기의의 관계가 임의적임에도 불구하고 언어의 투명성을 전제로 한 형식주의와 신비평은 기표가 통일된 전체를 형성하여 특정한 의미를 산출해 낸다고 가정한다. 그러나 이는 언어의 투명성을 받아들이지 않는 탈구조주의자들에게는 환상이다. 탈구조주의에 이르러 기표와 기의의 관계는 불안정하며 의미의 안정성은 깨어지고, 완벽한 의미 전달은 환상이 되었다. 탈구조주의자들은 "발화하는 주체"(speaking subject) 혹은 "과정 중의 주체"(subject in process)의 개념을 소개하고 있다. 그들에게 언어는 "비개성적 체계"가 아니라, 항상 다른 체계, 특히 주체화 과정과 관련을 맺고 있는 것으로 간주된다. 이러한 "사용 중의 언어 개념"은 담론이란 용어로 요약되며, 이는 의미의 불안정성을 의식한 사고다(Selden 126-27). 탈구조주의적 담론개념에는 언어의 지시적 기능을 회의하고, 언어의 유희성과 수사적 기능을 중시하는 태도가 반영되어 있다. 탈구조주의에서 의사소통의 매개체로서 기호개념에서 의미화 작용의 매개체로서의 기호개념으로 인식의 전환이 이루어지고 있으며, 그 인식 전환의 근거는 언어의 불투명성과 푸코의 담론개념이다.

푸코는 담론분석을 위해 소쉬르에게서 유래하는 언어학적 범주인 "기호"는 우리가 일차적 경험질서에 선행하고 동시에 이차적 인식 질서보다 우선하는 근원적 질서의 양태를 파악하는 도구라는 점을 주시한다. 고전적 언어이론은 "의미는 기호에 선행하고, 기의는 기표에 우선한다"는 명제로 압축될 수 있다(이진우 273-74). 기호 없이도 이미 의미가 존재한다는 말이다. 그러나 소쉬르는 이를 거부하면서 기호의 매개 없이는 어떤 의미도 주어지지 않는다고 주장한다. 푸코가 주시하는 것도 바로 이 점이다. 푸코는 고전시대의 언어학자 포르-로와이알(Port-Royal)의 논리를 가져와 기호와 의미 사이의 관계, 즉 기호의 의미화 작용을 다음과 같이 설명한다. "기호는 두 개의 관념을 포괄한다. 하나는 재현하는 사물에 관한 관념이고, 다른 하나는 재현된 사물에 관한 관념이다. 기호는 전자를 통해 후자를 환기시키는데 있다"(『말과 사물』 95). 여기서 전자는 기표이며 후자는 기의이다. 그런데 기표는 기의를 환기시킬 뿐 양자 사이에는 그 어떤 필연성도 존재하지 않는다. 기호의 의미화 작용에서 기표와 기의의 관계가 임의적이라는 말이다. 재현은 특정한 대상과의 관계를 말해준다는 점에서 지시이며, 이 관계 자체를 동시에 표현한다는 점에서 현상이다. 그러므로 재현은 이를 표현하는 언어 기호들을 통해 담론화된다.

푸코에게 담론은 간단히 말하면 "기호를 부여하는 방식"이다. 기호학은 "기호가 어디에 있는가를 식별하고, 기호가 기호로서 제도화하는 것이 무엇인가를 정의하고, 기호들이 어떤 법칙에 의해 어떻게 결합하는가를 인식할 수 있도록" 해주는 지식의 총체인데, 여기서 담론은 특정한 시대에 등장하는 기호의 결합체계를 의미하며, 기호의 상호관계를 구성하는 역사적 조건과 관계를 맺고 있다.[2] 푸코는 『지식의 고고학』에서 이 기호의 결합체계를 서술하기 위해

2) 이에 관해서는 미셸 푸코, 『말과 사물』 71쪽과 55쪽 참조. 푸코에 따르면 담론은 "한 시대를 특징짓는 시간과 공간에 의해 늘 결정되는 규칙의 총체이며, 특정 시대의 사회, 경제, 지리, 언어의 영역에서 발화 기능을 행사하는 조건들의

‘언표’(enoncé), ‘담론구성체,’ ‘담론적 실천’ 등의 개념을 도입하는데, 그는 “어떤 기호들이 다른 존재와 특수한 관계를 가질 때 언표”가 되며, 이 언표는 특정한 구조와 단위들이 구체적 내용을 갖고 나타날 수 있도록 하는 “실존의 기능”을 갖고 있다고 주장한다. 다른 말로 표현하면 언표는 사회적 활동을 시작한 기호이다(129-30). 언어의 불투명성을 강조하고 언어의 지시적 기능을 넘어선 언어의 유희성과 기호의 의미화 작용을 주시하는 탈구조주의적 논의를 통해, 미시적 차원에 머물러 있던 전통적 담론분석은 문화적 사회적 정치적 컨텍스트를 주시하고 담론의 사회성과 정치성을 중시하는 거시적 차원의 담론분석으로 이동하고 있다.

탈구조주의자에 앞서 전통적 언어 개념을 부정한 최초의 현대문학이론가는 바흐찐이다. 그에게 언어는 사회적 삶으로부터 분리될 수 없고, 모든 발화(utterance)는 잠정적으로 투쟁의 장소이며 그것은 특정한 “사회적 맥락”에서 고려되어야 한다. 그에게 언어는 끊임없는 인간의 투쟁과 상호작용의 과정을 반영한다. 바흐찐은 담론의 맥락을 담론의 공간과 시간, 담론의 대상 혹은 주체, 그리고 담론이 지향하는 발화자들의 관계로 구분하여 생각한다. 즉 담론이 언제 어디서 생겨나고 있으며, 어떤 내용이 어떤 방식으로 어떤 사람에게 전달되고 있는가를 주시한다. 그에게 언어는 추상적이거나 정태적인 것이 아니라 구체적이고 역동적인 의사소통 수단이며, 의미는 구체적인 사회적 공간과 맥락에서 발화자와 수신자 사이에서 이루어지는 “상호 작용의 결과”이다. 바흐찐은 특히 담론이 개인적인 것이 아니라 사회에서의 구체적 상황에서 형성된다는 점을 주시하여 담론의 사회성을 강조한다. 그에 따르면 담론은 “특수한 맥락”에서 생산되며 대상과 방향성 즉 누군가를 향한 것이어서 항상 “사회적”

총체”이다(qtd. Wilfert 666). 여기서 발화 기능이란 다름 아닌 언표 기능이다.

이다(Volosinov & Bakhtin 102-03).[3] 담론의 주체와 대상은 항상 사회적인 존재이며, 담론은 항상 발화자와 수신자의 상호작용 즉 대화를 전제로 한다.

바흐찐은 특정 언어 사용의 통시적 차이와 공간적 차이를 고려하여 언어의 다층적·다원적 특성을 강조하는 '이어성'(異語性)이란 개념을 도입하는데, 이는 발화에서 생겨나는 언어의 상호작용을 지칭하고 언어의 의미화 과정에서 중요한 역할을 한다. 언어의 이어성적인 특성을 고려하는 경우 텍스트보다는 컨텍스트가 더욱 중요한 역할을 하게 된다(Bakhtin 291). 이러한 바흐찐의 견해로부터 우리가 추출해 낼 수 있는 것은 언어는 다양한 발화가 진행되는 사회적 공간과 유리되어 결코 고려될 수 없다는 점이며, 담론은 바로 언어를 통해 사회를 구성하고 변형시키는 특정한 활동, 즉 언어의 사회적 실천이라는 점이다. 담론이 언어의 사회적 실천이라는 점과, 문학 텍스트가 그러한 사회적 의미의 실천과정 중의 일부를 형성하고 있다는 점을 받아들이면, 시공을 초월한 의미는 존재할 수 없으며 장소와 시간과 상황에 따라 의미는 항상 달라진다. 담론개념에서 보자면 당연시되는 의미는 특정한 사회와 문화 속에서 생산된 것이다. 따라서 문학 텍스트는 하나의 담론양식으로 사회적·역사적 컨텍스트 가운데서 고찰되어야 하고, 그 컨텍스트의 산물로서 고려되어야 한다.

언어의 불투명성과 사회성은 담론을 유물론적으로 고려할 수 있는 근거를 제공하며, 언어에 대한 관념론적 인식은 유물론적 인식으로 이행하고 있다. 전자는 추상적 체계로서의 랑그를 분석대상으로 삼으며, 정태적이고 공시적 분석이다. 후자는 사회에서 개인에 의해 실제로 사용되는 언어, 즉 빠롤을 주요 분석대상으로 삼고 있다. 이는 시간에 따라 변화하는 의미를 추적하는 통시적

3) 소쉬르 역시 언어의 사회성을 주장한다. 그에 따르면 언어는 하나의 "사회적 사실"이고, "의미는 사회적으로 구성되고, 의미화 체계의 사회적 구성"은 사회구성체와 밀접하게 관련되어 있다(qtd. Selden 127).

분석이다. 포스트모더니즘에서 문학 텍스트는 그 자체로서 "물질성의 법칙"을 따르는 하나의 담론양식이며, 역사적으로 규정되는 "사회적 형성체"의 일부를 구성하고 있다(Collier 77). 물질성은 역사적인 것이고 담론은 역사 속에서 생성되고 소멸된다. 언어에 대한 유물론적 관점을 택하는 평자들은 언어의 실천·변형·의미화 과정을 중시한다.

언어에 대한 이러한 대립된 관점은 곧 주체에 대한 상반된 개념을 형성한다. 언어에 대한 관념론적 인식은 자족적 인간을 상정하고 인본주의적 주체를 상정한다. 따라서 변함없는 인간본질과 문학 텍스트에서 변함없는 의미를 가정하게 된다. 반면 언어에 대한 유물론적 인식은 사회에서 끊임없이 변화하고 상충되는 주체를 상정하고, 주체가 언어 속에서 어떻게 구성되고 각인되는가에 관심을 가지면서 이에 관여하는 권력 작용을 주시한다. 즉 주체는 자족적 통일체가 아니라 변화의 가능성을 포함하는 모순적인 존재이며, 주체는 담론 형식 속에서 재현된다. 문학 텍스트 역시 하나의 담론양식으로 텍스트 가운데 독자를 호명하면서 주체의 구성과 변화에 참여한다. 주체와 담론은 서로 불가결한 것이어서 "주체와 분리된 담론"은 없다. 주체란 담론에 의하여 구성되는 동시에 담론의 행위자이기 때문이다. 담론행위는 비록 명시적이 아니라 암묵적으로 실행된다 해도 무목적적이 아니라 뚜렷한 목적을 갖고 있다. 따라서 담론은 시간성과 공간성과 방향성을 갖고 있다. 또한 담론의 행위자와 동시에 담론의 특정한 대상 역시 항상 존재한다. 개인은 담론의 주체인 동시에 담론의 대상이다.

전통적 담론이론이 자족적 주체를 상정하고 있듯이, 전통적 문학비평 역시 같은 방식으로 작가를 이해하고 있다. 즉 작가는 의미 전달에서 주도권을 가지는 자족적 주체로 파악된다. 그러나 탈구조주의는 언어의 투명성과 의미의 근원으로서의 저자 개념에 도전했다. 1968년 바르트는 "저자의 죽음"이란 논문에서 저자의 죽음을 선언하였다. “말하고 있는 것은 언어이지 저자가 아니다.” 문학 텍스트의 “절대적 주체”가 되는 저자의 죽음은 텍스트의 배후에서 텍스트에 절대적 의미를 부여하는 권위적 존재로부터 텍스트를 해방시킨다. 텍스트는 이제 단일한 해석의 제약들로부터 해방되어 다원적이고 변화 가능한 의미를 생산한다(Barthe 143, 146-47). 주체와 마찬가지로 텍스트의 의미도 고정될 수 없는 하나의 과정이며, 저자는 텍스트에 관한 권위를 상실한다. 따라서 그는 담론에 의한 의미의 산출과정을 중시하면서, 그때까지 텍스트의 의미에 대한 확고부동한 저자의 주도권을 인정하던 기존의 비평에 도전하고 나섰다.

1969년 푸코도 “저자란 무엇인가?”라는 논문에서 텍스트를 일종의 언어유희가 진행될 수 있는 공간이라 주장하며, 글쓰기에 있어 문제가 되는 것은 언어 안에 어느 한 주체를 고정시키는 것이 아니라, 글쓰기의 “주체가 끊임없이 자취를 감추는 공간을 창조하는 것”이라고 주장함으로서 의미의 주도권을 행사하는 권위적인 저자의 기능을 부정한다(Foucault, “What is an Author?” 102). 바르트는 저자의 죽음을 선언했고, 라캉, 푸코, 알튀세, 데리다는 개인을 모든 지식의 근원으로 간주하고 초월적 자아를 전제하는 인본주의적 가정에 도전하면서, 저자가 텍스트의 “유일한 권위적 의미의 근원”이란 주장을 부정한다. 이들 모두에게 주체는 불안정하며 변화의 과정 중에 있는 존재이다. 언어의 투명성이 거부되고 의미 형성의 주체로서의 저자 개념이 부정될 때, 텍스트는 일종의 언어유희 공간이며, 시공을 초월해 변치 않는 의미는 존재하지 않는다.

포스트모더니즘에서 담론은 합리적이고 통일된 주체가 아니라 서로 상충하고 모순된 주체를 전제한다. 주체가 불안정한 존재이고 담론에 의해 끊임없이 형성되고 재형성되는 존재라면, 주체는 고정된 의미를 보증해 줄 수 없다. 따라서 저자도 문학 텍스트의 의미의 근원은 아니다. 또한 그 어떤 독자나 비평가도 담론의 공간을 벗어나 텍스트를 해석할 수 없다. 즉 독자도 비평가도 지배적인 이데올로기를 벗어나 완전한 객관성을 유지하며 텍스트를 해석할 수는 없다는 말이다. 주체는 바로 담론의 대상이자 행위자이기 때문이고 담론은 이데올로기가 행사되는 수단이며 통로로 작용하기 때문이다. 이런 관점에서 모든 담론은 정치적이다.

신비평이나 형식주의 비평이 풍미했을 때, 관심의 대상이 되는 것은 문학 텍스트가 영향 받은 외부 여건이나, 그 텍스트가 영향을 미치는 외부적 여건, 즉 컨텍스트가 아니라 텍스트 자체이다. 왜냐하면 신비평은 텍스트 자체만으로 완결된 의미구조를 갖고 있다고 간주하기 때문이다. 컨텍스트는 텍스트 내부에 위치할 수도 있고, 텍스트 외부에 위치할 수도 있다. 전자는 문맥 즉 전후 상황에 대한 분석이며, 후자는 맥락 즉 텍스트 밖에서 텍스트에 작용하게 되는 상황을 의미한다. 현재의 담론 연구에서 전자는 그리 큰 고려의 대상이 아니다. 담론은 텍스트를 둘러 싼 컨텍스트를 도외시하는 신비평이나 구조주의나 해체주의의 관심의 대상은 아니다. 그러나 문화유물론과 페미니스트 비평을 포함한 정치적 비평은 텍스트가 생산된 컨텍스트를 주시한다.

우리가 문학작품이라고 말한다면 그것은 대체로 텍스트의 자족적 의미를 인정하는 비평의 관점을 택한 것이 된다. 이는 문학 텍스트와 다른 텍스트의 차별성을 강조하면서 배타성을 띠고 있고, 단일한 의미 창출을 주도하는 작가를 상정하게 되며, 이는 "주체성 자체가 하나의 담론적 구성물"이라는 사실을 간과하는 것이다(Belsey, *Critical* 54). 바르트 이후 문학비평에서 문학작품이란 용어보다는 텍스트라는 개념을 선호하면서 문학적 글쓰기를 특권시하는 배타적 방식은 지양된다. 컨텍스트가 텍스트의 형성에 영향을 미치게 될 때 그것은 담론이란 용어로 표현된다. 역으로 문학 텍스트가 컨텍스트에 영향을 미치게 될 때, 그것 역시 담론으로 간주된다. 여기에서 담론은 컨텍스트가 텍스트의 성립에 영향을 미치던 텍스트가 컨텍스트에 영향을 미치던, 무엇인가에 대한 영향력을 행사하게 될 때 쓰이는 용어이다. 어떤 텍스트이던 그것이 무목적적 무방향적이 아니라 목적과 의도를 내포하고 있다면, 그것은 일종의 담론이다. 문학적 담론이던, 정치적 담론이던, 역사적 담론이던, 문화적 담론이던, 종교적 담론이던 모든 담론은 목적을 갖고 있다.

담론은 사회의 갈등과 투쟁의 양상을 반영하는 동시에 그 사회의 구조 형성에 다시 참여하게 된다. 그러므로 문학과 사회, 역사의 관계에 초점을 맞추는 비평양식에서 담론은 중요한 개념이다. 여기에서 담론은 컨텍스트 전체로 확장된다. 최근의 문학비평에서 담론개념이 특히 중시되는 곳은 텍스트와 컨텍스트의 관련성을 중시하는 정치적 비평이다. 이들은 문학적 담론양식이 텍스트를 둘러싸고 있는 컨텍스트와 어떤 관련을 맺고 있는가에 관심을 가지며, 컨텍스트 즉, 정치적·역사적·문화적 담론들이 텍스트에 어떻게 반영되고 있는가를 주시한다. 이 과정에서 관심을 갖게 되는 것은 권력과 이데올로기가 어떻게 주체와 타자를 형성해 나가는가 하는 문제이다.

문학 텍스트는 그 자체로서 하나의 담론양식이며, 이는 역사와 구체적 사회공간 속에서 생성되고 소멸된다. 그리하여 담론양식으로서의 문학 텍스트는 역사적인 여러 가능성과 한계를 보여주고, "이데올로기적으로 결정되는 역사의 산물"이다. 또한 텍스트는 단순히 현실을 수동적으로 반영하는 것이 아니라 능동적으로 현실을 구성한다. 문학 텍스트는 다른 예술작품과 마찬가지로 독자에게 영향을 미치며, 독자 또한 담론을 형성하며 텍스트의 생산에 영향력을 행사한다. 담론은 끊임없이 독자를 생산하고 독자는 독서과정을 통해 현재라는 시점에서 또 다른 담론을 생산한다. 그러므로 이스톱(Easthope)은 담론을 이데올로기적인 양식으로 고찰해야 한다고 주장한다(23-24). 담론은 중립적인 의사 전달매체가 아니며, 문학 텍스트에서 기의는 고정된 것이 아니다. 기의는 이데올로기적 컨텍스트에 따라 늘 변하기 때문이다. 이데올로기는 모든 정치적·사회적 담론에서 작용하며 문학적 담론 역시 예외는 아니다. 문학 텍스트에서 초역사적으로 보편적으로 존재할 수 있는 단일한 의미란 없다. 의미의 가능성을 제공하는 것이 언어이고, 이 언어는 불투명하고 변화의 과정 중에 있기 때문이다. 즉 텍스트들은 "다원적이고 다양한 해석의 가능성"에 개방되어 있다(Belsey, *Subject* 19). 그리하여 포스트모더니즘에서 의미는 고정된 것도 주어진 것도 아니며 맥락에 따라 여러 다양한 해석을 가능하게 한다.

주체는 담론과 언어 안에서 형성되는 담론의 이데올로기적 결과이지만, 인본주의적 전통에서 주체가 그 스스로를 초월적 자아로 보도록 작용하는 것도 바로 이데올로기의 결과이다. 따라서 알튀세의 개념에서 볼 때 그 어떤 개인도 이데올로기를 벗어날 수 없으며, 이데올로기로부터 초연한 초월적 자아란 존재하지 않는다(Easthope 28-29, 40). 그렇다면 의미의 주도권을 행사하는 자족적인 저자도 존재할 수 없다. 정치적 비평은 주체가 불안정한 존재이고, 지배담론에 의해 끊임없이 변형되는 존재라는 점을 강조한다. 또한 이데올로기가 행사되는 수단으로 작용하는 담론은 대상에 권력관계를 명시하는 강한 정치성을 띠고 있다는 점을 강조한다. 신역사주의는 주체가 담론의 대상이라는 점을 보다 강조함으로써 지배담론에 종속되는 주체를 상정한다. 그러나 이와는 달리 문화유물론은 주체가 담론의 행위자라는 점을 좀 더 강조하여 지배담론에 저항할 수 있는 주체를 상정한다. 양자의 차이는 바로 담론과 주체의 관계에 대한 인식의 차이에서 비롯되고 있는 것이다.

페쇠(Michel Pêcheux)는 지배담론에 대한 주체의 다양한 반응을 관찰하여 세 가지 종류의 주체를 제시하고 있다. 첫째, '동일화'(identification)라는 행위에서 지배담론에 의해 투사되는 자아의 이미지를 자유롭게 받아들이는 주체,

둘째 '반동일화'라는 행위에서 담론에 의해 주어지는 정체성을 거부하는 주체, 셋째 '탈동일화'라는 행위에서 주체의 위치를 변형시킴으로써 '제3의 양식'을 채택하는 주체(qtd. Selden 166). 인종의 문제와 식민주의를 주시하는 문화유물론자들과 성차의 문제를 주시하는 페미니스트 비평가들이 주시하는 것은 '반동일화'와 '탈동일화'에 따른 주체이다. 이들은 주체를 둘러싼 다양한 정치적·사회적·문화적 담론을 의식하고 주체를 불안정한 존재로 인식한다. 이들에게 주체는 사회 안에서 형성되고 변형되고 재형성되는 담론행위의 산물이다. 즉 통합되고 자율적인 주체가 아니라 구체적인 사회적 경제적 조건 아래 형성되고 변형되는 주체를 상정하며, 담론을 통한 권력과 이데올로기의 '전유' 과정을 주시한다.

인식대상과 동시에 인식주체는 항상 불안정한 존재이다. 그리하여 정치적 비평은 초월적 자아를 부정하고, 진리나 재현의 절대성보다는 임의성을 주장하고, 문학 텍스트가 자족적인 의미를 갖고 있다는 환상을 배격한다. 텍스트가 생산되었던 이데올로기적인 상황뿐만 아니라 그것을 해석하는 비평가의 이데올로기적인 상황을 고려하고자 하는 이들 비평의 태도는 정치적이다. 권력과 담론행위가 그 시대의 복합적인 문화적 관행들과 어떤 관계에 있는가를 중시하면서 그것이 문학 텍스트의 형성에 어떻게 작용 하고 있는가를 살피고자 하는 이들의 태도 또한 정치적이다.

모든 주체는 자신의 주체 형성에 영향력을 행사하려는 힘으로부터 자유롭고 싶은 욕망을 갖고 있다. 그러나 그린블랫(Greenblatt)은 지배적 담론행위의 구속을 받지 않는 주체 혹은 자아 형성은 환상일 뿐이라고 주장한다. "내가 고찰한 모든 텍스트와 기록물 가운데 어느 한 순간도 순수하고 속박 받지 않는 주체란 존재하지 않았다. 참으로 인간 주체 그 자체는 특정한 사회에서 권력관계에 의해 파생된 대단히 자유롭지 못한 이데올로기적 산물로 여겨지기 시작했다”(256). 결정론적인 인간관을 보여주고 있는 그린블랫은 지배담론에 대한 주체의 전복 가능성에 비관적이다. 그러나 문화유물론자들은 자신에게 강제된 주체의 위치를 거부하는 주체뿐만 아니라, 탈동일화를 통해 새로운 위치를 생산해 내는 주체의 가능성에 더 많은 관심을 갖고 있다. 즉 신역사주의가 담론의 대상으로서의 주체를 강조하는 반면, 문화유물론은 담론의 행위자로서의 주체의 입장을 강조하고 있는 것이다.

문화유물론자들은 지배담론에 의해 그 저항이 봉쇄되는 주체가 아니라 도전하는 주체를 상정한다. 그들에게 문학 텍스트는 봉쇄만이 진행되는 공간이 아니라 갈등과 저항을 보여주는 장소이며, 주체는 역사와 문화 속에서 형성되지만 또한 역사와 문화를 형성하는 존재이다. 주체에 대한 신역사주의의 비관적인 인식과는 달리, 문화유물론은 역사의 변혁에 능동적으로 참여하는 주체를 상정하고 있는 것이다. 주체는 기존의 지배적 담론을 정당화시켜주는 존재일 뿐만 아니라, 동시에 그에 대한 도전과 저항의 가능성을 포함하는 존재로 인식된다. 주체가 역사적·정치적 담론에 의해 생산되고 있지만 동시에 주체는 변화의 과정 중에 있기 때문이다(Belsey, *Subject* 223-24). 성과 인종에 관련된 문제를 유물론적 시각으로 논의하는 유물론적 페미니스트 비평도 담론과 주체에 관한 인식에 있어 문화유물론과 유사한 입장을 취한다.

많은 페미니스트들은 남성의 타자로 존재하는 여성에게 주어진 남성중심 담론의 정치성을 주목하면서 여성 억압의 원인을 규명하고 그 해결 방식을 모색한다. 특히 1980년대 중반이후 부각된 유물론적 페미니스트 비평은 여성의 문제를 관념적으로 논의하는 것이 아니라 구체적인 사회·문화·경제·정치라는 컨텍스트와 관련지우면서 논의한다.[4] 그들은 서구사회에 뿌리박힌 가부장제

4) 여성의 억압이 삶을 구성하는 물질적 조건에서 유래한다는 점을 강조한다는 점에서 유물론적 페미니스트 비평은 ‘유물론적’이다. 엥겔스(Engles)는 여성의 억

적 전제, 즉 성차별화의 이데올로기를 비판하고 남성에 의한 여성의 왜곡된 이미지 창출에 저항하고 있다. 그런데 이들의 연구 경향에서 주목할 점은 성차별화, 성(gender), 여성에 가해진 억압의 문제를 계급문제나 인종문제와 관련 지워 파악한다는 점이다.

이들은 우선 여성들의 정체성이 성적·인종적·계급적 관계에 의해 규정된다는 점을 전제로 한다. 또한 지배담론을 통해 진행되는 불평등한 관계는 여성들뿐만 아니라 인종적 타자와 계급적 타자를 위해서도 재구성되어야 한다고 주장한다(Newton xxvii). 그리하여 유물론적 페미니스트 비평가들은 문학 텍스트 분석을 통해 백인 중산층 여성만이 아니라 유색인종 여성 노동자 계층까지를 포함하는 다양한 인종과 다양한 계층에 속한 여성의 문제를 논의하고자 한다.[5] 성·계급·인종의 문제를 서로 분리된 사항이 아니라 동시에 고려해야 할 사항으로 간주하는 이들의 다중적인 시각은 "이중의 연구방법"을 필요로 한다. 즉 이들은 성차의 문제에 함축되어 있는 권력관계와 동시에 계급과 인종의 문제에 내포되어 있는 권력관계를 연구해야 하며, 문학 텍스트 분석과 동시에 역사적·사회적 컨텍스트에 대한 분석을 수행해야 한다(Newton xix). 이들은 성,

---

압과 남성에의 종속이 사유재산제에 기인한다고 주장한다. 배우자의 상속권이 인정되지 않았던 사회적, 경제적 조건에서 남편은 무산계급인 아내를 억압할 수 있는 유산계급 또는 지배계급으로 존재했다는 점을 주시한다. 여성 억압을 가능하게 한 근본적인 원인을 남성과 여성의 경제적 종속관계에서 파생된 권력의 불균형에서 찾고 있는 것이다(Ruthven 29).

5) 쇼월터(Elaine Showalter)는 1970년 후반에 들어 백인 중산층 여성에게만 초점을 맞추는 비평 동향에 대한 비판이 전개되고 있음을 지적하고, 흑인여성과 제3세계 여성들의 인종적·성적 문제를 다룰 수 있는 "흑인 페미니스트 미학" (a black feminist aesthetic)의 전개를 예견하고 있다. 흑인 페미니스트 미학은 흑인 무산계급 여성이 백인중심의 사회에서 흑인으로, 자본주의 사회에서 무산계급으로, 가부장제 사회에서 여성으로써 3중의 억압으로 시달리고 있음을 주시한다. Elaine Showalter, "Feminist Criticism in the Wilderness," *Critical Inquiry* 8 (1981), p.180.

계급, 인종의 문제들을 동시에 고려하면서 해결하고자 할 때 문제가 해결되리라고 생각한다. 성차별, 인종차별, 가부장제, 제국주의에 관련된 문제들이 서로 뒤얽혀 있다고 간주하기 때문이다.

카플란(Cora Kaplan)은 계급과 인종 이데올로기가 "성차의 언어" 가운데 배어 있을 뿐만 아니라, 이 "성차의 언어"를 통해 표현되고 있음을 강조하면서, 페미니스트 비평가들이 계급·인종·성이란 관점아래 여성 주체를 설정하고 형성해 가는 "텍스트의 언어적 과정"을 주시해야 할 것이라고 주장한다. 계급·인종·성에 관련된 복합적인 담론을 통해 '차이'가 재현되고 있음을 주시하는 것이다(858). 사실 성차에 기반을 둔 불평등한 권력관계는 인종의 차이에 기반을 둔 불평등한 권력관계와 유사하다. 남성중심 담론을 통해 성차별 이데올로기가 조장되고 생산되듯이, 인종담론과 식민담론을 통해 인종차별 이데올로기가 유포되고 있기 때문이다. 분리와 배제의 규칙을 통해 성적 타자와 인종적 타자를 구성하는 방식 또한 유사하다.

유물론적 페미니스트들도 다른 페미니스트들과 마찬가지로 여성 억압의 요체로 작용하는 가부장제적 전제를 해체하려고 노력한다. 그러나 이들은 남성 또한 가부장제 전통으로부터 자유로운 존재가 아니라고 주장한다. 즉 "여성뿐만 아니라 남성도 이데올로기적으로 각인 되어 있다고 가정"한다(Newton xxv-xxvi). 그리하여 성 이데올로기뿐만 아니라 계급과 인종 이데올로기의 관계 속에서 여성뿐만 아니라 남성에게 가해진 억압도 고찰한다. 여성이 여성으로서 억압받고 '여성적'으로 되어야 한다는 담론에 의해 억압당하는 것과 마찬가지로, 남성의 경우도 '남성적'이 되어야 한다는 사회적 억압에 시달리고 있다고 간주하기 때문이다(Rubin 204). 여성뿐만 아니라 남성도, 즉 모든 인간 주체를 어느 특정한 사회의 권력 관계와 지배담론으로부터 자유롭지 못한 존재로 간주하는 이들의 입장은 담론과 주체에 관한 문화유물론자들의 입장과 유사하다.

유물론적 페미니스트 비평가들은 문학 텍스트가 "역사의 다양한 이데올로기적 생산물이나 역사에 관한 담론"에 의존하여 생산된다고 간주하며, 문학 텍스트를 통한 "여성의 재현 또는 반영이 광범위한 의미화 과정의 체계"와 관련되어 있다고 간주한다. 그러나 문학 텍스트가 역사를 단순히 반영한다고 생각하지 않으며, 언어를 통해 현실의 반영과 현실의 왜곡이 동시에 진행되고 있다고 간주한다(Barrett 70). 이들이 주시하는 것은 여성 억압에 영향력을 행사하는 여성에 대한 왜곡이 어떤 담론 형식과 이데올로기를 통해 진행되고 있는지, 이 과정에서 문학 텍스트에 명시적으로 드러나지 않는 억제된 담론이 무엇인지이다. 유물론적 페미니스트 비평가들은 성·계급·인종의 문제에 관심을 기울이면서 문화의 주변부에 위치한 타자들을 옹호하고 그들을 위해 사회를 변혁시키고자 하는 강한 정치적 성향을 견지한다.

문화유물론과 유물론적 페미니스트 비평을 위시한 정치적 비평은 문학 텍스트를 더 이상 초역사적인 초월적 텍스트로 간주하지 않으며, 문화의 총체성과 역사적 재현의 객관성에 회의적인 반응을 보인다. 그들의 관점에서는 어떠한 양식의 글쓰기도 시공을 초월하여 사회적·정치적·문화적 조건과 유리된 채 존재할 수 없다. '텍스트의 역사성'(the historicity of texts)을 강조하여 문학 텍스트가 온전한 의미를 드러내기 위해서는 그것이 생산된 컨텍스트와의 관계 속에서 고찰되어야 한다고 주장하는 것이다(Montrose 20). 시공을 초월한 문학 텍스트의 의미를 인정하지 않는 그들은 그 의미를 가능하게 하는 물리적인 조건, 즉 경제적· 사회적·역사적·정치적 컨텍스트를 중시한다. 문학과 문화는 물리적인 조건을 초월할 수 없다. 그러나 문학과 문화는 컨텍스트를 단순히 반영하는 것도 아니며, 그렇다고 그 컨텍스트에서 유리되어 존재하는 것도 아니다. 정치적 비평은 이들이 서로에게 영향을 미치면서 상호 교섭하는 관계라는 점을 중시한다.

또한 정치적 비평은 문학 텍스트의 생산이 지배담론과 권력과 무관하게 진행될 수 있다고 생각하지 않는다. 그들에게 문학 텍스트의 의미는 당대의 문화적·사회적·정치적 담론의 영향 아래 형성되며 광범위한 문화의 그물망을 초월하여 존재하지 않는다. 텍스트의 형성과 의미화 과정에 지배담론이 작용한다는 말이다. 텍스트가 문화 가운데 생산되고 분배되고 소비되고 수용되는 양상 또한 이들 정치적 비평의 관심사이다. 정치적 비평은 현재 텍스트의 생산을 결정하는 지배적 양식뿐만 아니라, 지배담론과 지배문화가 의도적으로 억압하고 폐기시키려 했던 주변부 문화를 주시한다. 또한 인종차별의 기제로 작용하는 인종담론과 식민담론, 성차별과 억압의 기제로서 작용하는 가부장제를 주시하면서 기존의 문화에서 억압되고 지워진 '타자'와 그들의 '타자적' 목소리에 관심을 기울인다. 분리와 배제의 규칙을 통해 인종적 타자와 성적 타자를 구성하고, 지배와 종속의 권력관계를 고착시키려는 인종담론과 성담론은 그 성격상 정치적이다. 정치적 비평 또한 정치적이다. 지배담론에 의한 인종차별 이데올로기와 성차별 이데올로기의 형성과 유통과정을 주시하면서 타자 억압의 정당성을 논의하기 때문이다.

2. 담론의 정치성과 타자

담론은 근본적으로 권력관계를 명시한다는 점에서 정치적이다. 또한 담론은 이데올로기를 실어 나르는 통로로 작용하면서 주체에 영향력을 행사한다는 점에서 정치적이다. 비록 담론행위가 명시적이 아니라 암묵적으로 실행된다고 해도 담론은 무목적적이 아니라 뚜렷한 목적을 갖고 있다. 담론은 또한 불특정

대상이 아니라 특정한 대상을 목표로 한다. 그러므로 모든 담론은 정치적이다. 담론과 주체, 그리고 이데올로기와 권력의 복합적 관계를 살펴보기 전에 먼저 주체와 이데올로기의 관계를 알아보기로 하자.

알튀세는 국가 조직에 연루된 지식인들이 지배계급의 이익을 반영하는 수많은 담론의 형성과정에 관련되어 있고, 이를 통해 이데올로기적 실천이 진행되고 있음을 주시한다. 그의 주장을 따르면 이데올로기는 '호명'(interpellation)[6] 과정을 통하여 개개인을 '자발적으로' '자연스럽게' 현존하는 사회구성체에 편입되도록 유도한다. 알튀세에 따르면 모든 이데올로기는 "구체적인 개인을 주체로 구성하는 기능"을 갖고 있으며 개개인이 할당받은 위치를 유지하도록 한다. 다시 말해 이데올로기는 구체적 개인을 '주체'로서 '호명'하고 자신의 분수를 지키도록 하는 일련의 담론적 실천이다. 알튀세에게 이데올로기는 개인들이 자신의 실제적 존재 조건과 맺고 있는 '상상적' 관계의 '재현'이다. 개인은 그 자신을 특정 담론의 주인으로 가정하지만 그것은 '상상'에 불과하다. 즉 구체적 개인들은 "생존의 실제적 조건들과 상상적 관계를 맺으며 살고, 생산양식에 의해 부과되는 제한들에 종속되어 "스스로 활동한다고 믿는 자들"이 되는 것이다. 알튀세에게 "모든 이데올로기의 종착지는 주체"이다(Althusser 160-61, 169). 즉 사회 속의 개인이다.

그럼 이데올로기는 담론과 어떠한 관련을 맺고 있는가? 이데올로기가 주체에 대해 효과를 발휘하는 것은 바로 담론의 구성을 통해서이며, 개인은 사회에서 담론작용에 의한 문화의 의미화 체계 속에서 주체로서 형성된다. 이데올로기적 국가장치를 통해 개인을 지배하는 수단, 즉 권력 행사의 통로가 되는 것은 다름 아닌 담론이다. 따라서 주체는 특정 담론행위에 종속된 존재이며, 그

6) 알튀세는 개인을 이데올로기의 주체로 자리 잡게 하는 것을 '호명'이라 하였다.

에 따라 행동하는 존재이다. 알튀세의 관점에서 볼 때 이데올로기는 "사회구성체를 형성하는 정치적·경제적 실천"과 연관을 맺고 작용하며, "이데올로기는 특정 담론들 속에 명기"되어 있다(Belsey, *Critical* 5). 즉 담론은 의미화 실천이 진행되는 공간이며, 여기에 이데올로기가 실제로 쓰이거나 말해진다. 생산된 문학적 담론은 유포되고 소비되면서 당대의 이데올로기를 형성하는데 작용함과 동시에 그 의미가 이데올로기에 의해 형성된다.

이데올로기는 특정한 담론을 통해 전달되고 특정한 이해관계가 각인된 담론적 실천이다. 즉 이데올로기는 담론과 권력의 결합이 이루어지는 곳으로서 특정한 이해관계가 연루된 담론이다. 담론은 이데올로기가 실천되는 통로이며, 이데올로기는 담론을 통해 작용한다. 지배 권력은 특정한 상황에서 담론을 통해 특정한 이데올로기를 실어 나르면서 가치의 기준을 설정하고 포함과 배제의 규칙을 창출한다. 그리하여 어느 누구도 지배적 담론의 영향으로부터 자유로울 수 없다. 그럼 담론과 권력의 관계는 어떠한가?

푸코에 따르면 담론은 지식을 조직하고 구성하여 권력관계를 명시하는 도구이며, 주체와 타자는 권력관계가 명시되는 대상이다. 진리와 가치 기준을 설정하는데 기여하는 담론은 권력과 지식과 불가분의 관계를 맺고 있다. 흔히 지식인은 권력과 결탁하여 지배적 담론을 생산하고 유포시키면서 지배 이데올로기를 정당화시키고 있기 때문이다. 푸코에게 담론은 항상 "지식을 구성하는 방식"이며 "지식에 내재해 있는 사회관습, 주체성의 형태, 권력관계" 등을 구성하는 방식이다. 푸코는 권력의 유지와 행사에 있어서 담론이 차지하는 역할을 밝혀내는 한편, 담론의 제도적 작용과 개별 주체의 구성에 있어 담론의 역할을 분석한다. 그는 형벌제도와 성욕에 대한 "담론 생산과 통제를 통해 권력이 행사되고 개인이 지배"되는 방식들을 역사적으로 고찰한다(Weedon 107-08). 담론은 권력관계 속에서 개인을 주체로서 구성하고, 개인의 욕망과 감정에 대한 의미까지 재구성한다. 뿐만 아니라 담론은 "가치의 위계질서"를 규정한다.

푸코의 주장에 따르면 모든 문화에는 가치의 위계질서를 지배하는 약호들이 존재하며, 이 약호들은 사람들에게 경험적 질서를 의미한다. 푸코는 모든 사람들이 경험적으로 인지하는 질서의 밑바탕에는 명시적으로 드러나지 않는 "무언의 질서" 또한 존재한다고 생각한다. 그런데 이 무언의 혹은 침묵의 질서를 어떻게 드러낼 수 있는가? 푸코에 따르면 이는 지배담론과의 거리두기를 통해 가능하고, 또한 학문적 인식에 선행하는 원초적 상태의 질서를 규명함으로서 가능하다. 이 "원초적 상태의 질서"가 바로 "에피스테메"(episteme)이다.[7] 푸코는 현실에 대한 경험적 질서를 구성하는 언어, 지각, 실천의 그물망에서 벗어나 보다 근원적 질서, 즉 에피스테메를 연구하여 특정한 지식체계가 특정 시대의 시대정신이 될 수 있었던 조건을 규명하려고 한다.

담론은 언표의 분산과 분배 원칙을 전제한다. 담론은 특정한 규칙에 따라 형성된 "동일한 구성체 체계에 속한 언표들의 집합"이다. 그러므로 담론적 실천은 다양한 언표들을 동일한 대상으로 결합시키는 것을 뜻한다. 푸코는 기호가 언표로 되고, 언표가 담론으로 구성되기 위해서는 언어의 지시 기능 '이상'의 것이 존재해야 한다고 주장한다. "담론들은 분명 기호로 구성되어 있다. 그러나 담론들은 사물들을 지시하기 위한 목적 '이상'의 것을 위해 기호들을 사용한다. 우리는 이 '이상'을 드러내고 기술해야 한다"(푸코, 『지식의 고고학』 157, 83). 그렇다면 지시 기능을 넘어선 담론의 기능은 무엇인가? 이는 다름 아닌 지식을 조직하고 구성하는 기능이며, 권력관계와 이데올로기를 명시하는

---

7) "에피스테메"의 개념에 관해서는 미셸 푸코, 『말과 사물』 18-19쪽과 『지식의 고고학』 266쪽, 이진우 271-73쪽을 참조. 『지식의 고고학』에서 푸코는 에피스테메를 "어느 특정한 시대에 담론적 실천들을 통일적으로 결합시킬 수 있는 관계들의 총체성"으로 규정한다(266).

기능이다.

푸코의 주장을 따르면 어느 사회에서건 다양한 권력망 속에서 담론의 생산을 "통제하고, 선별하고, 조직화하고, 재분배하는 일련의 과정들"이 존재한다. 권력과 지식이 담론의 생산과 통제에 관여한다는 말이다. 그리고 포함과 배제를 통해 담론에 대한 권력의 구체적인 통제가 시행되는데, 배제의 구체적 양식은 금지와 분할과 배척이다(『담론의 질서』 15-23). 즉 아무나 말할 수 있는 것이 아니며, 또한 무엇이나 말할 수 있는 것도 아니다. 즉 말할 수 있는 담론의 주체와 말해지는 담론의 내용은 제한되어 있다. 권력은 담론의 주체와 대상과 내용을 선별하고 규제하면서 담론을 생산하고 유포하며, 담론의 생산과 유통을 통해 지배와 종속의 권력관계가 형성된다. 그리하여 권력은 담론을 조직화하여 자신의 이익에 반하는 것에 제재를 가하고 자신에게 이익이 되는 것은 '전유'(appropriation)한다. 이 과정에서 지배담론으로부터 배제된 타자의 발생은 필연적이다. 담론이 구분하는 경계의 바깥으로 밀려나고 기존의 체재로부터 소외되고 배제된 존재가 바로 타자이다.

푸코에 따르면 담론은 권력관계를 명시하는 도구이며, 주체와 타자는 권력관계가 명시되는 대상이다. 권력은 담론을 생산하고 유통시키지만, 담론은 또한 권력을 강화하는 동시에 권력을 약화시키기도 하며 나아가 권력을 위협하기도 한다. 주체는 자신들을 위해 의미를 생산하고 권력의 전복을 도모하기 위해 저항적인 담론을 생산할 수 있기 때문이다. "주체는 담론에 의해 구성되는 동시에 담론의 행위자"이기 때문이다. 또한 담론은 이데올로기와 권력과 분리되어 고려될 수 없다. 왜냐하면 담론은 이데올로기와 권력이 행사되는 수단이며 통로로 작용하기 때문이다. 권력은 담론을 생산하지만, "담론 또한 권력을 생산하고 전달한다." 또한 담론을 통해 권력은 주체를 구성하고 통제한다. 담론은 권력을 강화시킨다. 그러나 담론은 또한 권력을 노출시켜 약화시키면서 권력을 위협할 수도 있다(Foucault, *The History* 92, 101-04).

권력의 속성은 쉽게 드러나지 않으며, 쉽게 위협받지도 않는다. 푸코는 모든 권력은 자기 자신을 은폐하는 속성을 가지고 있고, 권력의 효율적인 행사는 권력의 메커니즘을 은폐할 수 있는 능력과 비례한다고 주장한다. 권력은 권력의 부정적 측면을 은폐하기 위해 특정한 담론을 생산하고 유포하고, 저항세력을 흡수하거나 저항을 봉쇄한다. 따라서 권력의 논리는 표면에 드러나기보다는 이면에 숨겨져 있다(*The History* 103). 자신을 은폐할 수 없는 타자들은 쉽게 '감시'되고 '기록'되어 마침내 '처벌'된다. 반면 지배 권력은 자신을 은폐함으로써 권위를 효과적으로 획득하고 도전세력을 봉쇄한다.

담론은 푸코에게 '침묵의 역사'와 권력관계를 기술하기 위한 개념이다. 전통적 역사이론은 역사의 발전과 기술의 '주체'와 역사의 '연속성'을 전제로 한다. 그러나 푸코는 역사 기술에서 배제되고 억압된 사건과 타자의 목소리를 기술하기 위해 기존의 역사관을 뒤집어 생각한다. 푸코는 주체, 동일성, 연속성을 강조하는 기존의 역사에 대립하여 타자, 차이, 비연속성을 역사적 기술의 대상으로 삼으며, 질서를 위해 희생된 존재들과 우연적 사건에 초점을 맞춘다. 그가 주시하는 것은 역사의 연속성이 아니라 "역사를 연속적인 것처럼 보이게 만드는" 그 무엇이다(Foucault, "Nietzsche" 97). 그것은 다름 아닌 당대의 질서를 규정하는 지배담론이다. 지배적 문화는 지배담론을 통해 기존의 질서에 반하는 타자를 규정하고 타자의 침묵을 강요하기 때문이다. 푸코가 주시하는 것은 바로 이 '침묵의 질서'이다.

이글턴(Terry Eagleton) 또한 말하여지지 않은 침묵의 의미를 주시한다. 문학 텍스트가 그것이 말하는 것보다는 말하지 않는 것에 의해 이데올로기와 연관되어 있다고 생각하는 이글턴은 "이데올로기의 현존은 텍스트의 의미심장한 침묵들, 즉 텍스트 내의 간극과 부재" 속에서 파악될 수 있다고 주장하며, 비평가가 언급해야 할 것이 바로 이러한 침묵들이라고 강조한다(34-35). 이글턴은 문학 텍스트가 이데올로기를 '반영'하거나 '표현'하는 기능만을 수행하는 것이 아니라 이데올로기를 생산하기도 하는 '자기생산적인' 기능도 보유하고 있음을 주시한다. 자기 생산적인 기능은 "역사의 다양한 이데올로기적 생산물들이나 역사에 관한 담론"에 의존적이다. 또한 텍스트는 이데올로기의 모순과 갈등을 드러내기도 한다. 그리하여 문학 텍스트가 말하지 않는 것은 그것이 말하고 있는 것만큼이나 흥미롭다.

의미화 실천과정에서 배제되고 금지된 양상을 다루는 포스트모더니즘의 담론연구는 문화 분석의 효과적 틀을 제공한다. 담론은 문화를 형성하는 가장 중요한 수단 가운데 하나이기 때문이다. 문화 분석은 문화를 형성하는 권력 장치와 지배담론의 실천 양식에 초점을 맞추고, 텍스트와 의미의 생산과정과 재생산과정을 주시한다. 문화유물론자들과 페미니스트들에게 담론은 언어의 사회적 실천이며 주체가 구성되는 장소이며, 개인이 자신을 인식하는 장소이다. 주체가 구성된다는 것은 곧, 개인의 정체성이 그를 둘러싼 담론의 영역 가운데서 형성되고 있다는 것을 말한다. 또한 주체는 담론에 의해 이데올로기가 특정한 의미로 실천되는 장소이다. 주체는 담론의 대상이라는 말이다.

그러나 주체가 담론의 대상만으로 존재하는 것이 아니다. 이미 언급한 것처럼 신역사주의는 지배담론에 종속되는 주체를 전제하지만, 문화유물론은 주체는 또한 담론의 행위자라는 점을 강조하여 지배담론에 저항할 수 있는 주체를 상정한다. 인종의 문제를 주시하는 문화유물론자들과 성차의 문제를 주시하는 페미니스트 비평가들은 주체를 담론행위의 산물로 파악하며, 담론을 통한 권력과 이데올로기의 '전유' 과정을 주시한다. 또한 지배 권력과 지배담론이 어떤 특정한 시대의 복합적인 문화적 관행들과 어떤 관계에 있는가를 주시한다.

정치적 비평은 또한 지배담론에 저항할 수 있는 타자의 가능성을 모색한다.

이들은 문학 텍스트가 지배담론과 권력관계를 반영하고 있지만, 또한 문학 텍스트에 기록되지 않은 "억제된 담론"은 "표현된 담론"만큼이나 흥미롭고 많은 것을 말해준다고 생각한다(Newton xxiii). 여기서 억제된 담론이란 다름 아닌 타자의 담론이다. 문화유물론자들과 유물론적 페미니스트들도 지배담론에 대한 타자의 전복 가능성이 그리 크지 않다는 것을 의식한다. 그러나 문화의 주변부로 밀려난 타자의 존재가 자신에게 강제된 위치를 거부하고, 탈동일화를 통해 새로운 위치를 생산해낼 수 있다는 가능성을 닫아 놓지 않는다. 지배담론에 저항하고 도전하여 거대 담론에 균열을 가하는 타자의 가능성을 열어 놓고 있다는 말이다.

푸코는 기존의 가치체계와 질서체계에서 정상적인 것은 비정상적인 것－즉 기존의 권력이 규정한 기준과는 다른 것, 타자적인 것, 낯선 것, 외래적인 것 등－을 규정하고 억압함으로써 존재하고, 기존의 가치는 그에 반하는 요소가 있을 때만 그 가치를 인정받을 수 있다고 주장한다. 따라서 비정상적이라고 규정할 대상이 없어지면 정상적이라고 규정한 것도 존재할 수 없기 때문에 또 다른 비정상적인 대상을 찾아낸다(『광기의 역사』 7-11). 푸코의 논지를 따르면 지배 권력은 기존의 체제를 공고히 하기 위해 기존의 체제에 도전적인 대상을 필요로 한다. 왜냐하면 질서는 무질서를 규정하고 봉쇄함으로써 질서의 정당성을 확보하고, 문명은 야만의 위협을 봉쇄하고 제거함으로써 정당성을 확보하기 때문이다. 권력은 인종적 타자와 가부장제를 위협하는 여성의 저항을 봉쇄함으로써 서구 백인 남성중심의 문화의 정당성을 확보한다는 말이다. 지배 권력은 저항하는 존재를 파악하고 감시하고 전유함으로써 지배를 더욱 공고히 한다.

지배담론은 항상 포함과 배제의 원칙에 따라 타자를 규정하고 타자를 생산한다. 그러나 기존의 권력은 권력의 정당성을 확보하기 위해 타자의 존재를 필요로 한다. 지배담론을 통해 타자의 저항을 효과적으로 봉쇄할 수 있을 때 권력의 존재 이유와 권력 행사의 정당성이 확보되기 때문이다. 그러므로 타자의 존재 없이는 권력의 정당성이 쉽게 확보되지 않는다. 기존의 권력은 질서를 유린하는 힘의 '봉쇄'를 통해 권력의 정당성을 확보하기 위해 타자를 필요로 하면서도 한편으로는 타자를 억압하고 침묵시켜 역사의 전면에서 지우려고 한다. 그러나 타자는 기존의 권력을 정당화시켜주는 도구로서만 존재하지는 않는다. 억압된 타자의 존재는 항상 지워질 위기에 처해 있지만 그 나름의 '침묵의 질서'를 형성하고 있다. 역사의 전면에 나타나진 않지만 완전히 지워진 것은 아니라는 말이다.

문학 텍스트의 생산이 지배담론과 권력과 무관하게 진행될 수 있다고 생각하지 않는 문화유물론과 유물론적 페미니스트 비평을 위시한 정치적 비평은 문학 텍스트의 의미를 가능하게 하는 물리적인 조건, 즉 경제적·사회적·역사적·정치적 컨텍스트와 담론을 중시하며, 지배담론이 의도적으로 억압하여 왔던 타자의 주변부 문화를 주시한다. 또한 인종차별의 기제로 작용하는 인종담론과 성차별의 기제로서 작용하는 가부장제를 주시하면서 억압되고 지워진 '타자'의 목소리를 복원하려고 한다. 분리와 배제를 통해 인종적 타자와 성적 타자를 구성하고, 지배와 종속의 권력관계를 명시하는 인종담론과 성(性)담론은 본질적으로 정치적이며, 셰익스피어의 텍스트에도 이러한 흔적이 배어있다. 정치적인 담론과 타자 재현의 문제를 정치적 비평의 시각을 참조하여 논의하는 것도 정치적 담론실천의 일환일 것이다.

■ 인용문헌

이진우 외. “담론이란 무엇인가.” 『철학연구』 56 (1996): 257-90.

푸코, 미셸. 『말과 사물』(*Les mots et les choses,* 1966). 이광래 역. 서울: 민음사, 1986.

_____. 『광기의 역사』. 김부용 역. 서울: 인간사랑, 1991.

_____. 『지식의 고고학』(*L'archéologie du savoir*, 1969). 이정우 역. 서울: 민음사, 1992.

_____. 『담론의 질서』(*L'ordre du discours*, 1971). 이정우 역. 서울: 도서출판 새길, 1993.

Althusser, Louis. “Ideology and Ideological State Apparatuses.” *Lenin and Philosophy and Other Essays*. Trans. Ben Brewster. London: New Left Books, 1977.

Bakhtin, M. *The Dialogic Imagination: Four Essays.* Ed. Michael Holoquist, Trans. M. Holoquist and Caryl Emerson. Austin: U of Texas P, 1981.

Barrett, Michèle. “Ideology and the Cultural Production of Gender.” *Feminist Criticism and Social Change: Sex, Class and Race in Literature and Culture*. Eds. Judith Newton and Deborah Rosenfelt. New York: Methuen, 1985. 65-85.

Barthe, Roland. *Image-Music-Text.* Trans. Stephen Heath. London: Fontana, 1977.

Belsey, Catherine. *Critical Practice*. London: Methuen, 1980.

_____. *The Subject of Tragedy: Identity and Difference in Renaissance Drama.* London: Methuen, 1985.

Benveniste, Emil. *Problems in General Linguistics.* Miami: U of Miami P, 1971.

Collier, Andrew. “In Defence of Epistemology.” *Issues in Marxist Philosophy.* Vol.3. Eds. John Mepham and D. H. Ruden. Brighton: Harvester, 1979.

Culler, Jonathan. *On Deconstruction.* Ithaca: Cornell UP, 1982.

Dollimore, Jonathan and Alan Sinfield, ed. *Political Shakespeare: New Essays in Cultural Materialism*. Manchester: Manchester UP, 1985.

Eagleton, Terry. *Marxism and Literary Criticism*. London: Methuen, 1976.

Easthope, Antony. *Poetry As Discourse.* New York: Methuen, 1983.

Foucault, Michel. “Nietzsche, die Genealogie, die Historie.” *Von der Subversion des*

Wissens. Frankfurt, 1978.

_____. *The History of Sexuality,* Vol 1. Harmondsworth: Pelican, 1981.

_____. "What Is an Author?" *The Foucault Reader.* Ed. Paul Rabinow. New York: Pantheon Books, 1984.

Greenblatt, Stephen J. *Renaissance Self-fashioning: From More to Shakespeare.* Chicago: U of Chicago P, 1980.

Jakobson, Roman. "Linguistics and Poetics." *Language in Literature.* Eds. K. Pomorska and S. Rudy. Cambridge: Harvard UP, 1987.

Kaplan, Cora. "Pandora's Box: subjectivity, class and sexuality in socialist feminist criticism(1985)." *Feminisms: An Anthology of Literary Theory and Criticism.* Eds. Robyn R. Warhol and Diane Price Herndl. New Jersey: Rutgers UP, 1997. 956-75.

Kinneavy, James L. *A Theory of Discourse.* New York: Norton, 1971.

Kress, G. "Critical Sociolinguistics." *Encyclopedia of Language and Linguistics.* Vol. 2. Ed. R. E. Asher. Oxford: Pergamon P, 1994.

McHoul, A. "Discourse." *Encyclopedia of Language and Linguistics.* Vol.2. Ed. R. E. Asher. Oxford: Pergamon P, 1994.

Montrose, Louis A. "Professing the Renaissance: The Poetics and Politics of Culture." *The New Historicism.* Ed. H. Aram Veeser. London: Routledge, 1989. 15-36.

Newton, Judith and Deborah Rosenfelt. "Introduction: toward a materialist-feminist criticism." *Feminist Criticism and Social Change: Sex, CLass and Race in Literature and Culture.* Eds. Judith Newton and Deborah Rosenfelt. New York: Methuen, 1985. xv-xxxix.

Pêcheux, Michel. *Language, Semantics and Ideology.* Trans. H. Nagpal London: Macmillan, 1982.

Rubin, Gayle. "The Traffic in Women: Notes on the 'Political Economy' of Sex." *Toward an Anthropology of Women.* Ed. Rayna R. Reiter. New York: Monthly Review P, 1975. 157-210.

Ruthven, K. K. *Feminist Literary Studies: An Introduction*. London: Cambridge UP, 1984.

Selden, Raman and Peter Widdowson. *A Reader's Guide to Contemporary Literary Theory*. 3rd ed. New York: Harvester Wheatsheaf, 1993.

Showalter, Elaine. "Feminist Criticism in the Wilderness." *Critical Inquiry* 8 (1981): 179-205.

Volosinov, V. N. and Mikhail Bakhtin. *Marxism and the Philosophy of Language*. Trans. Ladislav Matejka and I. R Titunik. Cambridge: Harvard UP, 1986.

Weedon, Chris. *Feminist Practice and Poststructuralist Theory*. Oxford: Blackwell, 1997.

Wilfert, J. "Discours." *Les Notions Philosophiques*. Ed. Auroux Sylvian. *Encyclopédie Philosophique Universelle*. Vol.1, Tome 1. Paris: P.U.F., 1990.

3. 인종담론과 성(性)담론

인종담론은 인종을 분류하고 그 차이를 규정하는 인종에 관한 담론으로 제국주의의 팽창과 밀접한 관련성을 맺고 있다. 성(性)담론은 남성에 대한 여성의 종속을 조장하는 담론으로 가부장제와 밀접한 연관성을 갖고 있다. 인종의 재현과 차이에 따른 분류와 통제, 그리고 인종차별과 편견에 관한 담론이 확산된 것은 콜럼버스의 신대륙 발견과 제국주의의 팽창과 그 궤를 같이 한다(Neil 394). 셰익스피어가 활동했던 르네상스 시대 후반에 들어 신대륙과 아프리카 여행기나 탐험기 등을 통해 유색인종에 관한 많은 정보들이 유포되었는데, 대부분 유색인종의 야만성을 지적하는 것들이었다. 유색인종 가운데 특히 흑인은 심각한 차별의 대상으로 자리 잡았다.

국왕을 가장과 동일시하는 가부장제에 입각한 정치사상이 유난히 강조된 것은 절대주의가 등장한 16세기에 이르러서이다. 르네상스 시대에 들어 각 국가는 가족의 구성원들이 가장에게 복종하는 것은 곧 백성들이 국왕에게 복종하는 것과 같다고 하면서 가부장제에 입각한 정치사상을 강화했고, 각 가정에서의 가부장제 확산에도 관심을 표했다(Erickson, Preface x). 르네상스 후반기는 여성에 대한 남성의 지배를 당연시하는 가부장제가 강력한 영향력을 발휘하고 있었고, 유색인종의 야만성과 열등성을 지적하고 그들에 대한 백인의 지배를 당연시하는 식민담론과 제국주의가 급속하게 팽창하고 있었던 시기라고 해도 과언은 아니다.

1. 인종담론과 제국주의

고대 그리스 시대와 로마 제국 시대에도 흑인과 백인의 접촉이 있었지만, 서구에서 흑인에 관한 언급이 본격적으로 등장하는 것은 콜럼버스의 아메리카 신대륙 발견과 신대륙으로 가는 항로의 중간 기착지였던 서아프리카와의 교섭이 활발하게 전개되었던 15-16세기이다. 1444년 아프리카의 흑인 235명이 포르투갈에 노예로 끌려오면서 흑인의 유입이 가속화되고, 유럽 전역에 퍼진 흑인들에게 검은색에 관련된 온갖 부정적인 요소들이 투사되었다(신문수 196-97). 그리고 시간이 경과하자 이는 고정관념으로 자리 잡으면서 인종차별의 기제로 전유되기에 이른다. 헌터(Hunter)는 중세로부터 엘리자베스 시대에 이르기까지 영국인들이 '검은 얼굴'을 악마와 동일시했다는 정황을 여러 증거 자료를 통해 제시했다("Othello" 31-42).

1492년 콜럼버스가 아메리카 신대륙을 발견한 후 16세기에 이르자 노예무역을 통해 아메리카에 많은 흑인노예들이 유입되었고, 아메리카 식민지의 흑인들 일부는 유럽에 노예로 다시 팔려갔다. 16세기 말에 이르자 수

백 명의 흑인들이 런던에 살고 있었고, 흑인의 증가를 우려했던 엘리자베스 여왕은 "흑인과 검은 무어인(Moor)"을 추방하라는 칙서를 발표했다(Jones 8-11). 여왕의 추방령에도 불구하고 영국 사회에서 흑인들의 수는 계속 증가했고, 영국 사회에서 "흑인 노예의 소유를 부와 사회적 신분의 표지"로 여기는 분위기가 고조되었다. 셰익스피어가 활동했던 시기에 영국에서 흑인을 보기가 그리 어렵지 않았다. 인종의 차이에 대한 관심은 17세기에 이르자 인종을 분류하고 인종의 차이를 규명하려는 이론들이 등장했고, 이 과정에서 흑인을 동물적이고 미숙하며 열등한 야만인으로 규정하고 "인종 차이를 선천적인 것으로 가정"하는 인종차별주의가 서구 사회에 자리 잡게 된다(신문수 201-02). 유럽인들은 아프리카를 야만의 땅으로 구분했고, 흑인은 가장 분명한 야만인의 전형으로 자리 잡았다(Bugner 19).

르네상스 시대 영국의 주류를 형성했던 백인 기독교 문화는 이교도인 유색인종들에게 관대하지 못했고, 이방인들에 대한 그들의 편견은 당대의 역사적 기록뿐만 아니라 문학 작품에도 자주 나타났다. 무어인으로 검은 피부를 가진 오셀로(Othello)와 아론(Aron), 까무잡잡한 이집트 여성 클레오파트라(Cleopatra), 아메리카 인디언인 캘리밴(Caliban), 유대인인 샤일록(Shylock) 그 어느 누구도 인종차별담론으로부터 자유롭지 못했다. 셰익스피어 작품 상연 당시 영국에는 피부색이 다른 인종에 대한 혐오감이 팽배했다. 인종적 타자에 대한 영국인의 반감은 당대의 인기 있는 여행기에 자주 나타났고, 신화와 문학 작품을 통해 합리화되고 강화되었다. 이러한 문화적 맥락에서 인종적 타자는 종종 야만성과 열등성을 드러내는 기호로 전유되곤 했다(Bristol 143-44). 특히 희지 않은 유색인종의 피부는 항상 '타자성'을 부각시켜주는 주요한 시각적 기표였다(Adelman 125-27, Boose 38).

인종담론이 형성되기 시작한 초기부터 피부색의 차이는 대단히 중요하게 작용했다. 듀보이스(W. E. B. Du Bois)의 설명을 따르면 "인종은 대체로 공통의 혈통과 언어를 지니면서 언제나 공통의 역사·전통·욕구를 가진 거대한 인간 집단이다"(40) 인종은 사실 공통의 혈통과 언어, 그리고 공통의 역사와 전통을 공유하는 집단이다. 그런데 여기서 '대체로'와 '언제나'는 무엇을 뜻하는가? 이경원의 설명을 따르면 인종은 '대체로' 혈연공동체 집단이지만, '반드시' 그런 것은 아니고, 역사적으로나 문화적으로 '언제나' 동질성을 지니는 집단이다(111). 역사적·문화적 동질성을 혈통의 동질성보다 우위에 둔다는 말이다. 그러나 인종담론에서 신체적 차이나 혈통의 차이는 항상 문화적 차이 이상으로 차별 담론을 형성하는데 기여해 왔다. 피부색의 차이와 신체적인 차이는 항상 타자화 담론의 일차적인 관심 대상이었다.

무어인은 셰익스피어의 극에 등장하는 대표적 유색인종이다. 『타이터스 앤드로니커스』의 아론과 『오셀로』의 오셀로, 그리고 『베니스의 상인』에 등장하는 모로코(Morocco) 영주가 다름 아닌 무어인이다. 원래 무어인은 711년부터 이베리아 반도를 정복한 아랍계 이슬람교도의 명칭이다. 그러나 16세기 동안 무어인이란 명칭은 혼란스럽게 사용되었다. '무어'는 북 아프리카 거주민이나 흑인이나 이슬람교도를 지칭할 때 쓰였던 용어였다. 그리스어 '어두운' 또는 '침침한'이란 의미를 지니는 용어에서 파생된 '무어'라는 용어는 오늘날 모로코와 알제리에 해당하는 고대 마우레타니아(Mauretania) 지역에 거주했던 인종을 지칭했다. 이 용어는 라틴어로 '마우러스'(Maurus)가 되었고 중세를 거치면서 피부색이 강조되어 흑인이라는 뜻을 갖게 되었다. 시간이 경과하여 마우레타니아에서 이베리아 반도에 걸친 지역이 이슬람교도들(Muslims)의 주 활동무대가 됨에 따라, '무어'라는 용어는 이슬람교도라는 말과 같은 뜻으로 사용되었다(Dobson 304, 이혜경 249). 그러나 르네상스 시대 영국에서 '무어'라는 명칭은 북아프리카 해안에 거주했던 유색인종을 두고 제한적으로 적용된 것이 아니라 서구 기독교 백인 문명권 밖에 존재하는 이교도 유색인종 전부를 지칭하는 용어로 사용되기도 했다(Jones 40). '무어'라는 용어에 서구 기독교 백인 문명과 차별되는 인종적·문화적·종교적 타자성이 부과되었던 것이다.

셰익스피어의 텍스트에서 무어인의 피부색은 황갈색으로 표현되기도 하고 검은색으로 표현되기도 한다.[1] 셰익스피어는 아론을 흑인으로 재현하고, 모로코 영주의 피부색을 황갈색으로 재현한다. 무어인의 피부색이 논란의 대상이 되었지만, 16세기 후반에 이르러 무어인과 흑인은 별 차이가 없는 인종으로 분류되었다. 보한(Vaughan)의 주장을 따르면 공연과 비평가들의 논평에서 오셀로나 아론이 황갈색의 무어인으로 표현되건 검은 흑인으로 표현되건, 그들의 피부색이 타자성을 시각적으로 보여주는 기표였다는 사실에는 변함이 없었다(52).

흑인이든 무어인이든 이들에게 부과된 타자성의 주요한 기표는 다름 아닌 피부색이었고, 이들 모두의 피부색은 대체로 검다고 간주되었다. 그들은 대체로 복수심에 불타는 사악한 인물로 재현되었다. 아론의 경우가 그런 경우다. 또한 성적 특질이 강조 되었는데, 입술이 두껍고, 음란하고, 질투심이 많다는 점이 그들에게 주어진 고정관념이다. 특히 흑인의 성적인 특징 중 두드러진 것은 입술이 두껍다는 점인데 이는 호색성을 지시하는 기표처럼 간주되었다(Ridley li). 셰익스피어도 그들을 고정관념에서 그리 벗어나지 않는 인물로 재현하는데 오셀로의 경우가 그런 경우다. 턱선(Tokson)에 따르면 르네상스 시

1) 해리스(Bernard Harris)는 "무어인의 초상화"(A Portrait of a Moor)에서 무어인의 피부색이 검은 것이 아니라 황갈색(tawny)이라고 주장한다(23-36). 『오셀로』의 출전 중 하나인 레오 아프리카너스(Leo Africanus)의 『아프리카의 역사와 정경』(*History and Description of Africa*, 1600)의 번역판에서 존 포리(John Pory)는 무어인을 황갈색 무어인과 니그로(Negro) 즉 검은 무어인으로 분류한다.

대 극작품에 등장했던 흑인들 중에 "성적인 특질"이 중요하게 부각되지 않은 인물은 거의 없다(17, 20).

당대의 백인 탐험가들은 다른 인종의 성적인 방종, 식인 풍습, 이교 문화 등 괴이한 이야기를 전하였는데, 대부분 흑인들에 관한 것이었다. 그들의 이야기를 자주 접했던 사람들은 흑인이라는 말만 들으면 더러움, 죄악, 죽음, 부정을 연상하게 되었다(Jordan 4). 이들의 여행문은 대개 백인중심적 관점에서 기록되어, 아프리카의 관습이 유럽의 문명화된 관습에 반하는 야만적 문화라는 점을 강조하였다. 흑인에 관련된 대부분의 여행담은 흑인들이 항상 벌거벗고 산다는 점 외에도 성적으로 방탕하다는 점을 강조하고 있다. 이 기록들 역시 흑인과 야만성을 관련짓고 흑인과 호색성을 관련짓고 있는 것이다(Newman 148).

르네상스 시대에 흑인의 기원에 관한 견해는 대체로 두 가지 견해로 압축된다. 첫째는 그들의 피부색이 적도의 뜨거운 태양에 대응하기 위해서 검게 변하였다는 견해였다. 그러나 그들의 자식이 검은 색으로 태어난다는 점으로 인해 이는 신빙성이 없는 견해로 판명되었고, 인종차별담론의 형성에 크게 기여하진 않았다. 두 번째 견해는 성서와 신화에 바탕을 둔 것인데, 이는 인종차별담론의 근거가 된다. 흑인의 기원에 관한 조지 베스트(George Best)의 설명에 따르면 대홍수 기간 동안 노아는 하느님에 대한 경외의 표시로 세 아들에게 아내와의 관계를 금할 것을 명령하였다. 그러나 참(Cham)은 이를 어겼고, 그리하여 하느님은 참에게 대대로 검둥이 자식을 낳도록 저주를 내렸다.

제노바 바이블에 의하면 술에 취해 벌거벗고 자고 있는 노아를 그의 아들 햄(Ham)이 보고 두 형제들에게 이를 알렸다. 셈(Shem)과 제페스(Jepheth)는 벌거벗은 아버지의 육신과 음부를 보지 않기 위해 고개를 뒤로 돌리고 이불을 덮어주었지만, 햄은 그렇게 하지 않았다. 이를 알게 된 노아는 햄의 자식들이

샘의 노예가 되도록 저주를 내렸다. 즉 햄의 관음 행위는 죄로 간주되어 저주를 받았던 것이다. 여기서 햄족은 현재 북아프리카 흑인의 조상이다. 제노바 바이블의 설명과 조지 베스트의 설명이 결합되어 흑인에 대한 엘리자베스 시대 사람들의 고정관념이 형성되었고, 흑인들은 노예로 간주되었다. 아프리카인들의 전락의 원인을 성적인 타락에 두고 있는 이 주장으로 인해, 엘리자베스 시대에 검다는 것은 죄악을 표시하는 시각적인 기호가 되었다. 영국인들은 흑인의 기원에 관한 초기의 논평에서부터 흑인과 금지된 성관계, 흑인과 이교풍습, 흑인과 노예를 결합시켜 생각하곤 했다(qtd. Vaughan 53-55). 루스 코위그(Ruth Cowhig)도 검은 피부에 대한 서구 백인들의 적대감과 혐오의 뿌리를 성적인 방종 때문에 벌을 받은 노아의 아들 햄에 관련된 이야기에서 찾고 있다(1).

고대부터 중세까지의 많은 민담들은 흑인을 사탄과 동일시했으며, 르네상스 시대 사람들은 흑인들이 성적으로 음란한 인종이라는 고정관념을 가지고 있었다. 즉 흑인의 검은 피부가 더러움과 음탕함과 노예성과 열등성을 지시하는 기표였던 것이다. 대부분의 백인 관객들은 즉각적으로 흑인 등장인물들을 자신들과는 다른 타자로 여겼고, 이 타자와 백인 여성의 결합은 관객들에게 한층 외설적인 성행위를 연상하도록 했다(Vaughan 52, 59). 오셀로와 데스데모나의 이종결합, 아론과 타모라의 이종결합이 백인 남성들의 경계의 대상이 되었음은 말할 나위가 없다. 이종결합은 서구 백인들에게 공포를 유발했고, 백인들은 유색인종을 성적도발자로 간주하게 되었다(Fanon 165). 흔히 문학 작품에서 흑백의 대립은 상징적으로 악과 선, 거짓과 진실, 환상과 실상, 무지와 박식, 미움과 사랑, 죽음과 삶 등의 대립의 형태로 변형되어 나타났고, 검은 색은 악과 어두움, 그리고 더러움과 무지를 상징하는 색으로 간주되었다(Sanders 29). 무어인의 검은 피부와 이집트인의 까무잡잡한 피부가 악과 더러움과 거짓을 대변하는 기표로 작용했던 것이다.

그럼 이집트인에 대한 인종적 시각은 어떠한가? 흑인과 무어인과 더불어 이집트인 역시 검은 피부를 가진 인종의 범주에서 다루어진다. 『안토니와 클레오파트라』에서 로마인들은 클레오파트라를 집시로 지칭하고 있는데, 셰익스피어 당대의 영국인들은 집시들을 교활하고 도둑질에 능하고 매춘을 일삼는 존재로 간주했다(Yoors 1-12). 집시들은 주로 인도 북서부에 살고 있던 인종이었지만 위험한 성욕을 발산하는 존재라는 면에서 이집트인들은 그들과 동일한 존재로 간주되었다. 『뱀의 역사』(*Historie of Serpents*)라는 책에는 까무잡잡한 피부의 이집트인들이 뱀을 몸에 감고 다니고, 뱀과 함께 논다고 기록하면서, 이집트인들의 비정상성을 강조한다. 또한 이 책은 뱀과 사랑에 빠진 애토리아(Aetolia)라는 처녀의 이야기를 통해 뱀의 성적 이미지를 이집트 여성에게 투사한다(De Sousa 144, 134-35).이러한 언급들은 모두 서구백인들과는 다른 이집트인들의 일탈성을 강조한다. 이집트인에 대한 편견은 헤로도투스(Herodotus)의 기록에도 나타나고 있다. 그는 이집트인의 비정상성을 다음과 같이 언급했다. "이집트인들은 대부분 그들의 행동 양식과 관습들에 있어 보통 사람들의 행동과 정반대이다. 여성은 시장에서 장사를 하고, 남성은 집에서 물레에 앉아 있다. … 이집트인들은 발로 밀가루 반죽을 개고, 진흙을 이길 때는 두 손을 쓴다"(qtd. Boon 29).

'보통' 사람들과는 '다른' 이집트인들의 비정상을 부각시키는 헤로도토스의 기록이 서구의 여러 책들에 인용되면서 이집트인들에 대한 편견은 점차 확산되기에 이른다. 당대의 이집트 역사가인 헨리 블런트(Henry Blount)는 이집트인들을 터키인들보다 더 잔인하며 악랄한 행위를 일삼는 인종으로 간주했고, 에드워드 탑셀(Edward Topsell)은 인간의 성기와 흡사한 원숭이의 성기를 언급하면서 이집트인의 호색성을 부각시켰다(qtd. De Sousa 132-33). 이집트인들의 비정상성을 지적하는 이 기록들은 그들이 열등한 인종이라는 차별담론을 형성하는데 기여했다. 호라티우스(Horatius)는 이집트의 여성 클레오파트라를 "미친 여왕"으로, "더러운 남자들에 둘러싸여 끊임없이 발작을 해대는 괴물"로 기술했다. 루카누스(Lucanus)는 근친상간을 일삼는 이집트 왕가에서 태어나 자신의 남동생과 결혼한 불경스럽고 야만적인 이집트인이라고 언급했다(플라마리옹 115-17). 물론 이러한 인종차별담론이 객관성을 확보한 것은 아니다. 그럼에도 불구하고 그녀를 둘러싼 많은 역사적 기록들은 이집트인에 대한 부정적인 인상을 확대하는데 기여했음이 사실이다.

검은 피부를 가진 인종이 아니라도 흰색의 피부를 갖지 않은 유색인종은 차별의 대상이었다. 아메리카 대륙 원주민이 그런 경우이다. 서구와 비서구가 구체적으로 접촉하기 시작한 것은 콜럼버스가 아메리카 대륙을 발견했던 1492년 이후라고 할 수 있고, 신대륙과 원주민에 관한 콜럼버스의 기술은 서구 백인들에게 투영된 비서구의 모습과 인종적 타자의 모습을 유추해 볼 수 있는 좋은 자료일 것이다. 콜럼버스는 오랜 항해 끝에 대서양을 건너 1492년 카리브해의 섬인 구하나하니(Guanahani)에 도착했고, 이 섬 인근의 섬들에 대해 다음과 기술한다.

> 저는 사람들이 많이 살고 있는 여러 섬들을 발견하고 이들을 모두 폐하를 위해 점유했습니다. 저는 왕실의 깃발이 휘날리는 가운데 이 땅이 폐하의 것임을 선언했습니다. 원주민들은 이에 대해 아무런 이의가 없었습니다. 저는 이런 기적을 우리에게 가져다주신 구세주인 우리 주님

> 을 기려 첫 번째 섬을 산살바도르(San Salvador)라고 명명했습니다. 원주민인 인디언들은 그 섬을 구하나하니라고 부르고 있었습니다. 두 번째 섬은 산타 마리아 데 콘셉시온(Santa Maria de Concepcion), 세 번째 섬은 페르난디나(Fernandina), 네 번째 섬은 이사벨라(Isabella), 다섯 번째 섬은 후아나(Juana)라고 명명했습니다. 발견한 모든 섬들에 이처럼 새로운 이름을 부여했습니다. (Morison 150)

콜럼버스는 섬에 상륙해 이 섬들을 스페인 국왕 페르난드의 소유임을 선언한다. 물론 이는 원래 그 섬에 살고 있던 원주민의 동의와는 무관한 일방적인 선언이다. 그러고는 그는 각각의 섬에 자신의 방식으로 이름을 붙인다. 원주민들이 구하나하니라고 부르는 섬을 주님을 기려 '성스러운 구원자'라는 의미의 산살바도르라고 명명하고, 성모 마리아와 스페인 국왕, 여왕, 왕세자의 이름을 따서 각각의 섬에 새로운 이름을 붙인다. 이 명명 행위는 신세계 원주민의 모습을 지워버리고 "신세계를 서구의 의미 체계 속에 일방적으로 편입시키는 폭력이요 정복" 행위이며, 이 행위에는 "비기독교 세계를 정복하고 점유하는 제국주의"의 욕망이 잘 드러나 있다(신문수 260-61). 그가 점유한 땅은 비어있는 땅이 아니라 원주민이 살고 있는, 그리고 이미 이름을 갖고 있는 땅이다. 남의 땅을 점유하고 그 땅에 새로운 이름을 붙이는 콜럼버스 행동은 이후 실행된 모든 제국주의의 양상을 보여주는 중요한 단서이다.

콜럼버스는 또한 원주민들이 짐승처럼 단순하며, 종교도 법도 정부도 사유재산도 없음을 지적하고, 살인과 범죄라는 말도 모르고, 무장도 하지 않고, 겁이 많은 존재로 기술하며, "추장을 비롯한 원주민들 모두는 태어난 후 줄곧 벌거벗은 채로 돌아다닌다. 여자들도 마찬가지인데 전혀 부끄러워하지 않는다."고 기술한다(이종훈 93, 146). 콜럼버스에게 신세계는 기괴하고 야만적인 세계이며 원주민은 짐승처럼 벌고 벗고 다니고 종교도 없는 미개한 인종이다. 이처럼 스스로를 모든 것을 가진 우월한 존재로 생각하면서 원주민을 낯설고 아무 것도 가지지 않은 "결여"의 존재로 기술하는 방식은 서구가 비 서구의 인종적 타자를 재현하는 방식이다(Memmi 83-85, 신문수 265-66).[2)]

인도에 이르는 새로운 항로를 개척하기 위한 콜럼버스의 대서양 횡단은 총체적 세계의 모습을 드러내게 하면서 근대의 시작을 알리는 역사적 사건이었다(Todorov 12-14). 뿐만 아니라 이는 본격적인 식민지 개척 시대를 열었고 서구 열강이 타인종과 타 지역을 지배하기 위해 경쟁하는 제국주의 시대를 열었던 획기적인 사건이다. 식민지와 인종적 타자에 대한 콜럼버스의 시각은 이후 서구의 식민지 개척 과정에서 식민담론과 인종담론으로 구체화되면서 인종적 타자의 지배를 정당화한다. 이 시기에 인종주의(racism)라는 용어가 나타나지는 않았지만, 이미 인종차별은 광범위하게 실행되고 있었던 것이다. 인종담론은 인종을 분류하고 그 차이를 명시하며, 그 차이는 인종의 우열로 나아간다. 백인중심 인종담론은 인종적 타자의 야만성과 지적 열등성과 강조하면서 서구 문명의 우월성을 과시하고 타자에 대한 지배를 정당화한다.

셰익스피어가 『태풍』 집필의 참고 자료로 활용했던 '버뮤다 팸플릿'(The Bermuda Pamphlets)은 당시 아메리카 대륙의 인디언과 그들에 대한 서구 백인의 시각을 검증할 수 있는 좋은 자료이다. '버뮤다 팸플릿'은 1609년 영국인들이 그들의 식민지인 버지니아로의 항해 과정에서 실제로 체험했던 난파 사건에 대한 역사적 기록물들을 통틀어 말하는 것으로 그 내용은 다음과 같다.

1609년 5월 존 스미스(John Smith)가 통치하는 버지니아의 제임스타운에

---

2) 메미(Albert Memmi)는 다음 세 가지를 서구가 인종적 타자를 바라보는 시선으로 규정한다. 첫째, 타자는 문명사회에서 가치 있는 것으로 간주되는 자질이 결여된 존재이다. 둘째, 타자는 기이하고 낯설고 불투명한 존재이다. 셋째, 타자는 혼란스러운 익명의 집합적 존재로 표상된다.

식민지를 개척하고 강화하기 위해 토머스 게이츠(Thomas Gates)와 조지 섬머즈(George Summers)의 지휘 아래 약 오백 명의 개척자를 태운 아홉 척의 함대가 출발했다. 그러나 7월 25일 항해 도중 몰아치는 폭풍으로 인해 게이츠와 섬머즈를 태운 시-어드벤쳐(Sea-Adventure)호는 다른 함대와 분리되었다. 이들의 배는 태풍으로 인해 버지니아 동쪽에 위치한 버뮤다 군도 해안에서 암초 사이에 끼여 꼼짝할 수 없었으나, 천우신조로 배는 크게 난파되지 않았고 승선한 모든 사람들은 해변으로 안전하게 피신했다. 이들을 제외한 다른 모든 함대는 아메리카 대륙에 도착했고 시-어드벤쳐호도 1610년 5월에 출발하여 식민지 버지니아에 무사히 도착하게 되었다. 그들의 모험담이 1610년 가을에 영국에 알려졌지만, 난파에 관한 소식은 이미 1609년 말에 영국에 알려졌다. 시-어드벤쳐호의 난파와 선원들이 겪은 새로운 경험들에 관한 많은 책자가 발간되었고, 그 가운데 저르다인(Sylvestre Jourdain)의 『버뮤다의 발견』(*A Discovery of the Barmudas*, 1619)과 난파에 관한 윌리엄 스트레이취(William Strachey)의 편지(1610)는 셰익스피어가 『태풍』을 집필하는데 직접적인 자료를 제공하고 있다고 인정되고 있다(Kermode xxvi-xxvii).

이들 사건을 기록한 '버뮤다 팸플릿'은 신대륙 원주민인 인디언을 비 문명화된 야만인으로 서구 백인을 그 야만인을 개화시키는 문명인으로 간주하는 서구 백인중심 논리를 담고 있다. 1808년에 에드먼드 멀룬(Edmund Malone)은 『태풍』을 버뮤다에서의 난파 사건 및 신대륙 버지니아(Virginia)의 제임스타운(Jamestown)에서 17세기 초반부터 실행되었던 영국의 식민지사업과 관련지었고, 1923년에 시드니 리(Sidney Lee)는 작품을 버지니아 상사의 식민지사업과 관련지우면서 캘리밴은 아메리카 인디언과 유사하고 프로스페로는 식민지 개척자와 유사하다고 주장한 바 있다(qtd. Frey 29-30).

문화유물론자들은 영국인들이 신세계의 원주민들에 대해 이야기하는 경우,

어떤 특별한 목적의 달성을 위해 의도적으로 그들의 고정관념을 적용했다고 주장한다. 즉 원주민에 대한 다양한 왜곡이야말로 식민주의를 조장하고 식민화의 정당성을 확보하려는 "담론적 전략"이라고 보는 것이다(Skura 45). 인디언에 관련된 보다 "지배적인 담론적 컨텍스트"는 1585년에서 1622년 사이에 실행된 신대륙에 대한 영국의 식민팽창주의인데(Barker & Hulme 198), 다음 폴 브라운(Paul Brown)의 인용은 그 당시 널리 팽배해 있던 식민팽창주의 담론을 알아 볼 수 있는 기회를 제공한다.

브라운은 먼저 시-어드벤쳐호의 선원 중의 한사람으로 버지니아 식민지 개척에 참여한 바 있는 존 롤프(John Rolfe)의 이야기를 제시하면서, 그 이야기에 내포된 식민주의 담론과 『태풍』에 구현된 담론의 상관성을 논의한다. 롤프는 1614년 아메리카 원주민 대추장의 딸인 포카혼타스(Pocahontas)와의 결혼을 허락하고 축복해 줄 것을 요청하는 편지를 총독에게 썼는데 그 내용은 이러하다.

> 그토록 중대한 과업을 착수하면서 저는 체력과 정신력을 바탕으로 분투해야 했으며, 조금도 관능적 애정이라는 고삐 풀린 욕망에 이끌리지 않았습니다. 그러나 이 식민지와, 조국의 영광과 하느님의 영광과 제 자신의 구원을 위해, 또한 신앙없는 피조물 즉, 포카혼타스가 하느님과 예수 그리스도에 대한 참된 지식을 갖도록 개종시키기 위해 혼신의 노력을 경주하고 있습니다. (Brown 49).

표면적으로 롤프는 여성의 육체에 대한 갈망에서가 아니라 보다 성스러운 대의명분 아래 아메리카 원주민인 인디언 포카혼타스와 결혼하려고 한다고 밝히고 있다. 즉 "정신적 질서" "사회적 결속" "국가적 운명" "신학적 선교" "죄인의 구원과 이교도의 개종"이라는 거창한 명분 아래 자신의 은밀한 욕정을 은폐하고 있는 것이다. 롤프의 행위는 먼저 그 자신의 구원과, 조국과 하느님의 영광을 위해 전개된다. 나아가 미개인과 이교도의 구원을 위해, 즉 그 자신과 조국을 위해서 일 뿐만이 아니라 미개한 타자를 위해 자신의 행위가 이루어진다는 점을 강조함으로써 착취적 동기를 은폐하고 그 자신의 행위를 정당화시키려고 한다. 이 짧은 당대의 편지 속에서도 우리는 심각한 식민주의 담론을 목격하게 된다. 식민통치자를 위해서가 아니라 야만인인 원주민의 문명화를 위해 식민화 사업이 전개되고 있다는 자기 합리화의 논리를 읽을 수 있기 때문이다.

몽테뉴는 『수상록』의 "식인종에 관하여"라는 항목에서 신대륙의 원주민을 야만인이라고 폄하하는 유럽인을 다음과 같이 비판한다.

> 자기 습관이 아닌 것은 모두 '야만적'이라고 하는 이유 외에, 나는 이 나라에 아무것도 야만적이며 상스런 점이 없다고 본다. 우리에게는 자기가 사는 고장 사람들의 풍습이나 의견에서 얻은 사례나 관념밖에 진리나 이성의 규범은 없는 것으로 보인다. 거기에만 항상 완전한 종교, 완전한 정치, 모든 사물들의 완전하고 완벽한 습관이 있다. 그들을 '야만'이라고 부르는 것은 자연이 그 자체로 여느 상태로 나가며 이루어 놓은 성과를 야만이라고 부르는 의미에서 하는 말이다. 그러나 사실은 오히려 우리의 기교로 사물을 그 평범한 질서에서 틀어 변경해 놓은 것들을 차라리 야만이라고 불러야 할 일이다. (몽테뉴 227)

기교와 인공에 대한 자연의 우월성을 지적하는 말이다. 몽테뉴는 "자기 습관이 아닌 것을 모두 야만적"이라고 폄하하는 서구 백인들의 편견을 지적하면서 인간의 기교로 사물을 그 본연의 질서로부터 변경해 놓은 것들을 차라리 야만으로 규정해야 할 것이라고 주장한다. 몽테뉴에게 인디언들은 야만이 아니라 자연이다. 그들은 순수하고 단순하고 소박하며 꾸미지 않는다. 꾸미지 않는 그들에게 위선이란 없고 "관리의 직명도 없고, 정치적인 우월성도 없으며, 부자나 가난한 자의 제도도 없고, 계약이라든가 상속, 분배 같은 일도 없다." 그들이 사는 곳은 모두가 공유 재산이며 "거짓말/배반/은닉/탐욕/시기/비방/용서 등을 의미하는 언어 자체를 들어 본 일이 없는 고장이다"(몽테뉴 228-29). 몽테뉴는 유럽인들도 기아 상태를 해결하기 위해 인육을 먹었다는 사실을 상기 시키면서, 산 사람을 잔인하게 고문하여 죽이는 포르투갈 정복자의 행동이 신대륙 원주민의 식인 습관보다 더 야만적이라고 비판한다.

> 우리가 예사롭게 저지르고 있는 배신/불성실/포학/잔인성 등 도리에 어긋나는 행위는 어떠한 이유로도 변명될 수 없다. 그러므로 우리는 이성의 법칙에 비추어서 그들을 야만인이라고 부를 수는 있지만, 우리와 비교해서 그들을 야만인이라고 부를 수는 없다. 모든 야만성에서 우리가 그들보다 훨씬 더 심하기 때문이다. … 그들은 새 땅을 정복하려고 싸움을 걸지 않는다. 왜냐하면 그들은 아직도 대자연의 풍요를 누리며, 노동도 수고도 없이 그들에게 필요한 모든 것을 풍부하게 공급받고 있기 때문에, 영토를 넓힐 필요가 없는 것이다. 그들은 아직도 그들의 본성이 필요를 느끼는 정도밖에 욕심내지 않는 행복한 상태에 있다. 그 정도를 넘는 것은 그들에게는 모두 쓸데없다. (몽테뉴 232-33)

"정도를 넘는 것은 모두 쓸데없다"고 생각하는 그들에게 사유재산이란 개념은 없으며, 모든 것이 공유재산이다. 몽테뉴가 묘사하듯이 부족함이 없어 필요 이상으로 욕심을 낼 필요가 없는 신대륙은 마치 이상국처럼 보인다. 인디언은 결코 모든 것이 결여된 미개하고 야만스런 존재가 아니다. 야만성의 정도에서 남의 땅을 정복하려는 서구 백인들이 원주민들보다 훨씬 더 심하다는 몽테뉴의 지적은 새겨 들을만하다.

인종담론의 확산과 인종차별주의가 콜럼버스의 신대륙 발견, 그리고 제국주의의 팽창과 그 궤를 같이 하지만, 유대인에 관련된 인종담론은 그 경우가 조금 다르다. 피부색이 백인들과 다를 바 없었지만 유대인들은 신대륙 발견과 제국주의 시대 훨씬 이전부터 백인 기독교도들의 타자로 존재했던 인종이다. 유대인이 기독교 사회에서 타자로 배제되어 온 것은 그 역사적 뿌리가 깊다. 유대인에 대한 기독교인들의 뿌리 깊은 멸시와 적대감의 근거는 예수 박해라는 역사적 사실로 거슬러 올라간다. 기독교인의 시각에서 볼 때 유대인은 곧 하느님의 독생자인 예수를 구원자로 인정하지 않고, 예수를 십자가에서 죽게 하는 데 일조한 종족이다. 당시 예루살렘의 총독 빌라도(Pilate)는 유대군중들의 선택에 따라 폭도인 바라바(Barabbas)를 방면하고 예수를 십자가에 못 박았기 때문이다. 이를 근거로 기독교가 그 세력을 확장한 4세기 이후 유대인에 대한 박해가 시작되고, 중세에는 그들에 대한 박해가 전 유럽 대륙으로 확산되었다. 몇몇 도시에서는 그들에 대한 대량학살이 자행되었으며, 이단의 무리를 토벌하고 성지 예루살렘을 탈환한다는 기치 아래 진행된 십자군 원정(1096-13세기말) 이후 유대인들에게 유럽 대륙으로부터 추방령이 내려진다. 13세기에 발생한 제의적 살해, 즉 아이들을 죽여 제물로 바치는 의식 또한 유대인에 대한 반감을 고조시키는 계기로 작용한다(Grebanier 19-21).

토마스 아퀴나스(Thomas Aquinas)는 유대인들을 "교회에 속한 노예들"로 규정했고, 이탈리아와 영국의 성직자들은 유대인을 "예수를 못 박는 데 관여한 사람"(deicide)으로, 또한 어떤 죄악과 부정이라도 저지를 수 있는 존재로 규정하였다. 그리하여 중세문학에서 유대인은 극악무도한 악한으로 재현된다. 유대인에 의해 자행된 신성모독죄와 우물에 독약을 뿌려 흑사병을 야기한 악행,

제의적 살해 등에 관한 해묵은 이야기들은 민간 전설과 초서(Chaucer)의 작품을 통해 엘리자베스 시대에도 잘 알려졌던 이야기들이다(Cartelli 259). 우물에 독을 뿌려 흑사병을 유발하고 제의살해를 자행하는 '악마'로서의 유대인의 이미지는 설교와 민간 전설과 문학작품을 통해 끊임없이 재생산되고 후세로 전달되기에 이른다(Luborsky 452). 그러나 이는 민간전설을 통해 구전된 이야기일 뿐 신빙성 있는 역사적 근거를 확보하고 있는 것은 아니다.

브라운(J. R. Brown)의 설명에 따르면, 유대인들은 기원전 6세기말에 성립된 유대교(Judaism)를 믿고 모세(Mose)의 율법과 구약성서를 행동강령으로 삼았다. 그들 자신이 신에게 선택된 백성이라는 '선민의식'을 가지고 있었던 유대인들은 1290년 시작된 에드워드(Edward) 1세의 통치 이후 공식적으로 영국으로부터 추방되었다. 그럼에도 불구하고 기독교로 개종한 유대인들은 런던에 남을 수 있었고, 어느 정도까지는 그들의 종교와 삶의 양식 일부를 보존하면서 살아갈 수 있었다. 그런데 1594년 유대인에 대한 격렬한 반감을 불러일으켰던 사건이 발생했다. 기독교로 개종하고 엘리자베스 여왕의 전의로 임명되었던 포르투칼계 유대인 로페즈는 여왕을 시해하려는 사건에 연루되었다고 추정되어 군중들 앞에서 교수형에 처해졌고, 그의 시체는 사지가 찢긴 채 런던 거리에 끌려 다녔다(Brown xxxvii-viii, Sission 38-51).

엘리자베스 여왕은 로페즈가 사건에 연루되었다고 확신하지 않았지만, 당대의 실력자 에섹스(Essex) 백작이 그의 처형을 강력히 주장함에 따라 로페즈의 처형을 재가했다. 또한 유대인인 로페즈를 여왕의 주치의로 임명했다는 사실은 그녀 자신은 반유대주의자가 아니라는 것을 반증한다고 할 수 있다. 로페즈 사후 여왕은 로페즈의 재산을 미망인에게 하사했다. 이는 여왕 자신은 로페즈가 무고하다고 생각했음을 단적으로 보여주는 예이다. 그녀를 독살하려던 자의 부인에게 호의를 베풀 이유가 없기 때문이다(Friedlander 8). 그렇다면 로페즈는 유대인에 대한 편견의 희생양이다. 그 사건 이전부터 영국인들이 가지고 있었던 유대인에 대한 반감이 로페즈를 희생양으로 삼아 공포의 축제를 벌인다. 여왕 쪽에서도 양심적으로 조금 거리끼긴 해도 손해 볼 것이 없다. 그를 군중들 앞에서 교수형에 처하고 그의 시체를 런던 거리에 끌고 다님으로써 유대인들에게 뿐만 아니라 영국인들에게도 권위와 권력에 대한 도전의 말로가 어떠한지를 생생하게 보여주고, 권력의 전시효과를 극대화할 수 있었기 때문이다. 하여튼 당시 영국 전체를 뒤흔들었던 충격적인 이 사건은 엘리자베스 시대의 반유대 감정의 발산인 동시에 반유대 감정을 더욱 강화하는 계기로 작용했고, 이후 유대인들은 지속적으로 박해와 멸시를 받아왔다. 이 '로페즈 사건'으로 인해 고조된 유대인 배척 감정이 셰익스피어가 유대인 샤일록이란 인물을 창조하는데 영향을 미쳤다(Charlton 127).

중세 초기부터 유대인들은 고리대금업자들이었고, 셰익스피어가 활동하던 당시 유대인들은 빠른 속도로 재산을 축적했다. 고리대금이 법으로 허용된 것이 아니었고 비난받았던 일이었지만 일반적으로 고리대금업은 유대인들의 생계수단으로 인정되었다. 당시의 통치자들은 고리대금업자들이 부정 축재했다는 구실로 벌금을 부과할 수 있었기 때문에 고리대금업을 그리 엄하게 금지하지 않았다. 당시 유럽에는 기독교 신앙으로 개종한 유대인들이 많이 살고 있었고, 경제적인 입장을 고려해 본다면 개종한 사람보다 개종하지 않은 유대인들이 더 쓸모 있는 존재였다. 셰익스피어 시대에는 고리대금업자들이 런던 사회에서 그런 대로 자신의 경제적 권리를 누렸다. 복음서는 이자를 받고 돈을 빌려주지 말라고 설교하고, 고리대금업이 국가의 법과 신의 법에 배치되고 있음에도 불구하고, 엘리자베스 시대의 영국인들은 고리대금업이 없이는 더 이상 살지 못할 지경에 이르렀다. 고리대금업자로서의 유대인의 잔인한 이미지는 문학작품에 자주 재현되었고, 그리하여 유대인은 곧 비난받는 고리대금업자이고 악인이라는 등식이 성립되기에 이르렀다(Mahood 20-22).

서구사회에서 유대인에 대한 조롱과 증오의 뿌리는 매우 깊다. 문학작품에서 흔히 유대인은 매부리코를 가진 수전노인 동시에 고리대금업자로 등장하며, 돈밖에 모르는 교활하고 잔인한 악마로 등장한다.3) 유대인에 대한 적대감은 주로 종교적 차이와 인종적 차이에 기인하지만, 경제적 문제 또한 관련되어 있었다. 유대인과 고리대금업자는 거의 동일어로 사용되었다. 그러나 고리대금업을 주도했던 것은 유대인이 아니라 기독교인이었다. 14세기 이후 이탈리아에서 활동했던 악명 높은 고리대금업자들과 17세기 오드리(Audley) 등의 유명한 영국 고리대금업자들은 유대인이 아니라 기독교인들이었다(Grebanier 82-83, 87-88). 물론 이 당시 많은 유대인들이 고리대금업을 생업으로 삼고 있었다. 그러나 유대인에 대한 기독교 사회의 편견으로 인해 별다른 직업을 택할 수 없었던 상황을 고려해야 한다. 이 당시 교회는 원칙적으로 이자놀이를 금지했지만 많은 사람들이 거액의 돈을 필요로 했기 때문에 실제로 이자놀이는 금지되지 않았다.4)

중세의 신학자들은 이구동성으로 이자놀이를 비난하였지만, 16세기 이후 신학자들은 고리대금에 관한 전통적인 견해를 완화하여 이를 치명적인 '도덕적인 죄'로 간주하기보다는 '사회적 필요악'으로 간주했다. 자금 회전의 필요

3) 이러한 유형의 대표적 인물은 크리스토퍼 말로(Christoper Marlowe)의 『몰타의 유대인』(*The Jew of Malta*)에 등장하는 유대인 의사 바라바(Barabas)라고 할 수 있다. 그는 살해를 일삼고 우물에 독을 넣는 악한으로 등장하는데, 이 극은 로페즈(Lopez) 사건 직후 런던에서 거듭 상연되고 인기를 누리게 된다. 잔인한 악마로서의 유대인 바라바의 이미지는 샤일록에게 이어진다.

4) 레위기 25장은 "네 동족이 빈한하게 되어 빈손으로 네 곁에 있거든 너는 그를 도와 객이나 우거하는 자처럼 너와 함께 생활하게 하되 너는 그에게 이식을 취하지 말고 네 하나님을 경외하여 네 형제로 너와 함께 생활하게 할 것인 즉 너는 그에게 이식이나 이익을 위해 돈을 꾸어주지 말라"고 가르친다(*Leviticicus* 25: 35-37).

성이 증대했던 근대 상업도시에서 그 도시의 존립은 무역을 통한 금융이익에 달려 있다고 해도 과언은 아니다. 따라서 금전은 단순한 "교환수단"을 넘어 "사회적 힘의 한 형식"이 되었고, 사회적 힘은 재산의 규모에 달려 있었다. 이러한 중상주의 사회에서 "고객은 형제이며 상업적 라이벌은 타자"이다(Auden 225-26). 그러므로 백인들이 상업적 라이벌인 유대인을 곱게 보았을 리가 없었을 것이다.

서구사회에서 유대인을 수전노인 동시에 고리대금업자로, 잔인한 악마로 간주하는 데는 역사적인 뿌리를 깊다는 것을 이미 언급한 바 있다. 문학 작품에서 '유대인'이란 명칭 자체가 종족의 호칭이라기보다는 "불명예의 표시"로, 비난과 조롱과 경멸과 혐오의 대상으로, 잔인함과 교활함의 대치어로 사용되고 있으며, 유대인들이 예배를 보는 회당(synagogue)은 악마들이 모여 복수의 음모를 꾸미는 '범죄의 장소' 혹은 '사탄의 집'으로 간주된다(Stoll 244-46). 헌터의 지적을 따르면 셰익스피어 당대에는 인종적 차이보다는 종교적 차이가 더 중요한 차별의 이유로 작용했다(Hunter, "Elizabethan" 51). 이교도는 곧 이방인이고 인종적 타자가 되었던 것이다.

이처럼 인종담론에는 차이의 정치성이 각인되어 있다. 그 차이는 열등과 우등에 따른 차이가 아니라 나와는 다르다는 자기중심적인 욕망이 만들어낸 차이이다. 나와 다른 피부색, 생활양식, 습관, 문화, 종교가 차별로 이어지게 된 것이다. 그것이 인종차별주의가 설득력을 확보할 수 없는 이유이다. 셰익스피어가 극적 재현을 통해 인종차별담론과 제국주의의 전제에 동조하고 이를 재확립하는데 공헌 했을까? 이에 대해서는 각 작품을 논의하고 난 후 결론에서 논의하겠다. 미리 밝혀둘 것은 셰익스피어는 작품에서 백인과 대치하는 유색인종을 모두 악마 또는 사악한 인물로 재현하지는 않았다는 점이다.

2. 가부장제와 성(性)담론

아리스토텔레스가 『정치학』에서 국왕을 “국가의 아버지”로, 가장을 “가정의 국왕”으로 규정한 이래 국왕을 가장과 동일시하는 가부장제는 서구의 중요한 정치 이념으로 자리를 잡았다. 제임스(James) 1세는 자신을 영국의 아버지라고 강조하면서 백성들의 복종을 요구했는데, 이는 다름 아닌 가부장제에 입각한 사고이다. 르네상스 후반기는 가부장제가 강력한 담론으로 자리잡고 있었지만 이에 대한 반대적 움직임이 없었던 것은 아니다. 그때까지 의심의 여지가 없이 받아들여지던 가부장적 이데올로기가 새로운 목소리에 직면하게 되었기 때문이다.

가부장제에 관한 역사적 탐구와 엘리자베스 시대의 가부장제 아래 여성의 위치, 결혼 관습, 사회 변동에 관한 역사적 연구는 주로 스톤(L. Stone)과 우드브릿지(Linda Woodbridge)에 의해 수행 되었다. 우드브릿지의 주장을 따르면 여성의 열등성과 종속을 주장하는 입장과 여성을 옹호하는 주장하는 입장에서 여성의 열등성과 남성에 대한 종속을 주장하는 입장이 우세하였지만, 엘리자베스 여왕의 정치적 성공과 인본주의자들을 중심으로 진행된 여성 교육의 강조는 시대의 변화를 예고하고 있었다. 에릭슨(Peter Erickson)은 셰익스피어 시대의 가부장제와 여성의 위치에 대해 논의하면서, 가부장제 사회에서 여성과 남성과의 관계는 남성과 남성과의 관계에 반비례하고 있음을 주시한다. 즉 남성간의 유대가 약화되면 될수록 남성과 여성의 유대가 강화되고 있다고 보는 것이다.

두진베르(Juliet Dusinberre)는 이 시기의 청교도 사상은 여성과 남성의 평등을 강조하였고, 이는 나아가 여성이 남편과의 연관성 없이도 그들 자신의 정체성을 확립할 수 있는 가능성을 열어 놓았다고 주장한다. 그러나 자르딘(A. Jardine)은 여성에게 주어진 사회적 상황을 긍정적으로 바라보는 두진베르의 주장에 회의적이다. 자르딘에 따르면 인본주의와 청교도 사상이 여성의 교육을 강조하긴 했지만 그에 못지않게 순종을 여성의 미덕으로 강조했으며, 여권 신장에 그리 큰 역할을 하지 못했다. 도리어 여권 신장을 요구하는 목소리가 표출되는 사회 변동의 상황을 걱정스럽게 생각했던 가부장적 입장이 한층 더 우세했음을 증명하는 문헌들이 많았다고 주장한다(6, 53-54). 자르딘은 엘리자베스 시대에 여성에게 더 많은 가능성이 주어진 것도 아니며, 여성에 대한 근본적인 태도가 실제로 변한 것이 없다고 생각하는 것이다. 즉 그 시기는 여성의 교육을 강조하긴 했지만, 여전히 순종을 여성의 미덕으로 강조했고, 여권 신장을 요구하는 목소리에 대해서는 우려를 표명했던 시기였다.

그 당시의 기록은 흔히 가정을 소우주 즉 작은 형태의 국가로 가정하고 아버지 혹은 남편은 그 국가의 통치자이며 여성은 아버지나 남편에게 복종해야 하는 백성으로 간주했다(Vaughan 71). 당대의 이러한 가부장적 권력구조에 관한 문헌으로 클리버(R. Cleaver)와 틸니(E. Tilney)의 저술을 들 수 있다. 클리버는 아내가 남편에게 순종하지 않고 그와 맞서 자기 마음대로 일을 처리하려고 한다면 반드시 파멸을 초래할 것이라고 경고했고(Cleaver 88), 틸니는 남편에 대한 아내의 순종과 순결을 강조하면서 여성의 불복종은 곧 소국가의 질서를 깨뜨리는 행위라고 규정한다(128).

가부장제가 여성에게 요구한 덕목은 복종과 순종, 그리고 정숙이다. 르네상스 시대의 설교문이나 민요, 법전, 결혼 관련 보고서는 모두 남편에 대한 아내로서의 복종, 결혼에 있어서의 부모의 허락, 여성의 정조, 그리고 아내로서 갖추어야 할 미덕을 강조한다(Ranald 151). 그러나 1560년 이후 17세기 중반에 이르기까지 영국에서 적지 않은 기록들이 가부장제에 대한 여성의 저항과 반항하는 여성에 대한 두려움을 드러내고 있다. 이 시기에 남성이 규정한 사회질서나 관행을 위반하는 난폭한 여성은 경멸과 기피의 대상이었음에도 불구하고, 이 시기는 또한 다른 어떤 시기보다도 남성에게 저항하는 거친 여성의 모습이 표면화되었던 시기였으며, 이들에게 제재를 가하는 "마녀재판"이 절정에 달했던 시기이기도 하다(Underdown 119-20).

르네상스 시대 가부장제 사회가 모든 여성이 따라야 할 행동 기준을 설정하고, 여성에게 그 기준에 부합하는 행동을 하도록 강요했지만 여성의 저항은 만만치 않았고, 여성의 불복종에 대한 우려가 고조될수록 억압 역시 고조되었다. "여성들의 독립적인 담론의 전유"는 곧 "가부장적 권위에 대한 위협"으로 간주되었고, 소란스럽고 거친 여성을 "징벌의자"로 고문하고, "잔소리 개 목걸이"를 걸고 수레에 끌고 다니는 등 공개적인 여성 혐오를 자행하면서 여성의 위협을 봉쇄하고자 하였다(Newman, "Renaissance" 91-92).

난폭한 여성들에게 제재를 가하는 '마녀재판'과 가부장제가 규정한 여성으로서의 행동 규범을 위반할 경우 주어지는 여성혐오담론은 남성중심의 가부장제가 드러내는 부정적인 양상이다. 남성에 대한 불복종과 섹슈얼리티의 발산은 바로 가부장제가 규정한 여성의 행동 규범을 위반하는 것이며, 이는 곧 혐오담론으로 이어진다. 여성 혐오의 전통은 창세기로 거슬러 올라간다. 아담을 유혹하여 죄를 짓게 했던 이브라는 여성은 정신적으로나 도덕적으로 남성보다 열등할 뿐만 아니라, 서구의 이분법적 사고에서 정신보다는 육체를 대표하는 인간이다. 이런 인식은 자연스럽게 중세의 여성 혐오 전통으로 이어져 마녀로서의 여성이라는 이미지가 강화되었다. 그리하여 성직자들은 금욕 생활에 위협이 될 수 있는 여성들을 성적 욕구가 강해 악마와 동맹을 맺고 남성을 유혹하여 악에 빠뜨리는 존재로 규정했다(Monter 133, Fuchs 386).

여성에 대한 혐오담론은 중세문학 전반에 드러나고 있다. 초서(Chaucer)의 『베스의 여장부 서시』(*The Wife of Bath's Prologue*)에서 잰킨(Jankyn)은 사악한 여성의 목록을 끝없이 제시한다. 잰킨은 그의 아내인 베스의 여장부에게 사악함으로 온 인류를 파멸로 이끌었던 이브 이야기, 삼손의 정부가 삼손의 머리털을 잘라내어 삼손이 두 눈을 잃은 이야기, 소크라테스의 아내가 그에게 오줌을 부은 이야기, 천하의 요부 파시파의 이야기, 클리템네스트라가 음욕을 채우기 위해 남편을 살해한 이야기, 황금에 눈이 멀어 남편을 고자질해 죽게 한 에리필렘 이야기, 남편을 독살한 리비아 이야기, 침대에서 남편을 죽이고 밤새도록 정부와 놀아난 악부(惡婦) 이야기를 해주면서 "바가지 긁는 여자와 사느니 사자나 용하고 사는 것이 낫고," "고약한 여자와 사느니 지붕 위에서 혼자 사는 편이 낫다"고 말하고 여자들은 옷을 입고 벗듯이 간단하게 상스럽고 음탕한 짓을 해치운다고 비난한다(Chaucer, D711-81). 사악하고 음탕하고 잔인한 여성에 대한 그의 언급은 중세 여성혐오담론을 잘 보여주고 있다.

심지어는 중세 목사들의 설교문이나 속담들에서도 여성혐오는 빈번히 등장하는데, "당신네 모든 여성들은 창녀이고 창녀일 것이며 창녀였다"는 구절 역시 중세의 여성혐오담론의 정도를 잘 보여준다. 이러한 중세의 노골적인 여성혐오는 여성들에 대한 반감을 증폭시켜 여성과의 결혼을 거부하는 것이 나을 것이라는 극단적인 방식으로 진행되었으며, 당시의 여성혐오 문학은 "반여성적" 텍스트라기보다는 도리어 "반결혼적" 텍스트로 보아야 할 정도였다(Lorris 165, Miller 402). 중세에서 여성혐오담론은 대단히 노골적인 방식으로 표출되었고 일종의 지배담론으로 작용하였다. 르네상스에 들어 여성혐오담론은 다소 억제되어 지배적 담론으로 작용하지는 않았지만, 잔여담론으로 여전히 그 위력을 발휘하고 있었다.

웨인(Valerie Wayne)의 요약을 따르면, 틸니(E. Tilney)의 『우정의 꽃』

(*Flower of Friendshippe*)에 등장인물인 궐터(Gualter)와 버몬트(Beaumont)와, 플레처(Fletcher)의 『여성 증오자』(*The Woman Hater*)에 등장하는 인물들은 모두 여성혐오담론을 구사하는 인물들이다. 친디오(Cinthio)의 문헌에서도 성차별주의자인 폰지오(Ponzio)가 등장하는데, 그는 위험한 존재인 여성과 결혼하느니 차라리 죽는 것이 낫다고 주장하면서 "남편과 아내 사이에 평화가 존재하기 위해서는 남편은 귀머거리여야 하고 아내는 장님이어야 한다"는 나폴리의 알폰소(Alfonso) 왕의 말을 인용한다(qtd. Wayne 156). "여성은 교회에서는 성자이고, 밖에서는 천사이며, 집안에서는 악마"(Tilley, W702)라는 당대의 속담은 여성혐오가 얼마나 광범위한 담론적 실천이었는지를 단적으로 보여주는 예이다. 그러나 여성의 육체에 새겨지는 여성혐오담론은 곧 거친 여성과 "여성의 정조 파기에 대한 남성들의 두려움의 투사"로 간주할 수 있다(Greene 28)

르네상스 시대의 문학작품에서 여성이 천사 아니면 창녀의 극단적인 이미지로 재현되는 경우를 보기란 그리 어렵지 않다. 남성의 가치기준에 부합할 경우 흔히 천사로 묘사되며, 이에 반할 때 흔히 마녀 혹은 창녀의 이미지로 재현된다. 이교도에 대한 종교 재판과 탄압이 시작된 중세 말에 이르러 앞을 내다보는 능력이 있고, 남성에게 위협적이며, 성적 욕구가 강한 여성은 곧 마녀라는 등식이 성립되기에 이르렀다. 1486년에 쓰여 실제로 마녀 재판을 집행하는 사람들에게 큰 영향을 미쳤던 『마녀의 망치』는 왜 마녀가 여성일 수밖에 없는가를 장황하게 논의하면서 마녀 박해에 대한 이론적인 토대를 제공했다. 이 책에 따르면 여성들은 무엇이든 쉽게 믿어 종교적인 믿음을 유지하기 어렵고, 성적 욕구가 강해 악마의 유혹에 지탱하기 어렵기 때문에 마녀가 되기 쉬운 존재이다(Scarre 13).

마녀사냥은 유럽에서 15세기 후반부터 본격화되어 18세기까지 지속된 역사적 현상으로 정치적·사회적·경제적 이행기에 나타났다. 봉건주의 국가에서 절대주의 국가로 이행하던 중, 지배 권력은 도전 세력을 타자로 몰아 억압하면서 반대 세력에 대한 마녀사냥을 자행했다(Sinfield 168). 주교 지웰(Jewell)은 1572년 엘리자베스 여왕 앞에서 최근 몇 년 사이에 사악한 마녀들과 마법사들이 놀라울 정도로 늘어났음을 지적하면서 이들을 사형에 처해야 한다고 주장했다(qtd. Felixe 172). 1559년에서 1675년에 이르기까지 영국에서 마녀사냥이 활발하게 진행되었고, 1580년대와 1590년대는 이혼 소송이 그 절정에 달한 시기였으며, 1645-47년은 여성들이 교회와 국가의 사건들에 대해 전례 없는 목소리를 내던 시기였다(Belsey 185). 페미니스트 비평가들은 여성의 목소리가 커지던 시기에 마녀사냥이 활발하게 진행되었다는 점을 강조하면서 마녀사냥이 곧 여성 억압의 방편으로 사용되었다고 주장한다. 엘리자베스 시대의 통치 집단은 자신들의 이익에 부합되지 않는 사람들을 타자로 몰아 박해했고, 마녀사냥은 이러한 박해의 대표적인 예가 될 것이다. 그 당시 사악한 마법을 행했다고 재판을 받고 처형된 사람들 중 80% 이상이 여성이었고, 남자 마법사는 크게 문제되지 않았다(Fuchs 383). 그런데 이는 여성에 대한 편견을 읽어낼 수 있는 단서로 작용한다.

가부장제 사회의 남성들은 흔히 가부장적 체계를 전복하려는 여성들을 사악한 존재로 정의 내린다. 벨지에 따르면 근대 초기에 남성들은 '여성다움'의 의미를 파괴하는 여성들을 악마와 교통하는 존재로, 또는 초자연적인 힘을 가진 마녀로 간주하면서 이들을 체계적으로 제거하려고 했다(Belsey 183-85). 남성적인 힘을 소유하고 있으며 여성이 되기를 거부하는 여성들은 가부장제 사회에서 위험한 존재로 간주되어 마녀사냥의 대상이 되었던 것이다. 혹스(Hawkes)는 마녀에 대한 엘리자베스 시대의 병적인 거부 반응은 남성 권위에 도전하는 여성들을 철저히 제거하려고 했던 가부장적 시대상을 잘 반영하고 있다고 주장한다(297). 마녀사냥은 사실 여성에게 왜곡된 이미지를 투사하여 여성을 통제하려는 남성중심의 가부장제 강화에 일조했던 사회적 현상이다.

가부장제 사회에서 여성은 또한 교환의 대상이었다. 여성은 다른 사람에게 줄 수 있는 그 무엇이고, 다른 사람이 손에 넣을 수 있는 그 무엇이었다. 즉 여성은 남성들 간의 교환의 대상으로 존재했고, 딸에 대한 아버지의 소유권은 결혼을 통해 남편의 손으로 이전되곤 했다(Stone 38). 데스데모나와 라비니아가 그런 경우이고, 아버지의 유언에 묶인 포샤 역시 어느 정도는 교환의 대상으로 존재한다. 여성은 남성과의 의존적 관계 속에서 고려되었으며, 가부장제 아래 여성은 자신의 모습이 아니라 아버지의 딸로 남편의 아내로만 존재하도록 강요된다. 여성은 남성 즉 아버지와 남편에게 반사된 '타자'로서 재현된다. 어린 시절에는 아버지의 딸로, 결혼 후에는 남편의 아내로, 자식이 장성하면 아들의 어머니로 존재해야 하는 여성의 정체성, 즉 삼종지도(三從之道)의 덕을 강요하는 남성의 목소리는 당대의 작품 곳곳에 산재해 있다. 이를 위반하는 것은 곧 가부장제에 대한 도전과 위협으로 받아들여지고 필연적으로 파멸을 초래한다.

그럼 여성은 단순히 가부장제의 희생자로만 존재했는가? 여성은 남성의 교환 대상으로만 존재하고 마녀사냥의 대상으로만 존재했는가? 사실 여성을 억압하는 남성중심의 사회 구조 속에서 여성의 저항은 쉽지 않았다. 그럼에도 불구하고 르네상스 시대의 여성은 나름의 방식으로 남성중심 담론에 저항했다. 여성의 저항은 주로 섹슈얼리티와 언어를 통해 진행되었으며, 여성의 자율적인 섹슈얼리티의 발산과 "독립적인 담론의 전유"는 곧 가부장적 권위에 대한 위협으로 간주되었다. 그리하여 남성들은 소란스럽고 난폭한 여성을 공개적인 구경거리를 만들어 수치를 겪도록 함으로써 여성의 위협을 봉쇄하고자 하였다(Montrose 64-65; Newman, "Renaissance" 91-92). 그러나 이는 곧 가부장제 사회에 대항하는 소위 소란스럽고 난폭한 여성들이 제법 있었다는 것을 반증한다.

가부장제에서 여성의 섹슈얼리티와 불륜은 남성들이 가장 두려워하는 여성의 일탈이다. 이는 정숙을 강조하고 남성에 대한 복종을 강요하는 가부장제의 규범을 위반하는 것을 의미하기 때문이다. 여성의 순결은 곧 남성의 명예와 직결된다. 순결을 잃었다고 딸인 라비니아를 죽이는 타이터스의 행동은 곧 여성의 순결이 집안의 명예와 직결되고 있음을 보여주는 예이다. 순결하고 정숙한 여성은 집안을 명예롭게 하고 아버지와 남편을 명예롭게 하는 여성이고, 순결의 상실은 여성으로서의 가장 큰 수치이다. 가부장제 아래 모든 남성은 정숙 이데올로기에 매어 있다고 해도 과언이 아니다. 그러므로 여성의 섹슈얼리티는 집중적인 비난의 대상이었고, 이는 강력한 제재에 직면한다. 여성의 섹슈얼리티와 간통은 부계에서 부계로 이어지는 가부장제의 근간을 위협하는 요소이기 때문이다. 그리하여 가부장제는 정숙 이데올로기에 매달리는데, 이는 여성의 섹슈얼리티를 결혼이라는 제도 속에 가두고 통제하기 위한 남성중심 담론으로 이어진다. 그런데 데스데모나는 아버지의 뜻을 거역하고 무어인인 오셀로와 결혼하며, 타모라와 클레오파트라는 이방인과의 관계를 통해 섹슈얼리티를 발산한다. 이는 물론 가부장제의 관행으로부터 일탈이고 위반이다. 특히 잡혼(雜婚)은 가부장제를 고수하는 백인 남성들을 불안하게 하는 요소였고, 이는 강력한 제재에 직면했다(Newman, “And Wash the Ethiop” 144). 백인 여성과 유색인종 남성과의 이종결합은 백인의 순수 혈통을 흐리게 하는 위반으로 간주되었기 때문이다.

간통 또한 아버지에서 남편으로 그리고 아들로 이어지는 혈통의 순수성을 흐리게 할 수 있는 행동이어서, 가부장제가 가장 경계하는 여성의 전복적인 요소이다. 남편만이 여성의 육체에 대한 배타적 소유권을 갖고 있다고 간주했고 오쟁이진 남편이 되는 것을 무엇보다도 수치스럽게 받아들였던 시대에 아내의 순결에 대한 집착은 어찌 보면 당연한 사회적 현상이다. 그런데 “남편의 명예가 아내의 순결”에 달려 있는 것처럼 반응하는 남성들의 심리는 바로 여성의 정조 파기에 대한 르네상스 시대 남성들의 불안을 반영하고 있다(Kahn 121-22).

흔히 교환의 대상으로 간주되던 여성이 자신의 의지대로 행동한다는 것은 대단히 위협적이다. 여성의 간통은 가부장제의 관행에 대한 도전이고, 부정적인 방식이긴 하지만 자신의 몸과 욕망에 대한 자율성을 드러내는 방식이기도 하다. 교환의 대상이 되기를 거부하는 행동의 일환으로 간주될 수 있다는 말이다. 부정적인 방식이긴 하지만 간통은 여성의 몸과 섹슈얼리티를 자신의 의지에 따라 사용하는 계기로도 작용한다. 즉 자신에 몸에 대한 “통제권과 자율성”을 확보하는 수단이 될 수 있다는 말이다. 여성의 간통과 섹슈얼리티에 대한 이 당시의 공격에는 “성적인 일탈에 대한 두려움 외에 여성이 자신의 성을 의지대로 사용할 때 나타나는 여성의 자율성에 대한 두려움”이 드러나 있다(Woodbridge 177, 이미영 319-20). 그러므로 가부장제 문화에서 아내의 몸을 통제하여 오쟁이진 남편이 되지 않으려는 남편들의 노력은 필사적이며, 일탈적 섹슈얼리티를 드러내거나 불륜과 불복종을 통해 남성의 명예를 손상시키고 남성의 권위에 균열을 가하는 행위는 반드시 제재를 당하게 된다. 셰익스피어의 클레오파트라와 타모라는 강력한 섹슈얼리티를 발산하는 여성들인데, 이는 가부장적 권위에 대한 심각한 도전으로 간주되어 이들에게 사악한 마녀의 이미지가 투사되기에 이른다.

한편 인종간의 차이를 다루는 극에서 대부분 여성인물들의 섹슈얼리티는 중요한 의미를 갖고 있다. 여성의 섹슈얼리티가 인종적 경계 넘기의 통로를 제공하기도 하기 때문이다(Loomba, *Shakespeare* 87) 데스데모나와 오셀로, 미란다와 캘리밴, 타모라와 아론의 관계가 바로 그것이다. 오셀로와 캘리밴에게 이종결합은 백인사회에 진입할 수 있단 수단으로 또는 문화적 경계를 넘어가는 수단으로 작용한다(Loomba, "Outsiders" 162). 그러나 이방인이 이종결합을 통해 완벽하게 백인 사회에 편입되는 것은 아니다. 백인들만의 순수한 혈통을 유지하려는 백인 남성들이 끊임없이 이를 방해하기 때문이다. 백인 혈통의 우수성을 유지하려는 순혈주의 욕망은 다름 아닌 이종결합을 극단적으로 혐오하고 통제하는 백인 가부장제 담론과 관련을 맺고 있으며, 서구 백인 문명은 이를 "인종간의 경계를 강화하고 백인우월주의를 보존"하는 장치로 전유한다 (Pierson 50)

가부장제는 남성중심 담론을 구사하며 여성에 대한 지배를 강화하고 여성 억압을 조장하기도 한다. 가부장제 사회에서 남성은 여성의 주인이 되고 여성은 남성의 소유물이 되며, 아비와 딸의 구혼자 사이에서 흥정이 진행된다. 즉 남성중심 문화에서 권력과 욕망과 소유의 주체는 항상 남성이고, 여성은 그 대상이고 그로부터 배제된 '타자'이다. 르네상스의 가부장제 문화에서 여성의 미덕은 남성이 규정한 가치 범주를 벗어나지 않을 때만 가능하며 이 범주를 벗어날 때 여성에 대한 부정적 반영과 억압은 진행된다. 가부장제 아래 여성에게 주어진 자유란 남성이 제시한 가치 기준에 저항하는 악마 혹은 마녀가 되던지 순종하는 천사가 되든지를 선택할 수 있는 자유일 뿐이다.

가부장제는 배타적 남성중심 사회가 남성들의 이익을 위해 고안해 낸 문화적 구축물이며, 여성의 '타자성'을 부각시키면서 여성의 억압과 강제를 실천하는 장치 즉 거대한 지배담론일 뿐, 가부장제가 규정하는 여성의 종속이 본질적인 것이 아니다. 여성에 대한 남성의 우위를 당연시하고 침묵하고 순종하는 여성을 바람직한 여성으로 규정했던 르네상스 시대의 가부장제 이데올로기가 그 시대에 형성된 인위적 개념이라는 말이다.

앞서 언급했듯이 최근의 연구에서 특기할만한 점은 여성문제만을 고립시켜 고찰하는 태도를 지양하고, 이를 인종문제, 계급문제, 권력의 문제와 더불어 고찰하려고 한다는 점이다. 룸바(Ania Loomba)는 제국주의가 내포하고 있는 근본 문제가 가부장제가 내포하고 있는 문제와 크게 다르지 않음을 지적하면서, 인종의 재현과 문제는 성차의 재현의 문제와 서로 얽혀 있다고 주장했다(*Gender* 75). 인종 재현과 성차의 재현에 내포된 문제를 동일선상에 놓고 논의하려는 경향은 특히 유물론적 페미니스트 비평에서 두드러진 현상이다. 유물론적 페미니스트 비평은 여성뿐만 아니라 남성, 특히 유색인종 무산계급 남성에게 가해진 억압도 함께 고찰해야한다고 주장한다.

최근의 비평은 주체가 변함없는 인간본성을 유지할 수 있는 존재가 아니라 사회 안에서 형성되고 변형되고 재형성되는 담론행위의 산물이라는 점을 주시한다(Montrose 10, 16). 담론 또한 텍스트나 사회적 컨텍스트에서 형성되고 변형되어 유포된다. 유물론적 페미니스트 비평은 문학 텍스트에 기록되지 않은 "억제된 담론"이 "표현된 담론"만큼이나 흥미롭고 많은 것을 말해준다고 생각한다(Newton xxiii). 그리하여 여성의 "억제된 담론"을 드러내고자 하며, 여성의 억압과 성차별 이데올로기가 사회와 문화 속에서 어떠한 담론행위를 통해 생산되고 변형되고 재생산되는가를 살피고자 한다. 이들이 주시하는 것은 담론을 통한 현실의 왜곡이다(Barrett 70). 또한 이들은 "한 상황에서 억압적인 힘과 저항의 씨앗"을 동시에 찾아내고자 하며, 주어진 역사적 시점에서 "여성을 희생자인 동시에 주체"로 연구하고자 하며, 여성에 대한 남성의 왜곡된 이미지 형성과 여성에게 가해진 사회적·문화적 억압에 기여했던 가부장제를 비판한다.

뉴먼은 셰익스피어가 엘리자베스 시대 영국의 "가부장적 이데올로기의 사회적 실재를 제시하는 동시에 생산"하는데 관여했다고 보고 있다(Newman,

“Renaissance” 92). 셰익스피어가 의도했던 아니던 그의 텍스트가 당대 가부장제를 반영함과 동시에 재현이란 양식을 통해 다시 이를 구조화하는데 작용했을 수도 있다. 그런데 정말 셰익스피어가 의심의 여지없이 당대 가부장제적 규범에 동조하고 이를 극적 재현을 통해 재확립하는데 공헌 했을까? 이에 대해서는 각 작품을 논의하고 난 후 결론에서 논의하겠다. 미리 밝혀둘 것은 셰익스피어가 여성들을 억압하는 남성중심의 성차별담론에 드러난 모순성을 결코 간과하지 않았다는 점이다.

■ 인용문헌

(인종담론과 제국주의)

몽테뉴. 『몽테뉴 수상록』(*Montaigne Les Essais*). 손우성 역. 서울: 동서문화사, 2009.

신문수. 『타자의 초상: 인종주의와 문학』. 서울: 집문당, 2009.

이경원. 『검은 역사 하얀 캘리밴』. 서울: 한길사, 2011.

이종훈 역. 『콜럼버스 항해록』(*The Voyage of Christopher Columbus: Columbus's own Journal of Discovery*, ed. by Cristobal Colon). 서울: 서해문집, 2004.

이혜경 외. 『셰익스피어 연극 사전』. 서울: 도서출판 동인, 2005.

플라마리옹. 『클레오파트라: 파라오의 사랑과 야망』. 지현 역. 서울: 시공사, 2002.

Adelman, Janet. "Iago's Alter Ego: Race as Projection in *Othello*." *SQ* 48 (1997): 125-44.

Auden, W. H. "Brothers and Others." *Shakespeare*: *The Merchant of Venice*. A Casebook. ED. John Wilders. London: Macmillan, 1969. 224-40.

Barker, Francis and Peter Hulme. "Nymphs and Reapers Heavily Vanish: The Discursive Con-Texts of *The Tempest*." *Alternative Shakespeares*. Ed. John Drakakis. London: Methuen, 1985. 191-205.

Boon, James A. *Other Tribes, Other Scribes: Symbolic Anthropology in the Comparative Study of Cultures, Histories, Religious, and Texts*. Cambridge: Cambridge UP, 1982.

Boose, Lynda E. "The Getting of a Lawful Race." *Women, Race, and Writing in the Early Modern Period*. Ed. M. Hendricks and P. Parker. London: Routledge, 1994. 35-54.

Bristol, Michael D. "Charivari and the Comedy of Abjection." *Materialist Shakespeare*. London: Verso, 1995. 142-56.

Brown, John Russel. "Introduction." *The Merchant of Venice*. Ed. J. R. Brown. London: Methuen, 1979.

Brown, Paul. "'This Thing of Darkness I Acknowledge Mine': *The Tempest* and the Discourse of Colonialism." *Political Shakespeare: New Essays in Cultural Materialism*. Eds. Jonathan Dollimore and Alan Sinfield. Manchester: Manchester UP, 1985. 48-71.

Bugner, Ladislas. "Introduction." *The Image of the Black in Western Art: From the Pharaohs to the Fall of the Roman Empire*. Ed. Jean Vercoutter et. al. Cambridge: Harvard UP, 1976. 9-32.

Cartelli, Thomas. "Shakespeare's Merchant, Marlowe's Jew: The Problem of Cultural Difference." *Shakespeare Studies* 20 (1988): 255-60.

Charlton, H. B. *Shakespearian Comedy*. 1938. London: Methuen, 1984 Rpt.

Cowhig, Ruth. "Blacks in English Renaissance and the Role of Shakespeare's Othello." *The Black Presence in English Literature*. Ed. David Dabydeen. Manchester: Manchester UP, 1985. 1-25.

De Sousa, Geraldo U. *Shakespeare's Cross-Cultural Encounters*. London: Macmillan, 1999.

Dobson, Michael. *The Oxford Companion to Shakespeare*. Oxford: Oxford UP, 2001.

Du Bois, W. E. B. *The Oxford W. E. B. Du Bois Reader*. Ed. Eric J. Sundquist. Oxford: Oxford UP, 1966.

Fanon, Frantz. *Black Skins, White Masks*. Trans. Charles Lam Markmann. London: Pluto, 1986.

Frey, Charles. "*The Tempest* and the New World." *SQ* 30 (1979): 29-41.

Friedlander, G. *Shakespeare and the Jew*. London: Routledge & Kegan Paul, 1921.

Grebanier, Bernard. *The Truth about Shylock*. New York: Random House, 1962.

Harris, Bemard. "A Portrait of a Moor." *Shakespeare and Race*. Ed. Catherine M. S. Alexander and Stanley Wells. Cambridge: Cambridge UP, 2000.

23-36.

Hunter, G. K. "Othello and Colour Prejudice." *Dramatic Identities and Cultural Tradition*. Ed. G. K. Hunter. Liverpool: Liverpool UP, 1978. 31-59.

Hunter, G. K. "Elizabethan and Foreigners." *Shakespeare and Race*. Eds. Catherine M. S. Alexander and Stanley Wells. Cambridge: Cambridge UP, 2000. 37-63.

Jones, Eldred. *Othello's Countrymen: The African in English Renaissance Drama*. London: Oxford UP, 1965.

Jordan, Winthrop. *White Over Black: American Attitudes Toward the Negro, 1550-1812*. Chapel Hill: U of North Carolina P, 1968.

Kermode, Frank, ed. "Introduction." *The Tempest*. By William Shakespeare. London: Methuen, 1961. xi-xciii.

Luborsky, R. S. "The Pictorial Image of the Jew in Elizabethan Secular Books." *SQ* 46 (1995): 449-53.

Mahood, M. M. ed. "Introduction." *The Merchant of Venice*. New Cambridge Shakespeare. Cambridge: Cambridge UP, 1987. 1-53.

Memmi, Albert. *The Colonizer and the Colonized*. New York: The Orion P, 1965.

Morison, Samuel Eliot, ed. *Christopher Columbus, Mariner*. New York: Penguin, 1983.

Neill, Michael. "Unproper Beds: Race, Adultery, and the Hideous in Othello." *SQ* 40.4 (1989): 383-412.

Newman, Karen. "'And Wash the Ethiop White': Feminity and the Monstrous in *Othello*." *Shakespeare Reproduced: The Text in History and Ideology*. Ed. J. E. Howard and M. F. O'Connor. New York: Methuen. 1987. 143-62.

Ridley, M. R. ed. "Introduction." *Othello*. By W. Shakespeare. Arden Shakespeare. London: Methuen, 1977.

Sanders, Norman, ed. "Introduction." *Othello*. By W. Shakespeare. New Cambridge Shakespeare. Cambridge: Cambridge UP, 1984. 1-51.

Sission, C. J. "A Colony of Jew in Shakespeare's London." *Essays and Studies* 23 (1937): 38-51.

Skura, Meredith A. "Discourse and the Individual: The Case of Colonialism in *The Tempest*." *SQ* 40 (1989): 42-69.

Stoll, Elmer Edgar. "Shylock." *JEGP* 10 (1911): 236-79.

Todorov, Tzvetan. *The Conquest of America: The Question of the Other*. Trans. Richard Howard. New York: Haper & Row, 1984.

Tokson, Eliot H. *The Popular Image of the Black Man in English Drama, 1550-1688*. Boston: Hall, 1982.

Vaughan, V. M. *Othello: A Contextual History*. Cambridge: Cambridge UP, 1994.

Yoors, Jan. *The Gypsies*. New York: Simon & Schuster, 1976.

(가부장제와 성담론)

이미영. "억압과 전복 사이: 간통의 모티프를 중심으로." *Shakespeare Review* 42.2 (2006): 317-37.

Barrett, Michèle. "Ideology and the Cultural Production of Gender." *Feminist Criticism and Social Change*. Eds. Judith Newton and Deborah Rosenfelt. New York: Methuen, 1985.

Belsey, Catherine. *The Subject of Tragedy: Identity and Difference on Renaissance Drama*. London: Methuen, 1985.

Chaucer, Geoffrey. *Chaucer's Major Poetry*. Ed. A. C. Baugh. Englewood Cliffs, N.J.: Prentice-Hall, 1963.

Cleaver, R. *A Godly Forme of Household Government for the Ordering of Priu(v)ate Families, According to Direction of Gods Word*. London: Printed by Thomas Creede for Thomas Man, 1603.

Dusinberre, Juliet. *Shakespeare and the Nature of Women.* New York: Barnes & Noble, 1975.

Erickson, Peter. *Patriarchal Structures in Shakespeare's Drama.* Berkeley: U of California P, 1985.

Felixe, Schelling. "The Supernatural in Old English Drama." *Shakespesre and Demi-Science.* New York: Pennsylvania UP. 158-79.

Fuchs, Eduard. *Illustrierte Sittengeschichte vom Mittelalter bis zur Gegenmart: Renaissance.* Frankfurt: Fischer, 1985. 『풍속의 역사 II: 르네상스』 이기웅, 박종만 역. 서울: 까치 글방, 1986.

Greene, Gayle. "This that you call love: Sexual and Social Tragedy in *Othello.*" *Journal of Women's Studies in Literature* 1.1 (1979): 16-32.

Hawkes, Terence. "Shakespeare and New Critical Approaches." *The Cambridge Companion to Shakespeare Studies.* Ed. Stanley Wellls. Cambridge: Cambridge UP, 1986. 287-302.

Kahn, Coppelia. *Man's Estate: Masculine Identity in Shakespeare.* Berkeley: U of California P, 1981.

Jardine, Lisa. *Still Harping on Daughters: Women and rama in the Age of Shakespeare.* Brighton: Harvester, 1983.

Loomba, Ania. *Gender, Race, Renaissance Drama.* Manchester: Manchester UP, 1989.

_____. "Outsiders in Shakespeare's England." *Cambridge Companion to Shakespeare.* Ed. Margreta de Grazia and Stanley Wells. Cambridge: Cambridge UP, 2001. 147-66.

____. *Shakespeare, Race, and Colonialism.* Oxford: Oxford UP, 2002.

Lorris, Gullaume de, and Jean de Meun. *The Romance of the Rose.* Trans. Charles Dahlberg. Princeton, N.J.: Princeton UP, 1971.

Miller, R. P. ed. *Chaucer: Sources and Backgrounds.* Oxford: Oxford UP, 1977.

Monter, E. W. "The Pedestal and the Stake: Courtly Love and Witchcraft." *Becoming*

Visible: Women in European History. Eds. Renate Bridenthal and Claudia Koonz. Boston: Houghton Mifflin, 1977. 119-36.

Montrose, Louis Adrian. "'The Purpose of Playing': Reflections on a Shakespearean Anthropology," *Helios* 7 (1980): 51-74.

_____. "Professing the Renaissance: The Poetics and Politics of Culture." *The New Historicism*. Ed. H. A. Veeser. London: Routledge, 1989. 15-36.

Newman, Karen. "Renaissance Family Politics and Shakespeare's *The Taming of the Shrew*." *ELR* 16 (1986): 86-100.

_____. "'And Wash the Ethiop White': Feminity and the Monstrous in *Othello*." *Shakespeare Reproduced: The Text in History and Ideology*. Eds. J. E. Howard and M. F. O'Connor. New York: Methuen, 1987. 143-62.

Newton, Judith and Deborah Rosenfelt. "Introduction: Toward a Materialist-Feminist Criticism." *Feminist Criticism and Social Change: Sex, Class and Race in Literature and Culture*. Eds. Judith Newton and Deborah Rosenfelt. New York: Methuen, 1985. xv-xxxix.

Pierson, Ruth Roach. "Nations: Gendered, Racialized, Crossed with Empire." *Gendered Nations: Nationalisms and Gender Order in the Nineteenth Century*. Eds. Ida Blom, K. Hagemann, and Catherine Hall. Oxford: Berg, 2000. 41-61.

Ranald, M. L. *Shakespeare and His Social Context: Essays in Osmotic Knowledge and Literary Interpretation*. New York: AMS P, 1987. 135-52.

Scarre, Geoffrey. *Witchcraft and Magic in 16th and 17th Century*. Atlantic Hughlands: Humanities Press International, 1987.

Sinfield, Alan. "*Macbeth*: History, Ideology and Intellectuals." *New Historicism and Renaissance Drama*. Eds. Richard Wilson and Richard Dutton. N. Y.: Longman, 1992. 167-80.

Stone, Lawrence. *Family, Sex and Marriage in England 1500-1800*. Abridged Edition. New York: Harper & Row, 1987.

Tilley, M. P. *A Dictionary of the Proverbs in England in the 16th and 17th Centuries*. New York: AMS P, 1950.

Tilney, Edumund. *The Flower of Friendship: A Renaissance Dialogue Contesting Marriage*. Ithaca: Cornell UP, 1992.

Underdown, David. "The Taming of the Scold: the enforcement of patriarchal authority in Early Modern England." *Order and Disorder in Early Modern England*. Eds. A. Fletcher and John Stevenson. Cambridge: Cambridge UP, 1985. 116-36.

Vaughan, V. M. Othello: *A Contextual History*. New York: Cambridge UP, 1994.

Wayne, Valerie. "Historical Differences: Misogyny and *Othello*." *The Matter of Difference: Materialist Feminist Criticism of Shakespeare*. Ed. Valerie Wayne. Ithaca: Cornell UP, 1991. 153-80.

Woodbridge, Linda. *Women and the English Renaissance: Literature and the Nature of Womankind*. Urbana: U of Illinois P, 1984.

4. 『오셀로』: 이아고의 인종담론과 여성혐오담론

『오셀로』(*Othello*)에서 무어인인 오셀로는 백인중심 사회의 인종적 타자로 존재하며, 백인 여성 데스데모나(Desdemona)는 남성중심 사회의 성적 타자로 존재한다. 이아고(Iago)는 이들의 타자화에 결정적 역할을 하게 되는데, 그의 시각은 당대의 인종차별 이데올로기와 여성혐오 이데올로기를 반영한다. 오셀로에게 투사된 인종차별담론이 당대 백인 사회의 지배적 담론이며, 데스데모나에 가해진 여성혐오담론이 당대 남성중심 사회에서 흔히 실행되던 담론이라는 점에는 별 이견이 없지만, 이러한 담론에 대한 셰익스피어의 자세는 논란의 여지가 있다. 즉 이아고의 담론으로 대변되는 오셀로에 대한 인종차별적 목소리와 데스데모나에 대한 성차별적 목소리가 작가의식을 반영하고 있는지 아닌지는 논란의 여지가 없지 않다는 말이다.

작품명이 제시하는 바와 같이 이 작품의 주인공은 오셀로이다. 그러나 플롯을 이끌어가는 측면에서는 오히려 이아고가 더 주인공답다. 이아고는 모든 사건의 주도권을 쥐고 사건을 이끌어 가는 중심인물이기 때문이다. 그러므로 이아고가 구사하는 인종담론과 여성혐오담론을 논의하기에 앞서 이아고의 성격을 살펴보는 것이 순서일 것이다. 이아고는 단순한 오셀로나 데스데모나와는 달리 대단히 복합적 성격을 드러내는 인물이고, 그가 구사하는 담론의 정당성 유무가 그의 성격과 밀접한 관련성을 맺고 있기 때문이다. 논의의 진행을 위해 먼저 이아고의 성격을 논의하고, 다음으로 그의 인종차별담론과 여성혐오담론을 고찰한다. 그리고 타자 재현의 문제성과 인종차별담론과 성차별담론에 대한 셰익스피어의 태도를 논의한다.

I

『오셀로』에서 인종적 타자 오셀로와 성적 타자 데스데모나의 부정적 이미지는 주로 이아고의 담론에 의해 재현되고 있다. 이아고는 인종차별 이데올로기와 여성혐오 이데올로기를 '반영'하는 기능만을 수행하는 것이 아니라, 그 이데올로기를 담론을 통해 스스로 생산해내고 있는 인물이다. 그는 이 작품에서 사건을 주도하는 연출자처럼 보이고, 오셀로를 위시한 그 주변의 인물들은 마치 이아고가 연출하는 연극에서 자기의 배역을 충실히 수행하는 배우처럼 보인다. 이아고는 이 작품에서 가장 악한 인물인 동시에 가장 두뇌 회전이 빠른 영리한 인물이다.

이아고는 상황에 따라 위장을 하면서 "자기미화"에 능한 인물이고 그 과정에서 순발력과 즉흥적인 힘을 드러내는 인물이다(Greenblatt 233-34). 그런데 문제는 이아고의 자기미화에는 낯선 것을 통해 자신들의 정체성을 규명하고 미화하는 르네상스 시대 사람들의 심리가 투영되고 있다는 점이다. 그린블랫(Stephen Greenblatt)의 주장에 따르면 자기미화는 이상하고 생소한 것들과의 차이를 통해 시행되었고, 자신들과의 차이를 드러낼 수 있는 타자를 필요로 한다(9). 자신과의 차이를 드러내기 위한 과정에서 배제되고 파괴되어야 할 위협적인 타자가 필요하다는 말이다. 그리고 담론은 항상 '타자화'의 주요한 도구로 작용한다.

이아고가 구사하는 담론은 항상 파괴적이며, 주위의 모든 사람들은 이아고의 목적을 위해 희생물로 전락한다. 이아고는 목적을 이루기 위해 수단과 방법을 가리지 않는 인물이고, 이기심으로 인해 자기기만에 빠지고 뛰어난 지력을 잘못된 방향으로 이끌어 타인을 불행하게 만드는 인물이다(Nicoll 96-100). 오셀로와 데스데모나는 물론, 캐시오(Cassio)와 로더리고(Roderigo) 역시 이아고의 희생물이다. 이아고 자신도 인정하고 있듯이 그는 "겉과 속이 다른 사람"(I am not what I am)이다. 그는 로더리고에게 자신과 오셀로와의 관계를 다음과 같이 밝히면서 자신의 정체성을 드러낸다.

> 그 자를 섬기면서 사실은 난 내 자신만을 섬기고 있어.
> 하늘이 알고 있어. 내가 그 자를 사랑하거나 충성하려는 것이 아니라,
> 나의 사사로운 목적 때문에 그리 하고 있다는 것을.
> 왜냐하면 겉으로 드러난 나의 행위가
> 내 속 마음의 진정한 동기와 의도를 드러내 보여주면,
> 머지않아 난 내 심장을 소매 끝에 달고 다니면서
> 까마귀들이 쪼아 먹도록 하는 꼴이라는 것을 잘 알기 때문이지.
> 나는 겉으로 보이는 것과는 다른 사람이지. (1.1.58-65)

이아고는 자신의 말처럼 "겉으로 보이는 것과는 다른 사람"이다. 그는 오셀로를 섬기는 척하지만, 사실은 자신만을 섬기고, 자신의 실속만을 생각하는 사람이다. 그는 자신의 목적을 이루기 위해 어떤 수단과 방법도 가리지 않는 교활한 인물이다. 그는 주변 상황을 교묘하게 이용하여 자신의 "사사로운 목적"(peculiar end)을 이루기 위해 진의를 은폐하고 위선적인 담론을 구사한다. 기만적 연기력과 위장 능력이 뛰어나다는 말이다.[1)]

여기서 주시할 점은 이아고가 자신이 속한 베니스 사회에서 규정한 주체 개념에서 비교적 자유로운 존재라는 점이다. 그는 기존의 질서에서 이탈하여 자신에게 주어진 "조건을 적절히 응용"하면서 스스로 자신의 주체를 확립한다. 그는 자신의 목적을 위해 기존의 틀을 자신의 방식대로 해석하면서 "세상을 자신의 이미지"로 주조하는 능동적인 인물이다(박두현 11). 그리고 "겉으로 보이는 것과는 다른 사람"으로 자신의 이미지를 형성해나가는 과정에서 이아고의 자기형성 능력은 대단히 돋보인다. 1막 3장에서 사는 것이 고통일 바에야 "죽는 게 고통의 치유책"이며, 데스데모나를 좋아하는 게 창피하지만 자신의 성격 때문에 어찌하질 못한다는 로더리고에게 이아고는 다음과 같이 말한다.

> 성격 탓이라고요? 헛소리하지 마시오! 이리 되고 저리 되는 게 다 자신에게 달려 있는 일이죠. 우리 몸이 정원이라면 우리의 의지는 정원사랍니다. 우리가 쐐기풀을 심던, 상추씨를 뿌리던, 우슬초를 심어 백리 향을 빼내든, 한 가지 풀로 채우던, 여러 종류의 풀을 섞어서 심던, 가만 내버려 둬서 불모지를 만들든, 열심히 거름을 주던, 이 모든 걸 바로잡는 건 우리 의지에 달려 있지요. 우리의 삶이 저울이고, 그 저울에서 이

1) 브래들리의 주장을 따르면 "이아고는 대단한 위장 능력과 놀라운 자제력을 소유한 인물이며, 감정을 거의 드러내지 않는 냉정하고 이기적인 인물이며, 내부에 억제할 수 없는 의지와 지력을 담고 있는 인물"이다(Bradley 186-87).

성의 접시가 기우는 정욕의 접시 균형을 잡아주지 못한다면, 혈기와 비천한 정욕으로 인해 우린 터무니없는 짓을 하게 되죠. 하지만 우리에게는 이성이 있어서 날뛰는 충동과, 자극적인 성욕과, 고삐 풀린 색욕을 가라앉힐 수가 있어요. 당신이 애정이라고 부르는 것도 이런 욕망의 가지일 뿐이라고 생각합니다. (1.3.319-32)

자신의 몸을 정원으로 자신의 의지를 정원사로 비유하면서 모든 것이 사람의 의지에 달려 있다고 주장하는 이아고는 자기 자신의 주체 형성력을 믿고 있는 인물이다. 이성과 감정의 균형을 잡아주는 주체도 자기 자신이다. 이아고는 자신의 의지에 따라 상황을 적절하게 활용하며 '자기미화'를 통해 타인을 전유하며 자신에게 유리한 방향으로 끌고 간다. 그린블랏이 지적하듯이 '자기형성'에 뛰어난 능력을 지닌 인물이다(235). 이아고는 오셀로를 혐오하지만 그를 이용하기 위해 겉으로는 항상 오셀로가 솔깃한 말만 하면서 오셀로의 신임을 얻는다. 오셀로는 이아고의 정체를 모르고 그를 신임하고, 이아고는 자신을 신임하는 오셀로를 파멸시키려 한다.

임기응변과 순발력이 뛰어난 이아고는 상황에 따라 카멜레온처럼 변신한다. 자신을 누구보다도 똑똑하다고 생각하는 이아고는 자신보다 못하다고 생각하는 캐시오의 승진을 받아들일 수 없다. 그리고 오셀로의 열등감을 자극하기에 잘생긴 백인 부관 캐시오가 적당한 인물이다. 그리하여 캐시오를 이용해 오셀로를 자극하려는 의도를 다음과 같이 드러낸다.

얼마간 시간이 지난 후, 오셀로의 귀에 나쁜 말을 속삭이는 거야.
캐시오가 그의 부인하고 너무 친한 것 같다고 말이야.
그는 잘 생겼고 매너도 부드럽고 좋아서
의심받기 딱 좋은 놈이지. 여자들이 홀딱 넘어가게 생겨먹었어.

무어 놈은 시원하고 활달한 성질이라
겉으로 정직한 체만 해도 꼬빡 속아 넘어갈 거야.
당나귀 코를 끌고 다니듯 놈을 조종할 수 있을 거야.
좋아! 그렇게 하자!
지옥과 어두운 밤의 힘을 빌려
이 소름끼치는 일이 세상 빛을 보게 해야지. (1.3.395-404)

이아고는 자신의 상관인 오셀로를 두고 "음탕한 무어 놈"이라고 부르면서 의처증이라는 독약을 주입하여 오셀로를 파멸시키려는 계획에 박차를 가한다. 이아고는 상황에 따라 즉흥적으로 반응하고 변신에 능한 인물이며 자신감을 드러내는 인물이다. "당나귀 코를 꿰어 끌고 다니듯 놈을 조종할 수 있다"는 대사에 드러나고 있듯이, 이아고는 타인을 조종할 수 있는 자신의 능력에 희열을 느낀다. 또한 이아고는 오셀로가 "겉으로 정직한 체만 해도 꼬빡 속아 넘어갈" 어리석은 자로 간주하고 그를 마음대로 조종할 수 있다는 자신감을 드러낸다. 이아고는 자신을 위장하기 위해서 '정직'이란 단어를 너무나 자주 사용하지만, 이는 그 어떤 단어보다도 이아고란 인물의 외양과 실재의 괴리와 이중성을 드러내는 아이러니컬한 단어이다(Empson 223-25).[2] 잔인한 사자의 자질과 간교한 여우의 마음을 은폐하고 외양과 실재의 괴리를 드러내는 이아고는 이중적 인물이며, 위선적인 담론을 통해 사건을 자신이 원하는 방향으로 끌고 가는 인물이다. 그런데 이런 능력의 원동력은 "즉흥력"이다.[3] 다른 말로 하자

2) "정직(honesty)"이란 말을 둘러싸고 표출되는 외양과 실재의 대립을 주시하는 엠슨은 1막에서 5번, 2막에서 11번, 3막에서 23번, 4막에서는 6번, 5막에서 7번 사용되는 "정직(honesty)" 또는 "정직한(honest)"이란 단어에 내포된 아이러니를 주시한다. 이 단어는 이아고가 오셀로에게 의심의 독을 주입하여 질투심을 불러일으키는 3막에 집중적으로 나타난다. 이아고의 악한 행위가 밝혀지는 5막 2장에서도 오셀로는 "정직한 이아고"라고 부르는데, '정직'이란 단어는 결말까지 반복적으로 등장하는 단어이다.

면 즉흥력은 순간적 담론 구사 능력이고 상황 통제 능력이다.

이아고의 음모는 대개 “일어날 것 같지 않을 가능성들보다 개연성 있는 불가능성”(probable impossibilities than improbable possibilities)을 다루고 있는데, 이아고는 이를 통해 상황을 통제한다(Greenblatt 234). 1막 3장의 끝부분에서 이아고는 데스데모나를 연모하는 로더리고에게 “야만인”과 “세련된 베니스의 여인” 사이의 관계가 곧 파국으로 끝날 것이라고 악담하면서 인종차별담론과 동시에 여성혐오담론을 구사하는데, 이아고는 두 사람의 결별을 개연성 있는 사건처럼 꾸며 상황을 통제하는 기만성을 보여주고 있다.

> 데스데모나가 그 무어 놈을 영원히 사랑한다는 것은 있을 수 없소. … 무어 놈들은 본래부터 마음이 변하기 쉬운 자들이요. 주머니에 돈을 가득 채우시오. … 여자도 틀림없이 젊은 상대에게 마음이 쏠리게 될 거요. 그 자의 몸뚱이를 포식하고 나면 상대를 잘못 골랐다고 후회할 것이오. 그러니 주머니에 돈을 채워 넣고 기다리시오. … 떠돌이 야만인과 정말로 세련된 베니스의 여인 사이의 거룩하고 허약한 부부의 맹세는 내 지혜와 지옥의 모든 악마들의 힘으로 어렵지 않게 파기시킬 수 있으니, 당신이 그 여자를 마음껏 즐길 수 있도록 해주겠소. 그러니 돈을 마련하시오. (1.3.341-58)

이 인용은 오셀로뿐만 아니라 데스데모나에 대한 이아고의 시각을 동시에 드러내고 있다. 이아고는 오셀로를 “떠돌이 야만인(an erring barbarian)”으로 백인 미녀 데스데모나의 상대로 적합하지 않다고 생각한다. 이아고의 생각으로 무어인은 일시적인 성적 상대로만 적합할 뿐 무어인과 백인 미녀의 부부

3) 그린블랫에 따르면 “즉흥력”은 예측하기 어려운 상황을 충분히 활용할 수 있는 능력과 순발력이고 역할연기를 통해 주어진 상황을 활용하고 변형시키는 힘이다(Greenblatt 227-28).

관계는 결코 오래갈 수 없다. 이아고는 또한 데스데모나가 오셀로의 “몸뚱이를 포식하고 나면 상대를 잘못 골랐다고 후회”하고 젊은 상대에게 다시 마음이 쏠리게 될 것이라고 말한다. 이는 ‘있을 수도 있는 일’을 통해 상대를 교란시키고 의혹을 품도록 하는 이아고의 즉흥력을 보여주는 좋은 예이다.

오셀로에 대한 베니스 사회의 시각은 이중적이다. 인종적 타자 오셀로에 대한 평가가 ‘양가적’이란 말이다. 공적인 영역에서는 오셀로를 고귀한 성품을 지닌 훌륭한 장군으로 인정하면서도 사적인 영역에서는 “오염되지 않은 여성의 육체”와 같은 베니스 문화를 더럽히는 야만인으로 바라본다((Hendricks 205, 194-96). 이는 베니스 사회가 드러내는 모순이다. 텍스트에서 오셀로는 ‘고결한 무어인’(noble Moor)로 재현되는가 하면 ‘천한 무어인’(ignoble Moor)으로 재현되기도 한다. 그는 ‘고결한 야만인’(Noble Savage)이다. 텍스트 상에는 인종적 타자에 대한 작가의 태도가 그리 명시적으로 드러나 있지 않다. 그러나 이아고의 담론을 주시할 때, 문명과 야만에 대한 서구 백인중심의 이분법이 그 기저에 자리 잡고 있음을 간과할 수 없다(Lee 985-86)

이아고는 오셀로에 대한 불만으로 가득 차 있지만, 이를 은폐하고 충성스럽게 보이도록 행동한다. 이아고는 “베니스 사회의 모순과 갈등을 구현하는 인물”로 무어인 상관인 오셀로에 대해서는 백인으로, 귀족 여성인 데스데모나에 대해서는 남성으로 자신을 구현한다(최영주 78, 80). 유색인종의 야만성과 여성의 음란성의 접점은 다름 아닌 오셀로와 데스데모나의 이종(異種)결합이다. 순수한 혈통을 유지하려는 베니스 사회의 가부장적 질서에 위협적인 그들의 이종결합은 베니스의 백인 남성중심사회에 대한 타자의 전복으로 받아들여지고 베니스 사회를 불안하게 만든다(Drakakis 77). 이아고에게 오셀로는 ‘천한 무어인’이고 야만인일 뿐이며 데스데모나는 언제라도 부정한 짓을 저지를 수 있는 음탕한 여성이다. 그리하여 그는 르네상스 시대의 인종담론과 성차별담론을 동시에 구현하는 인물로 부각된다.

이 당시의 백인들은 흑인들이 성적으로 음란한 인종이라는 고정관념을 가지고 있었고, 흑인들을 야만성과 관련지어 생각했다(Newman 148). 즉 당대의 대부분의 백인 관객들에게 흑인의 검은 피부는 더러움과 음탕함과 노예성과 열등성을 지시하는 기표였다. 오셀로와 데스데모나와 이종결합은 흑인의 더러운 피가 백인의 순수한 혈통을 '오염'시킬 것이라는 불안을 자아냈고, 인종간의 경계를 희석시키는 심각한 위협으로 받아들여졌다. 그러므로 인종적 타자 오셀로와 아름다운 백인 여인 데스데모나의 결합은 애초부터 순탄치 않았고 심각한 비극성을 내포하고 있었다. 이아고의 시각을 빌면, 백인 여성 데스데모나도 야만인과의 욕정을 채우고는 상대를 바꿀 음탕한 여성이다. 이아고는 야만인 오셀로와 음탕한 데스데모나의 결합을 사랑에 따른 것이 아니라 욕정에 따른 결합으로 간주한다. 또한 자신의 "지혜"를 동원하면 무엇이든 못할 것이 없다는 대사는 자신의 능력에 우월감을 느끼고 있는 오만한 이아고의 모습을 드러낸다.

이아고의 인종차별담론을 구체적으로 논의하기 전에 인종담론과 여성혐오담론이 동시에 드러나는 장면을 하나 더 보기로 하자. 1막 3장에서 "야만인" 오셀로와 "세련된 베니스의 여인" 데스데모나의 사이가 온전치 못할 것이라는 악의적인 담론을 구사했던 이아고는 2막 1장에서 로더리고에게 다시 한 번 다음과 같은 인종차별담론과 여성혐오담론을 구사하면서 오셀로와 데스데모나를 폄하한다. 이아고의 말은 여전히 '개연성'을 확보하고 있는 말처럼 보인다.

> 그녀도 눈요기를 해야 하지 않겠소. 그런데 그 악마(devil)의 얼굴만 보아야 하니 무슨 즐거움이 있겠소? 정사가 끝이나 욕정의 불길이 시들해지면, 그 불길을 다시 일으켜 물린 육신에 싱싱한 욕정을 채우기 위해

> 선, 얼굴이 잘생기고, 나이도 어울리고, 그럴싸한 태도와 풍채가 있어야 할 텐데, 무어 놈은 그 어느 것도 없질 않소. 자, 이런 필수적인 조건들이 없고 보면, 그녀의 섬세한 감수성이 스스로 속았음을 깨닫게 되고, 역겨움을 느끼기 시작하여, 무어 놈을 진저리가 나도록 싫어하게 될 거요. (2.1.225-33)

이아고는 검은 얼굴의 무어인 장군 오셀로를 "악마"로 지칭하면서 결코 백인 여성이 만족할 상대가 아님을 로더리고에게 상기시키고, 데스데모나가 단지 일시적인 욕정을 충족시키기 위해 택한 상대라는 점을 상기시킨다. 이아고는 별 근거도 없이 무어인 오셀로를 싫어하고 인종차별담론을 거침없이 구사할 뿐만 아니라, 데스데모나도 베니스의 음란한 여성과 별로 다를 것이 없다고 생각한다. 이아고가 별 근거도 없이 인종차별담론과 여성혐오담론을 구사하지만, 이아고의 간교한 말이 상대에게 먹혀들어가는 이유는 '있을 수도 있는 일'을 언급하면서 상대를 설득하기 때문이다.

이아고는 기민하게 상황을 조작하여 주위의 타인을 기만하고 상황을 자신의 의도대로 끌고 가는 용의주도한 인물이다. "어떤 분별력으로도 고칠 수 없는 질투심"(a jealousy so strong/ That judgement cannot cure)을 오셀로에게 불어넣기 위해 다음과 같이 상황을 조작한다. "욕정에 들떠 날뛰는 걸 내가 말리고 다니는, 베니스의 쓰레기 같은 잡것, 저 로더리고가 내 말대로 잘 꼬드겨야 해. 그렇게 해서 마이클 캐시오를 내 손아귀에 넣는 거야. 그리곤 무어놈에게 온갖 상스러운 험담을 늘어놓아 놈을 기만하는 거야"(2.1.303-06). 여기서 이아고는 상황을 즉흥적으로 조작하여 오셀로, 로더리고, 캐시오 모두를 함정으로 몰아넣겠다는 의지를 드러내고 있는데, 없는 일을 그럴 듯한 일로 꾸미는 이아고의 순발력과 치밀성이 잘 드러나고 있는 부분이다.

지금까지 보았듯이 이아고는 즉흥력을 통해 상황을 통제하고 조작하여 자신의 의도대로 상황을 '전유'하는 영리한 인물이다. 그는 자존심이 강한 인물이며, 자기 우월감에 찬 인물이며, 자신의 악행을 후회하지 않는 사악한 인물이며, 목적을 위해 수단과 방법을 가리지 않고 연기하는 위선적인 인물이다. 이아고는 또한 인종차별주의자이고, 남녀 사이의 진실한 사랑을 인정하지 않는 냉소주의자이며, 여성을 성적인 존재로 파악하는 성차별주의자이다. 그러므로 그가 구사하는 인종담론과 성담론에는 의문의 여지가 있다. 인종과 성에 관한 그의 시각이 작가의 관점과, 나아가 당대의 관점과 차이가 있을 수 있다는 말이다.

II

그럼 좀 더 구체적으로 이아고가 구사하는 인종차별담론을 살펴보자. 이아고가 이 작품에서 가장 극단적인 인종차별담론을 구사하는 인물임을 앞서 언급한 바 있다. 1막 1장에서 이아고는 오셀로를 두고 딸을 훔쳐 달아난 "도적"이라고 외치면서 브러밴쇼(Brabantio)에게 다음과 같이 말한다.

> 의원님 딸을 도둑 맞으셨습니다. 어서 옷을 입으시죠.
> 의원님 심장은 터져 버릴 겁니다. 영혼의 절반인 따님을 잃어 버리셨죠.
> 지금, 바로 지금, 이 순간에도 한 마리의 늙은 검은 숫양이
> 댁의 새하얀 암양을 덮치고 있습니다. 일어나십시오. 빨리요, 빨리.
> 종을 울려 곤하게 잠든 사람들을 깨워야 합니다.
> 그렇지 않으면 그 악마가 당신 외손자를 낳게 할 것입니다. (1.1.86-91)

1막 1장에서 독자들은 전적으로 오셀로에 대한 이아고의 묘사에 의존해서 오셀로가 어떠한 인물인가를 짐작한다. 이아고는 오셀로를 "새하얀 암양(white ewe)을 덮치는" "한 마리의 늙은 검은 숫양(an old black ram)," "악마(devil)"라고 부른다. 즉 이아고의 인종차별적 대사를 통해 오셀로라는 인물이 제시되고, 독자들의 마음속에는 이미 검은 무어의 동물적 이미지가 자리 잡게 된다. 이러한 이미지는 거듭 반복되는 이아고의 인종차별담론을 통해 강화된다. 이아고가 말한 "검은 숫양"과 "새하얀 암양"의 대립으로부터 시작되어 1막 전체에 걸쳐 끊임없이 반복되는 흑백의 대립은 이 작품이 인종의 차이에 관련된 담론을 극명하게 반영하고 있음을 보여준다.

샌더스(Sanders)는 흑백의 대립이 상징적으로 이 극의 핵심적인 과제들을 제공하면서 악과 선, 거짓과 진실, 환상과 실상, 무지와 박식, 부 정직과 정직, 미움과 사랑, 죽음과 삶 등의 대립의 형태로 변형되어 나타나고 있다고 주장한다(29). 오셀로의 검은 피부는 외양의 이미지에서 악과 거짓을 대변한다. 그러나 실제로는 백인인 이아고가 악과 거짓을 일삼는 인물이고, 오셀로는 무지하지만 선하고 정직한 인물이라는 점은 이 극이 제공하는 아이러니라고 할 수 있다.

극의 초반에서부터 오셀로의 정체성은 성적 특질과 연결된다. 이아고가 로더리고에게 캐시오를 부관으로 승진시킨 "무어 놈"을 비난하자, 로더리고는 오셀로를 두고 "입술 두꺼운 놈"이 복도 많다고 비아냥거린다. 여기서 입술이 두껍다는 것은 흑인의 중요한 신체적 특성 중의 하나이며, 16세기의 탐험가들이 아프리카 흑인을 묘사할 때 자주 사용했던 말이다(Jordan 5, Ridley li). 오셀로의 피부가 검다는 사실은 그의 "타자성을 드러내는 시각화된 기호"였고, 이는 강렬한 극적 효과를 자아냈다. 검다는 것은 죄악을 표시하는 시각적인 기호가 되었고, 영국인들은 흑인의 기원에 관한 초기의 논평에서부터 흑인과 금지된 성관계, 흑인과 이교풍습, 흑인과 노예를 결합시켜 생각하곤 했다(Vaughan 52-55 참조).

잠에서 깨어난 브러밴쇼가 소란을 피우지 말라고 호통 치자, 이아고는 오셀로에 대해 다음과 같은 극단적인 인종차별담론을 구사한다.

> 도와드리려고 왔는데 이렇게 불한당 취급을 하시는군요. 그렇다면 바바리 산 숫말(a Barbary horse)이 댁의 따님을 덮쳐도 좋다는 말씀인가요? 그러면 말소리를 내는 손자를 보실 것이고, 준마를 일가로, 스페인 산 조랑말을 혈육으로 삼게 되실 겁니다. (1.1.109-13)

이아고는 브러밴쇼에게 "댁의 따님과 그 무어 놈이 지금 잔등이 둘 달린 짐승(the beast with two backs)이 되고 있다"(1.1.115-17)고 말하며, 계속해서 오셀로라는 무어인에게 고삐 풀린 동물적 성욕의 소유자요 악마의 기질을 가진 인종이라는 백인의 선입관을 투사한다. 에반스(Evans)는 "이아고는 무어인들에 대한 당시 베니스 사람들의 편견을 대변하며, 오셀로는 무어인들의 숙명을 대변"한다고 보았다(125-27). 이아고에게 오셀로와 데스데모나의 이종결합은 혐오와 공격의 대상이다. 흑인인 오셀로가 아름다운 백인 여성과 결합했다는 점이 그에 대한 인종차별적 반응을 증폭시키고 있고, 이는 이종결합에 대한 당대 백인의 두려움과 혐오를 반영한다(Newman 144).

데스데모나의 아버지인 브러밴쇼 역시 이종결합에 대한 경멸과 혐오감을 여과 없이 드러낸다. "너 흉측한 도적 놈! 내 딸을 훔쳐 어디에 감추었느냐?/ 천하에 저주받을 놈. 내 딸을 호리다니./ 어떤 분별 있는 사람에게라도 물어 보아라./ 네 놈의 마술에 홀리지 않고서야./ … 내 딸이 기쁨은커녕 소름만 끼치는/ 네 놈의 그 시꺼먼 가슴으로 뛰어들 리가 있겠느냐?(1.2.62-71). 이아고뿐만 아니라 브러밴쇼에게도 오셀로와 데스데모나의 이종결합은 공격의 대상이다. 브러밴쇼는 1막 3장에서도 "간악한 악마의 농간이 아니고서야" 데스데모나가 넘어갈 리가 없다고 하면서 공작에게 사악한 마술로 딸을 유혹한 오셀로를 처벌해 줄 것을 요구한다.

이 작품에 재현된 흑인 오셀로의 모습, 특히 오셀로에 대한 이아고의 시각은 흑인에 대한 당대의 고정관념과 일치한다(Hunter 55). 이들 20세기 평자들의 논평이 그 이전의 평자들의 논평보다는 인종차별의 강도가 약화되었음은 사실이지만, 이들의 태도에서도 여전히 인종차별담론은 사라지지 않고 있음을 알 수 있다. 피부가 검다는 이유로 인해 오셀로는 베니스의 백인 문화에서 소외되고 배제된다. 데스데모나가 아버지의 허락도 없이 인종적 타자 오셀로를 남편으로 받아들이는 행위는 당대 사회의 관행에 대한 도전이다.

이아고는 1막 3장에서 "난 저 무어 놈이 미워./ 또한 그놈이 내 이불 속에서 내가 할 서방 노릇을/ 대신 했다는 소문이 있어. 사실인지 아닌지 모르지만,/ 난, 이런 일에는 의심만 가지고도,/ 확실한 것으로 대처할 거야"(1.3.386-90)라고 말하면서 오셀로를 미워하고 의심한다. 이는 물론 근거 없는 추측이다. 이아고는 2막 1장에서 다시 한 번 오셀로가 자기 아내와 동침을 했을지도 모른다고 말하면서 의처증이라는 독약을 주입하여 오셀로를 파멸시키려고 다짐한다(2.1.294-302). 오셀로와 에밀리어(Emilia)의 관계를 의심했던 이아고는 이제 캐시오가 자기 아내와 동침했을지도 모른다고 의심한다. 그러나 이 또한 이아고의 머릿속에서 상상만으로 꾸며진 일이다. 2막 3장에서 이아고는 부관 자리를 박탈당한 캐시오를 데스데모나에게 복직 요청을 하도록 사주하며, 그를 이용하여 오셀로를 파멸시키려는 계획을 다음과 같이 밝힌다.

> 난 무어 놈의 귓속에다 독을 부어 넣는단 말씀이야.

부인이 그 자의 복직을 간청하는 건 정욕 때문이라고.
그러면 캐시오를 위해 그녀가 애를 쓰면 쓸수록
그녀는 무어 놈의 의심을 더 받게 되겠지.
그리하여 나는 그녀의 정절에 먹칠을 하고
선의를 미끼로 그들을 모조리 덫으로 옭아맬 거야. (2.3.356-61)

이아고는 “선의를 미끼”로 선한 자들을 덫으로 옭아매려는 의도를 숨기고 자신에게 유리한 담론을 구사하여 상황을 장악한다. 자신의 말처럼 이아고는 정말 “겉으로 보이는 것과는 다른 사람”이고, 한 순간도 자신의 진짜 모습과 의도를 드러낸 적이 없는 용의주도한 인물이다. 위의 인용은 상황 장악에 대한 이아고의 기만적 우월의식과 임기응변을 드러낸다.

이아고는 이 극에서 감독의 역할을 수행하고 오셀로를 위시한 그 주변의 인물들은 마치 이아고가 연출하는 연극에서 자기의 배역을 충실히 수행하는 배우처럼 보인다. 3막 1장에서 이아고는 캐시오가 데스데모나를 만날 수 있도록 주선하고 3막 3장에서 캐시오는 데스데모나를 만나 부관에 복직할 수 있도록 오셀로를 설득해달라고 사정한다. 데스데모나가 캐시오의 복직을 오셀로에게 거듭 요청하는 3막 3장에서, 이아고는 데스데모나가 자신의 아버지를 속이고 그와 결혼한 여인임을 상기시키면서 오셀로의 귀에 ‘의심의 독’을 주입하고 아이러니컬하게도 질투심을 경계하라고 충고한다. 겉과 속이 다른 위선자로서의 면모가 잘 드러나는 지점이다. 그러나 오셀로는 이아고에게 쉽게 걸려들지 않는다. 데스데모나가 정숙한 여인이 아니라는 이아고의 말을 오셀로가 금방 수긍하지 않자 이아고는 다음과 같이 교묘하게 인종차별적 담론을 구사한다.

같은 나라 사람에, 피부색도 같고, 신분도 비슷한
수많은 구혼 상대자들을 마다하지 않았습니까?

> 모든 정황으로 볼 때, 그들을 받아들이는 것이 자연스런 일이겠죠.
> 참! 그런 사람에게선 뭔가 추잡하고 음탕한 냄새가 나죠.
> 본연의 모습에 어긋나고, 생각은 자연스럽지 못하죠.
> [....]
> 전 걱정이 됩니다. 부인께서, 다시 분별력을 찾게 되면,
> 애욕의 상대로 장군님과 이 나라의 모양 좋은 남성을 비교하여,
> 혹시 후회하게 될지도 모른다는 걱정이 됩니다. (3.3.229-38)

여기서 데스데모나가 인종이 다른 이방인인 오셀로를 계속 사랑할 수 없을 것이라는 두려움과 데스데모나의 정절과 관련된 의혹이 이아고의 대사를 통해 투사되고 있다(Bodkin 220-21). 어떤 여자도 성적으로 타락해 있다고 간주하는 이아고는 바로 전 여성을 일반화시키고 타락한 존재로 격하시키는 담론을 구사하는 인물이다. 상황을 장악하는 이아고의 능력은 오셀로를 질투의 화신으로 몰고 가는 과정에서 가장 돋보인다. 이아고는 캐시오를 파직시키고 오셀로의 인종적 열등감을 자극하기 위해 잘생긴 백인 캐시오와 데스데모나 사이에서 일어날 수도 있는 관계를 언급하면서 위장과 거짓을 통해 이를 개연성 있는 사건으로 만든다.

데스데모나가 많은 백인 구혼자를 뿌리친 것이 자연스럽지 않다는 이아고의 말에 마침내 오셀로 자신도 흑백 결혼이 자연스럽지 못하다고 생각한다. 오셀로는 마침내 시커먼 자신이 하얀 데스데모나의 육체를 검게 오염시키는 존재라고 생각하기에 이른다. 오셀로 스스로 차이에 의한 차별을 내면화하기에 이른 것이다. 오셀로의 인종과 피부에 연관된 차별적 담론은 대부분 이아고로부터 생겨나고, 또한 그를 통해 강화되며, 오셀로의 검은 피부는 그의 타자성을 부각시켜주는 주요한 시각적 기표이다(Adelman 125-27, Boose, "The Getting" 38). 데스데모나는 젊고, 아름다운 백인 귀족 여성이며, 오셀로는 늙

고, 검은 피부를 가진 베니스 사회의 이방인이다. 인종적 차이에서 파생되는 열등감은 오셀로를 의심과 질투의 감정으로 몰고 가, 마침내 데스데모나를 의심하고 자신의 결혼을 회의하도록 만든다. 이아고는 4막 1장에서 '손수건'을 언급하면서 캐시오와 데스데모나의 가상의 불륜 현장을 고해바치고, 오셀로는 분을 못 이겨 거품을 물고 쓰러진다. 이아고의 함정에 걸려든 오셀로는 데스데모나가 손수건을 잃은 것을 추궁하고, 의심의 강도를 높여가면서 5막의 파국을 준비한다. 오셀로와 데스데모나의 이종 결합은 베니스의 백인 사회에서 온전히 유지되지 못하고 오셀로가 데스데모나를 죽이고 자신도 자살함으로써 마침내 비극적 파국을 맞이한다.

극 전반에 걸쳐 이아고는 오셀로를 두고 인종적 편견을 드러낸다. 이 극의 끝 부분에서 이아고의 아내인 에밀리어 역시 오셀로에 대한 인종차별적인 대사를 내 뱉는다. 오셀로에게 교살된 데스데모나의 시체를 보고 에밀리어는 "더럽고도 무식한 오셀로"라고 외친다. 극의 끝까지 검은 피부가 지시하는 더러움과 열등성을 지시하는 기표는 사라지지 않는다(Vaughan 51-52). 5막 2장에서 데스데모나가 오셀로에게 살해 된 후 에밀리어는 오셀로를 "시커먼 악마"(the blacker devil, 5.2.131), "더럽고 용렬한 자"(filthy bargain, 5.2.157)라고 욕하면서, 오셀로 같은 인간은 데스데모나와 같은 부인을 얻을 자격이 없다고 격렬하게 비난한다. 에밀리어의 입에서 쏟아지는 오셀로에 대한 최종적인 발언은 이아고의 인종차별적 대사와는 그 비중을 달리 한다. 왜냐하면 그녀는 이 극에서 가장 균형 잡힌 시각을 가진 인물로 등장하기 때문이다.

네일(Michael Neill)은 『오셀로』가 당대의 인종주의를 직접 반대하는 것은 아니지만 서구 문화에 뿌리 깊게 박혀 있는 "인종 편견적인 미신"을 들추어내고 있다고 주장하며(412), 바틀즈(Bartels)는 셰익스피어가 오셀로의 재현을 통해 "무어인에 대한 편견"과 "무어인에 대한 고정관념"을 의문시하고 있다고 주장한다(447). 그러나 오셀로가 "인종적 편견의 산물"이라는 점도 부인할 수 없다(Barthelemy 161). 비평가들은 셰익스피어가 당대의 지배적인 인종담론을 어느 정도까지 수용했느냐를 두고 서로 견해를 달리한다. 그러나 "흑인에 대한 고정관념"이 셰익스피어의 작품에도 드러나고 있다는 점에는 대체로 의견의 일치를 보이고 있다(Vaughan 63-65). 뉴먼(Newman)이 지적한 바와 같이 셰익스피어라는 작가도 당대의 지배적 담론인 인종차별담론으로부터 적지 않은 영향을 받았다. 그러나 작가가 무어인 오셀로를 주인공으로 삼았다는 점, 오셀로에 대한 데스데모나의 사랑과 당대의 사회적 규범을 어기고 오셀로와 결혼한 데스데모나를 동정적으로 그렸다는 점을 미루어 볼 때, 이 작품은 인종과 성에 관련된 당대의 지배 담론과 어느 정도 거리를 두고 있다(157).

III

이아고는 인종차별담론을 가장 적극적으로 구사하는 인물일 뿐만 아니라 여성혐오담론도 가장 거리낌 없이 구사하는 인물이다. 여성에 대한 그의 거의 모든 대사는 편견과 조롱으로 가득 차 있다고 해도 과언이 아니다. 이아고는 당시 잔여담론으로 존재하던 여성혐오담론을 반영하고 있을 뿐 아니라, 나아가 그는 점점 그 힘이 약화되고 있던 여성혐오담론을 다시 확대 생산해내는 역할을 수행한다(Wayne 154).

르네상스 후반기에는 여성에 대한 남성의 지배를 당연시하는 가부장제가 여전히 강력한 영향력을 발휘하고 있었고, 여성의 순종과 순결을 가장 큰 덕목으로 강조했다. 가부장제가 규정한 여성의 행동반경을 위반하는 행위, 즉 남성에 대한 불복종과 여성의 정욕은 곧 여성혐오담론으로 이어진다. 극 전반부에서 데스데모나는 아버지의 뜻을 거역하고 가부장제가 요구하는 틀로부터 벗어난 생각들을 서슴없이 주장하고, 이종결합을 금하는 당대의 지배적인 결혼 관습으로부터 이탈하여 자신의 의지에 따라 무어인과 결혼하는 강인함을 보여준다. 그러나 이는 가부장제의 규약을 위반하는 행위이고, 아버지 브러밴쇼의 분노를 사게 된다. 브러밴쇼의 분노가 그녀의 불복종을 향해 있다면, 이아고와 오셀로의 여성혐오는 여성의 정욕과 부정을 향해 있다.

이아고는 1막에서부터 여성혐오를 드러내지만 2막에 이르러 좀 더 집중적으로 여성혐오담론을 구사한다. 1막에서 인종차별담론이 지배적이라면, 2막에서는 여성혐오담론이 지배적이다. 2막 1장에서 캐시오가 남편을 따라 전쟁터에 온 데스데모나를 두고 과장된 찬사를 하고 에밀리어에게 키스할 때, 이아고는 아내인 에밀리어를 침실에서 끊임없이 "혓바닥을 놀려대는" 말괄량이로 비난하고, 다음과 같이 여성을 비하한다.

> 여자들이란 밖에 나오면 그림 속의 요조숙녀요,
> 거실에선 깨진 종소리요, 부엌에선 살쾡이지.
> 나쁜 짓을 하면서도 성자 같은 얼굴을 하고, 성이 나면 악마가 되고,
> 살림살이엔 게으르고, 침대에서는 부지런한 여편네들이지. (2.1.109-12)

데스데모나가 이 말에 대해 항의하자, 이아고는 "여자란 자리에서 일어나면 놀고, 잠자리에 들면 부지런히 일을 한다"(2.1.115)고 말하면서 여성에 대한 조롱을 멈추지 않는다. 이아고에 따르면 여성들은 무익한 존재이고, 수다스럽고, 게으르고, 음탕하다(Wayne 161). 여성에 대한 이아고의 이런 비난은 당시 널리 알려진 여성에 대한 공격이었고, 당대의 다음 속담 내용을 반영한다. "여성은 교회에서는 성자이고, 밖에서는 천사이며, 집안에서는 악마이다"(Tilley,

W702).

2막 1장에서 진행되는 데스데모나의 질문과 이아고의 답변에는 여성혐오적 대사가 계속 반복된다. 데스데모나가 자신을 어떻게 칭찬할 것인지를 이아고에게 묻자, 이아고는 "여자가 만약 아름답고 현명하며, 재색(才色)을 겸비하고 있으면,/ 아름다움은 써먹어야 하고, 재주는 그것을 이용하는 법"이라고 말한다(2.1.129-30). 이 말에 데스데모나가 "못생기고 재주가 없는 여자"는 어떡하느냐고 묻자, 이아고는 "아무리 못생기고 바보인 여자라도/ 아름답고 현명한 여자들이 하는 추잡한 짓거리를 하지 않는 여자는 없다"고 대답한다. 이아고는 이 극의 다른 남성인물들과 마찬가지로 여성을 개별적 존재로 인정하는 것이 아니라 일반적으로 동일한 존재로 간주한다(Neely 217). 이아고에게는 어떤 여성도 부정적으로 비칠 뿐이고, 아름다운 여자이든 추한 여자이든, 현명한 여자든 바보 같은 여자든 모두 음탕한 존재들이고 '창녀'이다.

데스데모나는 이아고의 비아냥거리는 말을 '선술집에서 바보나 웃기는 진부하고 낡아빠진 횡설수설'(2.1.138-39)로 받아 들이지만, 이는 여성을 성적 대상으로 비하하고, 여성들을 창녀로 비난하는 야비한 형태의 여성혐오담론이다(Wayne 163). 데스데모나가 "진정으로 칭찬 받아 마땅한 여인에 대해 어떻게 칭찬하겠느냐?"(2.1.144-45)고 묻자 이아고는 다음과 같이 대답한다. "생각이 깊어 결코 속마음은 털어놓지 않고,/ 꽁무니를 따라 다니는 사내들을 거들떠보지도 않는 여자./ 그런 여자야말로 정말 칭찬받아 마땅한 여자죠. 그런 여자가 있다면 말입니다"(2.1.156-58). 이아고의 비아냥거리는 어조를 두고 볼 때, 그는 그런 미덕을 갖춘 여자가 없다고 생각한다. 데스데모나가 그런 여자가 무슨 일을 하느냐고 묻자 이아고는 '멍청한 자식새끼에게 젖이나 빨리고 가계부나 쓰는 일'이라고 답한다(2.1.160). 즉 여성이 할 수 있는 최상의 일이 육아와 가사 일이라는 것이다. 이아고는 음탕하지 않은 여자야말로 칭찬 받아 마땅한 여자지만 그런 여자가 있을 지에 대해서는 회의적이다. 적어도 그의 눈에는 베니스의 모든 여성들은 음탕하다.

이아고는 또한 로더리고에게 데스데모나가 오셀로와 "재미를 본 뒤에 정욕이 식으면 다시 불길을 일으켜 새로 욕정을 만족시켜야 하는데, 그러기 위해서는 얼굴도 잘생기고, 젊고 거동과 풍채가 멋진 자가 필요"할 것이라고 말한다(2.1.226-30). 또한 이아고는 로더리고가 데스데모나를 천사 같은 성품을 지닌 여성이라고 했을 때 다음과 같이 반응한다.

> 천사 같다고, 무슨 말라비틀어진 소릴 하는 거요. 그녀가 마시는 포도주는 포도로 만들어 진 것이 아니란 말이오? 그녀가 천사 같은 여자라면 무어 놈 따위에게 반하지는 않았을 것이요. 성스런 얼간이 정도인 여자일 뿐이요. (2.1.251-53)

데스데모나는 남성들에 의해 천사와 창녀라는 이미지가 동시에 주어진다. 캐시오는 그녀를 천사처럼 이상화하여 극찬하지만 이아고는 그녀를 창녀라고 비난한다. 오셀로 역시 정조를 의심하기 전까지는 그녀를 천사처럼 생각한다. 그러나 이아고의 간계에 빠진 후 오셀로는 데스데모나의 '가상적' 불륜을 끊임없이 비난하며, 그녀를 두고 "창녀(whore)" 혹은 "갈보(strumpet)"라는 표현을 거침없이 내뱉는다. 이아고가 자신의 '부정직한' 말을 믿게 하는 능력과 수단은 교묘하기 이를 데 없다. 이아고의 눈에는 데스데모나를 포함해서 베니스의 모든 여성은 '창녀'이다. 3막 3장에서 질투심에 찬 오셀로에게 이아고는 "부인을 조심하라"고 말한 뒤, 모든 베니스 여성들은 음탕하다고 주장한다.

> 전 우리나라 사람들의 기질을 잘 알고 있습니다.

베니스에선 여자들이 남편들에게 감히 보여 줄 수 없는 못된 짓들을
하느님 앞에선 거리낌 없이 보여주지요. 여자들의 양심이란 기껏해야,
그 짓을 하지 않는 것이 아니라, 남이 모르도록 하는 것입니다.

(3.3.201-04)

여기서 주시할 것은 이아고의 여성혐오가 특정한 여성에게만 한정되어 있는 것이 아니라 그의 아내 에밀리어와 데스데모나를 포함한 전 베니스의 여성에게로 확대되어 적용되고 있다는 점이다. 신빙성이 없는 상상이긴 하지만 이아고는 그의 아내 에밀리어도 오셀로와 성적 관계를 맺고 있을 것이라고 말한다. 이아고는 여성혐오담론을 구사하면서 여성들을 일반화하고 여성들에 관한 불신을 증폭시키면서 타락한 존재로 격하시키고 있다(Stallybrass 135-36).

이제 이아고의 여성혐오는 오셀로에게 증폭되어 나타나기에 이른다. 이아고의 계략이 성공한 것이다. 오셀로는 3막 3장에서 "만약 데스데모나가, 내가 도저히 길들일 수 없는 매라면, … 바람을 가르며 날아가 제 운명대로 먹이를 찾을 수 있도록 하겠다"(260-63)고 하면서 다음과 같은 독백을 읊조린다.

그녀가 떠나간다고. 결국 난 배반당하겠지. 날 구하는 길은
그녀를 증오하는 것뿐이다. 아 저주스런 결혼이여!
아름다운 여자를 제 것이라고 큰소리치지만
그 욕정까지 제 것으로 만들 순 없단 말인가!
사랑하는 여자를 남들의 손아귀에 두고,
자신은 두꺼비가 되어 한 귀퉁이만을 지키며 처량하게 사느니,
차라리 토굴 속에서 습기나 마시며 사는 것이 낫겠다.
이건 지체 높은 자들이 하층민들보다 더 걸리기 쉬운 염병이야.
이건 또한 죽음처럼 우리가 피할 수 없는 운명이지.
바람피우는 아내를 둔 남자의 이마에 뿔이 돋는 재앙은

우리가 때어날 때부터 타고난 운명이란 말인가? (3.3.267-77)

이아고가 만들어낸 데스데모나의 가상적 불륜은 오셀로의 마음을 여지없이 흔들어 놓는다. 그리하여 오셀로는 바람피우는 아내로 인한 "이마에 뿔이 돋는 재앙"을 피하고 자신을 구하는 길이 "그녀를 증오하는 것뿐"이라고 생각한다. 여기서 "제 것"(ours), "남의 손아귀에 두고"(others'uses)란 용어에는 여성을 남성의 소유물로 간주하는 오셀로의 시각이 잘 드러나 있다. 그런데 이는 오셀로만의 시각이 아니다. 이아고를 위시한 당대 모든 남성들의 시각이다. 르네상스 사회에서 남편은 아내의 성에 대해 배타적인 소유권을 행사하고, 아내의 간통은 가부장제 사회의 강력한 위협으로 존재했다.

오셀로는 계속해서 이아고에게 "도둑을 맞아도(robb'd) 당사자가 도둑맞은(stol'n) 걸 모르고 있으면 알리지 않는 것이 좋다. 모르면 도둑맞지 않는 거나 마찬가지니까"(3.3.342-43)라고 말한다. 오셀로의 '것'인 데스데모나를 '남'이 '도둑질'한다는 의식에는 여성의 육체에 대한 남성의 소유의식이 잘 드러나 있다. 데스데모나는 정체성을 가진 한 인간이 아니라, 남성이 소유권을 가지고 있는 물건(thing)이며, 매처럼 길들여지는 존재이다. 오셀로는 데스데모나를 그녀의 아버지로부터 '도둑질'하였지만, 그녀에 대한 소유권을 영원히 지속할 수 없고, 남이 '도둑질'해 갈까봐 항상 불안하다. 그리하여 불안한 오셀로는 이아고의 덫에 쉽게 걸려들어 데스데모나의 정조를 의심하고 마침내 건잡을 수 없는 질투에 빠지게 된다. 질투에 사로잡힌 오셀로는 격렬한 언어를 구사한다. 3막 3장에서 손수건의 분실 이후 그는 데스데모나를 수없이 "음탕한 여자", "천하의 죽일 년", "천하의 매춘부," "베니스의 간교한 창녀", "갈보"라고 부르면서 온갖 욕설과 모욕을 퍼붓는다. 오셀로의 여성혐오와 비난의 결정적 단서를 제공해 주는 것은 손수건의 분실이다.

에밀리어가 데스데모나의 손수건을 주워 이아고에게 전달한 이후부터 데스데모나에 대한 소유권은 상징적으로 이아고에게 넘어간다. 이아고가 이 손수건을 오셀로에게 데스데모나의 부정의 증거로 제시하면서 오셀로와 데스데모나 양자를 지배할 수 있는 힘을 얻게 되기 때문이다. 손수건의 분실은 질투와 소유의식에 사로잡힌 오셀로에게 데스데모나의 부정의 결정적 증거로 작용하여 이후 오셀로는 데스데모나에게 극단적인 여성혐오적 발언을 서슴지 않는다 (Neely 229-30). 질투심에 사로잡힌 오셀로에게 이아고의 계략이 먹혀들어가 강력한 효력을 발생하게 된 것이다.

이아고는 계속해서 놀랄만한 말솜씨로 오셀로를 자극한다. 때로는 강하게 항변하면서, 때로는 맹세를 하면서 이아고는 데스데모나와 캐시오를 중상모략하고 오셀로를 질투로 몰아 넣는다. 성에 대해 냉소적인 이아고는 오셀로에게 "멍청한 구경꾼처럼 입을 헤벌리고 보시겠단 말씀입니까?/ 캐시오 녀석이 부인을 올라타고 헐떡거리는 것을 말입니다"(3.3.395-96)라고 말하면서 그를 자극한다. 그의 자극적인 말은 다음과 같이 이어진다.

> 정사를 벌이는 현장을 보시겠다는 것은 안 될 말씀입니다.
> 설사 두 사람이 염소처럼 색에 강하고,
> 원숭이처럼 음탕하고, 발정한 늑대처럼 음란하고,
> 술에 취한 바보처럼 멍청한 자라도 말입니다. (3.3.402-05)

이아고는 캐시오의 거짓 꿈 이야기를 오셀로가 믿게 만들어 데스데모나의 부정을 확신하도록 조종하고, 오셀로에게 끊임없이 베니스의 모든 여자가 창녀라는 점을 주입시켜, 마침내 오셀로는 이아고의 부정직한 모든 말을 신뢰하기에 이른다. 여성의 육체 위에 여성혐오담론을 새겨 넣는다는 관점에서 이아고와 오셀로는 분리된 인물이 아니며(Bodkin 245), 이아고의 여성혐오담론은 또한 오셀로에게 이전되어 나타난다. 이아고의 여성혐오는 근본적으로 자신의 성격으로부터 유발된 것이다. 모든 것을 비뚤게 보고, 모든 인간을 천하게 보는 이아고는 자신의 계략을 좀 더 편한 마음으로 실천하기 위해 베니스의 모든 여성을 비하하고 혐오한다고 할 수 있다. 그러나 오셀로의 여성혐오는 이아고의 경우와는 다르다. 그의 여성혐오는 데스데모나에 대한 그의 소유욕과 밀접한 관련성을 가지고 있다. 강한 애착을 가진 대상을 소유할 수 없을 경우 자신의 자존심이 상처받지 않기 위해 대상을 더욱 혐오하는 경우가 없지 않기 때문이다. 그러므로 여성혐오담론은 곧 "여성의 정조 파기에 대한 남성들의 두려움을 투사"하고 있다고도 볼 수 있다(Greene 28).

"겉으로 드러나 보이는 것과는 다른" 이아고는 은폐를 통해 자신이 뜻하는 바를 교묘하게 이룬다. 주변 상황을 순간적으로 적절하게 이용하는 이아고는 자신의 뜻대로 오셀로와 로드리고를 "당나귀 코를 꿰어 끌고 다니듯" 끌고 다닌다. 이아고는 에밀리어로부터 받은 데스데모나의 손수건을 캐시오의 거처에 떨어뜨려 놓고 함정을 파는데, 이아고는 이 손수건의 효과를 다음과 같이 확신한다. "공기처럼 가벼운 물건도 질투심에 불타는 놈에게는/ 성서만큼이나 효력이 있는 증거가 될 수 있어"(3.3.322-23).

주변의 인물들 모두 이아고를 "정직한 이아고"(honest Iago), "용감한 이아고"(bold Iago), "착한 이아고"(good Iago)라고 부르면서 이아고에게 기만당하고, 이아고는 '착하고' '정직한' 이아고로서 연기한다. 이 연기의 압권은 4막 1장에서 손수건을 이용하여 오셀로의 질투를 자극하여 그를 질투의 화신으로 몰아넣게 만드는 장면이다. 이아고의 손에 들어온 손수건은 오셀로의 질투를 더욱 더 부추겨 파멸에 이르게 하는데 대단히 유용하게 활용된다. 이아고는 '손수건'을 언급하면서 캐시오와 데스데모나의 가상의 불륜 현장을 다음과 같이 고해바친다. “만약 아무 일도 없었다면 그건 용서할 수 있는 과실이죠. 하지만 만약 제가 아내에게 손수건을 준다면…. … 그렇다면 그건 아내의 것이 되겠죠, 장군님. 아내 것이니, 아내가 그걸 어떤 다른 사내에게 줄 수도 있겠죠. … 여자의 정조라는 게 어디 눈에 보입니까? 정조를 잃어버리고도 자주 시치미를 떼곤 하죠. 하지만 그 손수건은…”(4.1.9-18).

여기서 손수건은 상징적으로 여성이 소중히 간직해야 하는 마력을 지닌 물건이며, 정조를 평가하는 잣대로 작용한다. 그리하여 데스데모나가 손수건을 잃어버렸을 때 그녀는 자신이 정숙하다는 것을 나타낼 수단을 상실한다.4) 또한 손수건은 이 손 저 손을 거치면서 남성에게 소유되고 통제되는 여성의 육체를 상징한다. 그리하여 손수건은 남성의 소유의식을 보여주는 역할을 하는 동시에 순결에 대한 남성의 과도한 집착을 보여주는 상징으로 작용한다. 당대의 문화에서 여성 최대의 미덕은 정조를 유지하는 것이었으며, 부정은 여성혐오를 유발하는 가장 큰 악덕으로 간주되었다.

데스데모나가 순결을 상실한 것이 아니었지만, 이아고의 조작을 통해 손수건의 상실은 순결의 상실을 의미하게 되었다. 그리하여 손수건의 분실을 알게 된 후 오셀로는 데스데모나에게 극단적인 발언을 퍼붓는다. 오셀로에게 여성의 순결은 하나의 강박 관념이고, 남성으로서의 그의 명예가 달려 있는 중요한 기표이다. 4막 2장에서 오셀로는 오쟁이진 남편으로 세상 사람들의 조롱거리가 되어야 하는 자신의 처지를 한탄한다. 부정한 데스데모나의 육체가 천한 피조물들이 알을 까는 장소라고 생각한 오셀로는 데스데모나에게 다음과 같이

4) Wayne 170-72쪽 참조. 부스(Linda Boose)는 오셀로가 데스데모나에게 준 딸기무늬 수놓인 손수건은 “눈으로 확인할 수 있는 오셀로와 데스데모나의 신방 침대보의 축소판”으로 여성의 처녀성을 확인하는 상징적 역할을 수행한다고 주장한다(“Othello's Handkerchief” 363).

폭언을 퍼붓는다.

> 오, 이 새하얀 종이는, 이 더없이 아름다운 책자는,
> 그 위에 '갈보'(whore)라고 쓰기 위해 만들어졌단 말인가?
> 무슨 죄를 범했느냐고? 죄를 범했고말고!
> 이 천하의 매춘부! 네 행실을 입 밖에 내기만 해도,
> 나의 두 뺨은 용광로의 불덩이처럼 달아올라,
> 수치심도 깡그리 타버려 재가 되어버려. 뭔 죄를 범했느냐고?
> 하늘도 코를 틀어막고, 달도 눈을 감게 될 것이다.
> 닥치는 대로 입 맞추는 음란한 바람조차도
> 대지의 깊은 굴속으로 은신하여
> 숨을 죽이고 귀를 막을 것이다. 무슨 죄를 범했느냐고?
> 뻔뻔스런 매춘부(impudent strumpet) 같으니라고! (4.2.71-81)

오셀로는 이아고가 꾸며낸 아내의 가상적 부정을 기정사실로 받아들여, "자신의 정절을 믿어 달라"는 데스데모나를 믿지 않는다. 자신의 아내 말보다 이아고의 말을 더 신뢰하게 되는 어리석음을 범하고 있는 것이다. 이아고의 덫에 걸린 오셀로는 이제 이아고 말투를 빌어 말하기 시작하고, 거친 여성혐오담론을 내뱉는다. 여기서 오셀로가 데스데모나의 가상적 간통을 두고 그녀를 묘사하는 단어들, 즉 '갈보,' '천하의 매춘부,' '뻔뻔스런 매춘부'(public commoner) 등의 단어들에는 오셀로의 여성혐오가 집약되어 있다(Wayne 169). 오셀로는 데스데모나의 육체를 '책' 또는 '새하얀 종이'로 비유하고, 그녀의 간통으로 인해 '갈보'라는 말이 거기에 쓰이게 되었다고 생각한다. 이아고와 마찬가지로 오셀로도 베니스의 모든 여자는 창녀라고 생각하며, 데스데모나도 베니스의 다른 음탕한 여자와 다를 바 없다고 생각한다. 이아고는 당대의 잔여담론이었

던 여성혐오담론을 그의 입을 통해 '반영'하는데 그치지 않고, 그 담론을 확대 재생산하여 오셀로라는 순진한 인물이 이아고 자신의 시각으로 여성을 보도록 만들고 있는 것이다.

IV

셰익스피어가 속했던 문화는 남성의 지배와 여성의 종속을 당연시했던 가부장제 문화였기 때문에 셰익스피어라는 남성 주체 역시 당대 가부장제의 소산물이다. 그러므로 여성에 대한 셰익스피어의 사고 역시 당대의 지배담론으로 작용하였고 여성의 종속을 강요하였던 가부장제와 무관하지는 않았을 것이다. 하지만 셰익스피어가 당대의 다른 남성 작가에 비해 비교적 진보적 태도를 취하고 있다는 점은 부인할 수 없는 사실이다. 셰익스피어는 여러 작품에서, 특히 희극에서, 재치 있는 여주인공들을 등장시켜 가부장제의 부정적 속성을 비판하고 있기 때문이다. 더군다나 셰익스피어는 극단적인 여성혐오담론을 구사하는 인물을 긍정적으로 평가하고 있지 않다. 『오셀로』에서 극단적인 여성혐오담론을 구사하는 인물인 이아고와 오셀로의 모습은 부정적으로 재현되고 있다.

셰익스피어는 『오셀로』에서 관객의 연민과 동정이 데스데모나라는 여성 인물에게 주어지도록 만든다. 나아가 이아고라는 인물의 여성혐오와 비난이 얼마나 근거 없는 것인가를 보여줌으로써, 남성중심 사고의 부정적 속성을 드러낸다. 남성들의 이러한 부정적 속성은 그들 자신을 그들이 타자로 배제하여 억압하는 여성보다 더 낳을게 없는 존재로 격하시킨다. 에밀리어는 이 극에서 가장 합리적인 인물로 평가되어 왔고 오셀로에 대한 그녀의 최종적인 평가는 셰익스피어의 평가와도 무관하지 않다. 셰익스피어가 여성혐오담론에 동조하는 입장을 취하고 있는 것은 아니다. 그는 여성혐오담론이라는 당대의 잔여 담론을 이아고와 오셀로를 통해 증폭시켜 보여주면서 이 시대 남성의 부정적 속성을 드러내 보여주고 있을 뿐이다. 그렇다면 인종차별담론은 어떠한가?

셰익스피어가 무어인에 대한 당대의 인종차별담론을 여과 없이 반영했던 것은 아니다. 그는 오셀로를 극단적으로 멸시하는 인종차별의 주범인 백인 이아고를 동정의 여지가 없는 가장 부정적인 인물로 그리고 있기 때문이다. 작가가 오셀로를 판단력이 부족한 단순한 인물로 재현하고 있지만, 그것은 어느 인종의 특정 인물만이 가질 수 있는 결함은 결코 아니다. 셰익스피어는 오셀로를 결코 악한이나 동정의 여지가 없는 사악한 인물로 제시하진 않았고 관객의 연민을 자아내는 인물로 구성하고 있다. 따라서 이 극은 셰익스피어 자신의 인종차별담론이 반영된 작품이라고도 할 수 없다. 인종차별주의 담론이 팽배하던 문화에서 셰익스피어 자신도 인종의 차이에 관해 관심을 갖고 있었던 것은 사실이지만, 『오셀로』가 당대의 인종차별담론을 여과 없이 반영하고 있는 텍스트는 아니다. 즉 인종 차이에 관한 당대의 지배적 담론과 셰익스피어의 입장에는 차이가 있다고 볼 수 있다.

인종의 차이에 대한 셰익스피어의 입장이 이아고라는 인물을 통해 전달되고 있는 것은 아니다. 즉 인종에 대한 작가의 관점과 극중 인물인 이아고의 관점은 일치하지 않는다. 도리어 셰익스피어는 이러한 인종차별담론을 거침없이 구사하는 이아고를 이 극에서 가장 악한 인물로 형상화한다. 셰익스피어는 인종적 타자를 멸시하는 이아고를 그가 야만인이고 괴물이라고 말하는 오셀로보다 더 야만적이고 악마적인 인물로 재현한다.

에밀리어의 대사로 막을 내리고 있는 이 극에서 여성혐오담론은 인종차별담론만큼 강력하게 작용하고 있는 것은 아니다. 이 작품에서 인종차별담론에 대한 대항 담론은 찾아 볼 수 없지만, 여성혐오담론에 대한 대항 담론을 에밀리어를 통해 볼 수 있기 때문이다. 이 작품에서 이아고와 오셀로에 의해 여성혐오담론이 구사되고 있긴 해도, 이는 인종차별담론만큼 강력하게 작용하고 있는 것은 아니다. 캐시오를 제외한 거의 주요 등장인물들이 인종차별담론을 구사하고 이에 동조하지만, 여성혐오담론은 주로 이아고와 오셀로를 통해 제한적으로 실행되고 있기 때문이다. 그러므로 이 작품에서 인종차별의 문제는 여성차별의 문제보다 한층 더 심각하게 작용한다. 동일 문화 내에서 남녀 간에 파생하는 성차별담론은 타 문화의 인종이 다른 타자에게 부과된 차별담론만큼 심각한 것은 아니라는 말이다. 『오셀로』에서 성(性)의 문제는 인종의 문제만큼 심각한 것은 아니며, 이 작품을 보다 비극적으로 만드는 것은 성차의 문제가 아니라 인종의 차이로부터 발생하는 문제이다. 오셀로가 만약 백인이었다면 이아고의 계략이 이 작품에서 볼 수 있는 효과적인 방식으로 작용하진 못했을 것이고, 극은 다른 방식으로 진행되었을 것이다.

■ 인용문헌

박두현. "'Mine own gain'd knowledge': 자기지식과 불확실성의 문제—이아고를 중심으로." *Shakespeare Review* 42.1 (2006): 5-22.

최영주. "『오셀로』에 반영된 초기 근대 사회의 '계급·인종·성'의 담론." 『영어영문학』 45.1 (1999): 75-96.

Adelman, Janet. "Iago's Alter Ego: Race as Projection in *Othello*." *SQ* 48 (1997): 125-44.

Bartels, Emily C. "Making More of the Moor: Aaron, Othello, and Renaissance Refashionings of Race." *SQ* 41 (1990): 433-54.

Barthelemy, Anthony. *Black Face Maligned Race: The Representation of Blacks in English Drama from Shakespeare to Southerne*. Baton Rouge: Louisiana State UP, 1987.

Bodkin, Maude. *Archetypal Patten in Poetry*. Oxford: Oxford UP, 1934.

Boose, Linda. "Othello's Handkerchief: The Recognizance and Pledge of Love." ELR 5 (1975): 355-64.

____. "The Getting of a Lawful Race." *Women, Race, and Writing in the Early Modern Period*. Eds. M. Hendricks and P. Parker. London: Routledge, 1994. 35-54.

Bradley, A. C. *Shakespearean Tragedy: Lectures on Hamlet, Othello, King Lear, Macbeth*. 1904. 3rd ed. London: Macmillan, 1992.

Drakakis, John. "The Engendering of Toads." *Shakespeare Jahrbuch* 124 (1998): 62-80.

Evans, K. W. "The Racial Factor in *Othello*." *Shakespeare Studies* 5 (1969): 124-40.

Empson, William. "Honest in *Othello*." *The Structure of Complex Word*. Cambridge: Harvard UP, 1951. 218-49.

Greenblatt, Stephen. *Renaissance Self-Fashioning*: *From More to Shakespeare*.

Chicago: U of Chicago P, 1980.

Greene, Gayle. "This that you call love: Sexual and Social Tragedy in *Othello*." *Journal of Women's Studies in Literature* 1.1 (1979): 16-32.

Hendricks, Margo. "'The Moor of Venice,' or the Italian on the Renaissance English Stage." *Shakespeare Tragedy and Gender*. Eds. S. N. Garner and M. Sprengnether. Bloomington: Indiana UP, 1996. 193-209.

Hunter, G. K. "*Othello* and Colour Prejudice." *Dramatic Identities and Cultural Tradition*. Ed. G. K. Hunter. Liverpool: Liverpool UP, 1978. 31-59.

Jordan, Winthrop. *White Over Black: American Attitudes Toward the Negro, 1550-1812*. Chapel Hill: U of North Carolina P, 1968.

Lee, Kyung-Won. "Othello 'the Noble Moor' and a Postcolonioal Re-reading of Shakespearean Ambivalence." *English Language and Literature* 45.4 (1999): 969-89.

Neill, Michael. "Unproper Beds: Race, Adultery, and the Hideous in *Othello*." *SQ* 40 (1989): 383-412.

Nicoll, Allardvce. *Studies in Shakespeare*. Leonatrd & Virginia Woolf, 1927.

Neely, Carol T. "Women and Men in *Othello*." *The Woman's Part: Feminist Criticism of Shakespeare*. Eds. C. R. Swift Lenz, Gayle Greene, and C. T. Neely. Chicago: U of Illinois P, 1980. 211-39.

Newman, Karen. "'And Wash the Ethiop White': Feminity and the Monstrous in *Othello*." *Shakespeare Reproduced: The Text in History and Ideology*. Ed. J. E. Howard and M. F. O'Connor. New York: Methuen. 1987. 143-62.

Sanders, Norman, ed. "Introduction." *Othello*. By W. Shakespeare. New Cambridge Shakespeare. Cambridge: Cambridge UP, 1984. 1-51.

Stallybrass, Peter. "Patriarchal Territories: The Body Enclosed." *Rewriting the Renaissance: the Discourse of Sexual Difference in Early Modern Europe*. Eds. M. W. Ferguson et al. Chicago: U of Chicago P, 1986.

123-42.

Tilley, M. P. *A Dictionary of the Proverbs in England in the 16th and 17th Centuries*. New York: AMS P, 1950.

Vaughan, V. M. *Othello: A Contextual History*. Cambridge: Cambridge UP, 1994.

Wayne, Valerie. "Historical Differences: Misogyny and *Othello*." *The Matter of Difference: Materialist Feminist Criticism of Shakespeare*. Ed. Valerie Wayne. Ithaca: Cornell UP, 1991. 153-80.

■ 작품인용 원문

(1.1.58-65) In following him, I follow but myself;/ Heaven is my judge, not I for love and duty,/ But seeming so, for my peculiar end;/ For when my outward action doth demonstrate/ The native act and figure of my heart/ In compliment extern, 'tis not long after/ But I will wear my heart upon my sleeve/ For daws to peck at: I am not what I am.

(1.3.319-32) Virtue! a fig! 'tis in ourselves that we are thus or thus. Our bodies are our gardens, to the which our wills are gardeners; so that if we will plant nettles or sow lettuce, set hyssop and weed up [tine], supply it with one gender of herbs or distract it with many, either to have it sterile with idleness or manur'd with industry—why, the power and corrigible authority of this lies in our wills. If the [beam] of our lives had not one scale of reason to poise another of sensuality, the blood and baseness of our natures would conduct us to most prepost'rous conclusions. But we have reason to cool our raging motions, our carnal stings, [our] unbitted lusts; whereof I take this that you call love to be a sect or scion.

(1.3.395-404) After some time to abuse Othello's [ear]/ That he is too familiar with his wife./ He hath a person and a smooth dispose/ To be suspected—fram'd to make women false./ The Moor is of a free and open nature,/ That thinks men honest that but seem to be so,/ And will as tenderly be led by the nose/ As asses are./ I have 't. It is engendered. Hell and night/ Must bring this monstrous birth to the world's light.

(1.3.341-58) It cannot be that Desdemona should long continue her love to the Moor. … These Moors are changeable in their wills — fill thy purse with money. … She must change for youth; when she is sated with his body, she will find the error of her choice. [She must have change, she must;] therefore put money in thy purse. … If sanctimony and a frail vow betwixt an erring barbarian and [a] super-subtle Venetian be not too hard for my wits and all the tribe of hell, thou shalt enjoy her; therefore make money.

(2.1.225-33) Her eye must be fed; and what delight shall she have to look on the devil? When the blood is made dull with the act of sport, there should be, [again] to inflame it and to give satiety a fresh appetite, loveliness in favour, sympathy in years, manners and beauties—all which the Moor is defective in. Now, for want of these requir'd conveniences, her delicate tenderness will find itself abus'd, begin to heave the gorge, disrelish and abhor the Moor.

(1.1.86-91) ['Zounds,] sir, y' are robb'd! For shame, put on your gown;/ Your heart is burst, you have lost half your soul;/ Even now, now, very now, an old black ram/ Is tupping your white ewe. Arise, arise!/ Awake the snorting citizens with the bell,/ Or else the devil will make a grandsire of you.

(1.1.109-13) We come to do you service, and you think we are ruffians, you'll have your daughter cover'd with a Barbary horse; you'll have your nephews neigh to you; you'll have coursers for cousins, and gennets for germans.

(2.3.356-61) I'll pour this pestilence into his ear—/ That she repeals him for her body's lust,/ And by how much she strives to do him good,/ She shall undo her credit with the Moor./ So will I turn her virtue into pitch,/ And out of her own goodness make the net/ That shall enmesh them all.

(3.3.229-38) Not to affect many proposed matches/ Of her own clime, complexion, and degree,/ Whereto we see in all things nature tends—/ Foh, one may smell in such a will most rank,/ Foul disproportion, thoughts unnatural./ ··· Distinctly speak of her, though I may fear/ Her will, recoiling to her better judgment,/ May fall to match you with her country forms,/ And happily repent.

(2.1.109-12) You are pictures out [a' doors],/ Bells in your parlors, wild-cats in your kitchens,/ Saints m your injuries, devils being offended,/ Players in your housewifery, and housewives in your beds.

(2.1.251-53) Blessed fig's-end! the wine she drinks is made of grapes. If she had been bless'd, she would never have lov'd the Moor. Blessed pudding!

(3.3.201-04) I know our country disposition well:/ In Venice they do let [God] see the pranks/ They dare not show their husbands; their best conscience/ Is not to leave't undone, but keep't unknown.

(3.3.267-77) She's gone. I am abus'd, and my relief/ Must be to loathe her. O curse of marriage!/ That we can call these delicate creatures ours,/ And not their appetities! I had rather be a toad,/ And live upon the vapour of a dungeon/ Than keep a corner in the thing I love/ For others' uses. Yet 'tis the plague [of] great ones,/ Prerogativ'd are they less than the base;/ 'Tis destiny unshunnable, like death./ Even then this forked plague is fated to us/ When we do quicken.

(3.3.402-05) It is impossible you should see this,/ Were they as prime as goats, as hot as monkeys,/ As salt as wolves in pride, and fools as gross/ As ignorance made drunk.

(4.2.71-81) Was this fair paper, this most goodly book,/ Made to write "whore" upon? What committed?/ Committed? O thou public commoner,/ I should make very forges of my cheeks,/ That would to cinders burn up modesty,/ Did I but speak thy deeds. What committed?/ Heaven stops the nose at it, and the moon winks,/ The bawdy wind, that kisses all it meets,/ Is hush'd within the hollow mine of earth,/ And will not hear't. What committed?/ [Impudent strumpet!]

5. 『타이터스 앤드로니커스』: 인종담론과 여성의 성욕

셰익스피어의 첫 비극 『타이터스 안드로니커스』(*Titus Andronicus*)는 선정적이고 폭력이 난무하는 잔혹극으로, 문명과 야만의 경계가 무엇인지를 의문시하는 작품이다. 이 작품은 로마와 고트족(the Goths)간의 전쟁, 로마의 승리와 타이터스(Titus)의 귀환, 전사한 타이터스 아들들의 영혼을 달래기 위한 진혼제, 공석인 황제자리를 둘러싼 선황제의 장남과 차남의 다툼, 이로 인한 로마의 정치적 무질서를 보여주면서 시작한다. 『타이터스 안드로니커스』는 로마라는 국가의 수장인 황제와 앤드로니커스 가문의 수장인 타이터스 주변의 사건을 다루고 있지만, 로마 가부장의 영광을 재현하는 극이 아니다. 도리어 로마 정치에 내포된 '야만성'을 드러내면서 가부장제의 가치가 훼손되고 와해되는 과정을 그리고 있는데, 이 과정에서 인종의 차이와 여성의 섹슈얼리티가 중요한 쟁점으로 부각되고 있다.

인종과 인종차별담론에 내포된 문제는 주로 무어인으로 검은 피부를 가진 아론(Aaron)과 관련되어 있으며, 여성의 섹슈얼리티와 정숙에 관한 문제는 고트족의 여왕으로 포로로 끌려와 로마의 황후가 된 타모라(Tamora)와 타이터스의 딸 라비니아(Lavinia)와 관련되어 제시되고 있다. 그리고 타모라가 아론과 성적 유희를 즐기면서 인종문제와 여성의 섹슈얼리티가 함의하는 문제가 복합적으로 제시되고 있다. 섹슈얼리티를 마음껏 발산하는 타모라와는 달리 정숙한 라비니아는 로마의 '귀한 보물'로 재현된다. 아버지 타이터스를 위시한 새터나이너스(Saturninus)와 배시아너스(Bassianus) 등의 남성들에게 교환의 대상으로 존재하고, 타모라의 자식들에게 강간을 당하고 신체 절단을 당한 후 침묵하는 라비니아는 가부장제의 폭력과 모순을 비추는 거울로 작용한다. 무어인인 아론은 악마, 야만인, 노예, 깜둥이, 야수, 흉측한 악당, 새까만 개, 시커먼 까마귀 등으로 묘사되고 있다. 아론의 검은 피부에 투사된 극중 인물들의 인종적 편견은 사실 검은 색을 야만성과 "죄와 죽음"을 함의하는 색으로 받아 들였던 엘리자베스 시대 영국인들의 인종적 편견과 그리 다르지 않다(Jordan 4; Vaughan 52). 그러나 고귀한 로마인과 야만적인 무어인이라는 이분법의 경계는 흐려지고 있다. 텍스트에는 '고귀한' 로마인의 잔인성과 야만성 또한 드러나고 있기 때문이다.

I

『타이터스 안드로니커스』는 공석인 로마의 황제 자리를 놓고 선황제의 형제 사이에 진행되고 있는 정치적 갈등으로 시작된다. 선황제의 장남인 새터나이너스와 차남인 배시아너스는 서로 자신이 황제의 자리에 오르는 것이 정당하다고 역설한다. 장남인 새터나이너스가 장자세습의 정당성을 역설하는 이 장면에 이어, 마커스(Marcus)는 고트족과의 전쟁을 승리로 이끌고 개선하는 자신의 형 타이터스가 "머리 없는 로마에 머리"(a head on headless Rome, 1.1.186)를 달아주기를 기대하면서 그를 황제 후보자로 추대한다. 그러나 타이터스는 늙은 자신이 아니라 "영광스런 몸체에 보다 나은 머리"(a better head her glorious body, 1.1.187)가 어울릴 것이라고 하면서 이 제안을 사양한다. 황제가 공석인 로마를 머리 없는 로마라고 지칭하는 마커스의 언급은 국가 전체를 몸체로 그 수장을 머리로 간주하는 정치적 개념을 드러내고, 은연중에 황제를 한 국가의 아버지처럼 간주하는 가부장제의 전제를 드러낸다. 인물로만 볼 경우 선황제의 차남인 배시아너스가 더 황제 자리에 적합한 인물임에도 불구하고 타이터스는 마침내 장남인 새터나이너스를 황제로 추대하고 지지하는데, 이는 근본적으로 가부장적 사고에 기초한 발상이다.

코트족의 여왕으로 로마에 포로로 끌려와 로마황제 새터나이너스의 황후가 된 타모라는, 황제와의 결혼식 다음 날에도 사냥터에서 자신의 하인인 아론과 성적인 유희를 즐기면서 위험한 섹슈얼리티를 발산한다. 이 둘의 관계를 통해 텍스트는 인종문제와 여성의 섹슈얼리티가 함의하는 문제를 복합적으로 제시한다. 무어인 아론은 로마에 끌려오기 전부터 그녀와 성적 관계를 맺었던 인물이다. 고트족 여성 타모라와 무어인 아론의 결합은 위험한 섹슈얼리티와 야만적인 인종성의 결합을 의미한다. 이러한 혼종결합이 로마 백인 가부장사회에 균열을 가하는 전복적인 요소로 작용함은 말할 나위가 없다. 사냥터에서 타모라와 아론이 일탈적 유희를 즐기고 있음을 짐작한 황제의 동생 배시아너스는 2막 3장에서 타모라에게 무어인에 대한 인종차별담론과 여성의 섹슈얼리티에 대한 우려와 조롱을 다음과 같은 대사에 여과 없이 드러낸다.

황후, 당신의 저 시커먼 몰골을 한 흑인은
당신의 명예를 온통 놈의 몸뚱이 빛깔로 물들여
더럽고, 구역질나고, 가증스런 것으로 만들고 있소.
뭣 때문에 당신은 다른 모든 수행원들과 떨어져
눈처럼 흰 당신의 그 훌륭한 말에서 내려 와,
저 야만적인 무어 한 놈만을 데리고
여기 이 인적 드문 곳을 배회하고 있단 말이오.
만약 추악한 욕정이 당신을 이리로 끌고 온 게 아니라면? (2.3.72-79)

야만인 무어의 검은 육신을 "더럽고, 구역질나고, 가증스러운"(Spotted, detested, and abominable) 육신이라고 말하는 로마인 배시아너스의 대사에는 흑인에게 주어진 인종차별담론이 깊이 배어있다. "눈처럼 흰 당신의 그 훌륭한 말"(snow-white goodly steed)이란 백인 황제인 새터나이터스를 지시하는 것으로 간주할 수 있다. 배시아너스는 로마황후의 몸으로 "야만적인 무어인"(a barbarous Moor) 노예의 시꺼먼 몸뚱이를 탐하는 타모라의 추악한 욕정을 탄핵한다. 타모라의 명예가 시커먼 무어인의 몸뚱이 색깔에 물들어 더러워질 것이라는 경고에는 순수한 로마 혹은 로마화된 타모라의 하얀 육신이 검은 야만인에게 강간당하는 것처럼 느끼는 심리가 드러나 있고, 도저히 받아들일 수 없는 혼종결합에 대한 두려움이 배어있다(Little Jr. 65). 이어지는 라비니아의 대사에도 인종차별담론과 타모라의 추악한 욕정에 대한 조롱이 담겨 있다.

그리고 한창 재미를 보고 있는데 방해를 받게 되니
제 고귀한 주인을 무례하다고 꾸짖을 만도 합니다.
배시아너스, 제발 이곳을 빠져 나갑시다.

그녀가 까마귀 색깔을 한 애인과의 유희를 즐길 수 있도록.
이 계곡은 그런 짓을 하기에 아주 적당한 곳 같아요. (2.3.80-84)

라비니아는 아론을 "까마귀 색깔을 한 애인"(raven-coloured love)이라고 폄하하고, 그 새까만 무어와 성적 유희를 즐기는 타모라를 경멸한다. 배시아너스와 라비니아 대사 모두에 타모라의 섹슈얼리티에 대한 조롱과 흑인에 대한 인종차별이 깊이 아로새겨져 있다. 배시아너스가 흑인에 대한 인종차별에 좀 더 기울어져 있다면, 타이터스의 정숙한 딸 라비니아는 그 흑인과 놀아나는 타모라의 일탈적 섹슈얼리티를 두고 좀 더 예민하게 반응한다. 어쨌든 혼외정사를 통해 통제되지 않는 욕망을 발산하는 타모라의 행동은 여성의 정조를 강조하고 여성을 아버지와 남편에게 종속되도록 규정하는 로마의 가부장적 질서를 심각하게 위협한다(Loomba 86).

라비니아에게 조롱을 당하기 전부터 타모라는 로마의 전쟁영웅 타이터스에게 적개심을 품고 있다. 포로로 잡혀온 자신의 아들 알라부스(Alarbus)를 살려달라는 타모라의 청을 타이터스가 거부했기 때문이다. 전쟁에서 25명의 아들 중 21명을 잃은 타이터스는 전사한 아들들의 시신을 담은 관을 앞세우고 로마에 등장해 진혼제를 거행한다. 타이터스가 이 진혼제에서 포로인 타모라의 장남 알라부스를 제물로 바치려 하자, 타모라는 무릎을 꿇고 다음과 같이 탄원한다.

기다려요, 로마의 형제들이여! 자비로운 정복자여,
승리한 타이터스 장군이여, 제가 흘리는 눈물을
사랑하는 아들을 위해 어미가 흘리는 눈물을 가엾게 여기소서.
장군의 아들들이 장군에게 소중한 존재이듯이
제 아들도 저에게는 한없이 소중한 존재임을 유념하소서.

[....]
조국의 대의명분을 위해 용감하게 싸웠다고
제 아들들이 이 길거리에서 도륙당해야 하나요?
당신들에게 왕과 조국을 위해 싸우는 게 충성이라면,
그것은 우리들에게도 마찬가지랍니다. (1.1.107-15)

타모라는 국가에 대한 충성과 자식에 대한 부모의 사랑을 두고서는 로마인과 고트인이 다르지 않다고 하면서 타이터스에게 자비를 베풀어 달라고 탄원한다. 그러나 타이터스는 대의명분에 관한 로마인과 고트인이 유사성을 인정하지 않고, 전사한 아들들의 영혼을 달래기 위해 알라부스의 희생은 불가피하다고 냉정하게 말한다. 타모라의 탄원에도 불구하고 타이터스는 마침내 타모라의 장남을 진혼제의 제물로 바치게 한다. 타모라의 복수 동기가 구체화되는 지점이다. 타이터스의 장남 루시어스(Lucius)는 알라부스를 제물로 바쳐 불태우게 되는데, 이는 타이터스에 대한 복수의 시발점으로 작용하고 계속 이어지는 피비린내 나는 살인을 통해 복수의 악순환을 촉발하는 사건이다(Molly E. Smith 330).

타모라의 아들 카이론(Chiron)은 "스키타이인(Scythia)도 그 야만성에 있어서는 로마인의 절반에도 미치지 못할 것"(1.1.131)이라고 외치면서 타모라에게 복수의 기회를 노리면서 참으라고 위로한다. 타이터스는 처음 등장할 때 명예와 미덕의 화신으로 제시되고 있다. 그러나 타이터스는 아들을 살려달라고 애원하는 타모라의 청을 거절했을 때 보여준 냉혹하고 잔인한 태도를 라비니아를 새터나이너스에게 돌려주기를 거부하는 자신의 아들 뮤티어스(Mutius)를 죽이는 장면에서 다시 한 번 유감없이 보여주는데, 이는 로마인들이 미화하고 있는 로마의 가치관에 내재된 문제점을 드러낸다(Liebler 275).

타이터스는 오랜 전쟁을 승리로 이끌고, 고트족을 포로로 삼아 로마에 개선장군으로 등장한다. 이 작품의 초반부는 타이터스를 로마의 명예와 미덕을 체화한 전쟁영웅으로 재현한다. 타이터스라는 인물에 투사된 명예, 고결성, 정직성, 영웅적 미덕 등은 로마 남성의 이상과 연결된 덕목들이다(Bruce R. Smith 41). 여기서 타이터스가 대변하는 로마인의 고결성과 영웅적 남성성은 인종적 타자 아론의 야만성과 성적 타자 타모라의 섹슈얼리티와 대립되며, 아론과 타모라는 로마의 영웅이 로마의 문명과 질서를 회복하기 위해 제거해야하는 야만적 타자이다(Lee 861). 로마인들은 무어인 아론과 코트족 타모라를 야만인이라고 비난한다. 그러나 텍스트가 이들의 야만성만을 투사하는 것은 아니다. 텍스트는 소위 '문명인'이란 로마인의 야만성을 드러내면서 문명과 야만의 경계를 흐리게 한다.

앤드로니커스라는 로마 가문의 가부장인 타이터스는 가문의 명예와 영광에 너무 집착한다. 이로 인해 그는 자식들에게 절대 복종을 강요하고 어떤 경우에도 불복종을 허용하지 않는다. 그리하여 황제의 동생과 손을 잡고 라비니아를 황제에게 돌려주기를 거부하는 막내아들 뮤티어스를 반역자로 규정하고 그를 가차 없이 죽여 버린다. 가문의 명예를 지킨다는 명분에 집착해 자식을 살해하는 타이터스의 잔인성과 폭력성이 여과 없이 드러나는 지점이다. 그런데 이는 국가에 대한 충성과 명예라는 개념으로 미화된 '야만성'에 다름 아니다. 로마인들은 고트인의 문화를 로마 문화가 통제해야 할 미개하고 야만적인 문화로 규정한다. 그러나 이 지점에서 로마인은 고트족 못지않게 야만적이고 폭력적이며, 문명과 야만의 이분법적 구도는 깨어진다(Kahn, Roman 47).

뮤티어스가 "라비니어를 지킨다는 대의를 위해 명예롭게 죽었다"고 믿는 타이터스의 동생 마커스는 타이터스에게 "당신은 로마인이니 야만인처럼 행동하지" 말라고 호소한다(1.1.376-78). 그의 호소는 여전히 로마문화가 야만적인 고트족이나 무어인의 문화와 차별성을 유지하고 있다는 믿음에 기초를 두고 있지만, 이는 더 이상 의미 있는 말이 아니다. 타이터스가 자식을 죽이는 이 장면은 로마의 미덕에 지나치게 집착하면 이 역시 악으로 전락할 수 있다는 것을 보여주는 장면이다(Miola 50). 로마인들은 고트족이나 무어인들만큼이나 잔인하고 폭력적이며 야만적이기 때문이다. 야만인과의 차이를 유지하려는 로마인의 욕망은 명예로운 로마인으로서의 동질성을 확보하려는 노력에 다름 아니다(Habib 94). 그러나 그런 욕망은 쉽게 이루어지지 않는다. 초반부의 타이터스는 명예로운 영웅의 모습을 드러내지만 시간이 지날수록 그는 점점 더 야만적인 폭력성을 드러낸다. 타이터스의 잔인성은 후에 엽기적인 복수 장면에, 그리고 정조를 유린당한 자신의 딸 라비니아를 죽이는 행동에 다시 드러나고 있다.

II

타모라와 라비니아에 관련된 성담론을 구체적으로 논의하기에 앞서, 먼저 이 두 인물을 둘러싼 정황을 살펴보는 것이 순서일 것이다. 로마제국의 새로운 통치자가 된 새터나이너스는 가부장의 미덕을 갖추지 못한 나약하고 타락한 인물이다. 타이터스의 도움으로 황제가 될 수 있었던 새터나이너스는 그의 딸인 “라비니아를 황후로 맞아들이겠다”(1.1.240)고 제안한다. 라비니아는 아버지 타이터스에게 절대 복종하는 순결하고 정숙한 처녀이고, 새터나이너스의 동생인 배시아너스를 사랑한다. 그러나 아버지의 명에 따라 타이터스의 지지를 얻기 위해 새터나이너스가 제시하는 황후 자리를 수락한다. 여기서 라비니아는 국가의 가부장인 황제와 앤드로니커스 가문의 가부장인 타이터스 사이에서 정략적인 교환의 대상으로 전락한 인물이다. 그러나 라비니아를 사랑하는 배시아너스는 그녀를 포기하지 않는다.

새터나이너스는 타이터스를 배반하며, 타이터스를 두고 타모라와 그녀의 정부 아론이 꾸민 음모를 방조하며, 타이터스의 두 아들을 재판도 열지 않고 사형에 처하고 타이터스의 장남 루시어스를 추방한다. 그는 신의를 저버리고 권력을 남용하며 부도덕한 행동으로 로마의 명예에 먹칠을 한 사악한 통치자이다. 새터나이너스는 전쟁포로로 인계받은 고트족 여왕 타모라를 보자마자 그녀의 미모에 반한다. 타모라에게 끌린 그는 자신의 동생 배시아너스가 라비니아를 자신의 약혼녀라 밝히자, 황후로 라비니아 대신 타모라를 택한다. 황제는 타모라를 "로마의 가장 아름다운 여인들조차 무색케 하는 아름다운" 여성이라고 치켜세우면서 그녀를 로마제국의 황후로 삼으려고 한다(1.1.317-20). 타모라가 이미 장성한 두 아들을 가진 나이든 여성임에도 불구하고 그녀는 새터나이너스에게 어떤 로마 여인도 견줄 수 없는 가장 아름다운 여성으로 보인다. 요부로서의 타모라의 면모는 그녀의 다음 대사에 잘 드러난다.

> 새터나이너스 폐하께서 고트족 여왕의 지위를 높여주시면
> 하늘이 보이는 이곳에서 로마 시민들에게 맹세합니다.
> 저는 폐하의 뜻을 받드는 시녀가 되고, 젊은 폐하께
> 애정 어린 유모이자 어머니의 역할을 다하겠습니다. (1.1.329-32)

여기서 타모라는 황제의 뜻의 받드는 시녀의 역할과 애정 어린 유모이자 어머니의 역할을 수행하겠다고 선언한다. 그러나 이후 타모라는 새터나이너스의 뜻을 받드는 시녀로 행동하는 것이 아니라, 그를 부리는 주인으로 행세한다. 그녀는 새터나이너스를 지시하는 어머니처럼 행동하고 젊은 그를 미숙한 아이로 보고 보살피고 키우는 유모처럼 행동한다. 황후가 되는 순간 타모라의 신분

은 확연하게 달라진다. 포로로 잡혀온 고트족의 여왕이 아니라 정복자 로마의 황제를 손아귀에 쥐고 마음대로 조종하는 승리자로 변모한다. 로마에 포로로 끌려 왔지만 타모라는 사랑의 전쟁에서 승리한 셈이고, 그 승리의 기반은 자신의 섹슈얼리티이다. 타모라는 자신의 섹슈얼리티를 통해 로마의 남성 새터나이너스를 지배하고 궁극적으로는 로마의 정체성에 위협을 가한다.

로마에 패전한 고트인의 여왕이었던 타모라가 로마를 증오하는 것은 당연하다. 그녀는 포로로 끌려와 거리에서 수치를 당했다. 또한 장남인 알라버스의 목숨을 구하기 위해 무릎을 꿇고 타이터스에게 빌었지만 거부당했다. 일국의 여왕으로 그리고 어머니로서 그녀가 당한 수치와 좌절감은 쉽게 잊힐 성질의 것이 아니다. 황후가 된 직후 타모라는 황제에게 다음과 같이 말한다. "제 아들을 살려 달라고 간청하였는데도, 죽이게 한 잔혹한 아비와 역적인 아들들도 죽여 버리겠습니다. 일국의 여왕이 거리에서 무릎을 꿇고 간청한 것을 들어주지 않은 대가가 뭔지를 알게 하겠어요"(1.1.452-55). 수치를 수치로 되갚겠다는 타모라의 복수 의지를 강렬하게 드러내고 있는 대사이다. 그러나 타모라는 이런 마음을 숨기고, 도리어 자신이 황제와 귀족들의 갈등을 해소시키는데 기여하겠다고 나선다.

> 타이터스 장군, 나는 로마의 일원이 되었어요.
> 이젠 행복하게 귀화한 로마인이랍니다.
> 그러니 황제폐하께 이롭도록 조언하겠어요.
> 오늘로써 모든 분쟁은 사라졌어요, 앤드로니커스.
> 그러니 폐하, 저로 하여금 폐하와 벗들을
> 화해시켰다는 영예를 누릴 수 있게 해주세요. (1.1.462-67)

전쟁 포로로 끌려온 고트족 여왕 타모라는 자신이 로마에 귀화한 로마인이 되었다고 언명한다. 로마 문화를 받아들여 로마인으로 동화되기를 원한다는 말이다. 그러나 이는 가장이다. 그녀의 말과는 달리 타모라는 이후 황제와 타이터스의 갈등을 해소하기는커녕 불화를 조장하고, 타이터스에 대한 복수 계획을 구체적으로 옮겨 로마의 질서를 유린한다. 또한 그녀는 황제와의 결혼 이후에도 아론과의 성적인 유희를 통해 위험한 섹슈얼리티를 발산하면서 로마의 가부장제를 위협하고 남성중심의 가치관을 조롱한다(Green 321). 로마에 끌려오기 전부터 아론과 성적 관계를 맺었던 타모라는 사냥터에서 아론을 은밀하게 만나 다음과 같이 말한다.

> 사랑하는 아론, 뭣 때문에 슬픈 표정을 짓고 있소.
> 모든 일이 기쁨으로 충만해 있는데?
> [....]
> 방랑하는 왕자와 디도가 갑자기 운 좋은 폭풍을 만나,
> 아무도 모르는 동굴의 장막 뒤에 숨어,
> 그 옛날 즐겼을 것으로 생각되는 그런 사랑의 유희를
> 서로의 품속에 안겨서 즐기고, 우리의 놀이가
> 다 끝나면 황금처럼 귀한 잠을 음미하도록 합시다. (2.3.10-26)

타모라는 자신을 카르타고의 여왕 디도(Dido)로 아론을 아이네아스(Aeneas)로 비유하고 "아무도 모르는 동굴"이란 용어를 구사하면서 은밀하게 성적인 유희를 즐긴다. 아론에 대한 타모라의 사랑 표현은 대단히 노골적이다. 타모라는 로마의 황후가 되었음에도 불구하고 여전히 아론과의 성적인 유희를 탐닉하고 있는 것이다. 여기서 그녀는 섹슈얼리티 발산을 통해 황제를 무력화시키고, "여성의 정숙"에 매달리는 로마 가부장제를 무력화시킨다. 남성의 명예는 여성의 정절을 담보로 유지되었기에, '오쟁이지는 것'은 남성에게 치명적인 수

치로 작용했다(Kahn, Man's Estate 121-22). 타모라의 남편인 황제는 "오쟁이 진 당사자이지만 그 사실을 모른 채 여전히 타모라를 욕망하고 있으므로 눈은 있지만 바라보지는 못하는 맹목의 상태이다. 상징적으로 거세당한 것이다"(이용은 263). 로마 가부장제의 수장인 황제의 맹목과 전락은 로마사회의 질서가 와해되고 있다는 것을 의미한다. 사냥터에서 타모라가 아론을 두고 "나의 생명보다 더 귀한 존재"라고 말할 때, 라비니아가 등장하여 타모라를 다음과 같이 조롱한다.

> 실례의 말입니다만, 황후마마, 당신은
> 남자 이마에 뿔이 돋게 하는 대단한 재능이 있는 것 같군요.
> 무어인과 당신이 단둘이 이곳에 있는 것은
> 그 재능을 시험해보려는 것이란 의심을 살 것입니다.
> 제우스 신이여, 오늘 황후의 남편을 사냥개들로부터 보호하소서!
> 사냥개들이 그분을 수사슴으로 오인해서는 아니 될 것이니. (2.3.66-71)

라비니아는 타모라가 남편을 오쟁이 진 사람으로 만들어 이마에 뿔이 나게 하는 음탕한 여자라고 조롱한다. 타모라가 조롱의 대상이 된 것 같지만 사실 조롱을 하는 것은 타모라 자신이다. 타모라는 황제와의 관계에서 수동적인 욕망의 대상으로 존재하는 것이 아니라 주도권을 행사한다. 타모라는 자신의 몸과 섹슈얼리티에 대한 주도권을 행사할 뿐만 아니라, 간통을 통해 황제인 남편을 조롱하고 나아가서는 가부장제를 조롱한다. 가부장제가 그토록 여성의 간통을 부정적으로 보는 이면에는 그 일탈적 행위 자체보다도 부계로 이어지는 혈통의 순수성을 유지하려는 욕망과 여성의 주체성과 자율성에 대한 두려움이 도사리고 있다(Woodbridge 177).

이미 언급한 것처럼 사냥터에서 타모라와 아론이 놀아나고 있음을 짐작한 황제의 동생 배시아너스는 2막 3장에서 시커먼 몰골을 한 더럽고, 구역질나고, 가증스런 야만인 무어 놈과 왜 놀아나느냐고 물으면서 타모라를 조롱한다. 라비니아도 "까마귀 색깔의 애인"과 한창 재미를 보고 있다고 하면서 타모라의 추악한 욕정을 탄핵하고 이 조롱에 동참한다. 강력한 욕정을 발산하고 능동적인 타모라라도 이들의 조롱에 수치심을 느끼지 않을 수가 없었을 것이다. 무어인에 대한 극단적인 인종적 편견을 드러내면서 타모라를 조롱하는 배시아너스와 라비니아는 이후 타모라의 두 아들에게 그 조롱의 대가를 톡톡히 치르게 된다. 어쨌든 혼외정사를 통해 통제되지 않는 욕망을 발산하는 타모라의 행동은 여성의 정조와 정숙을 강조하는 로마의 가부장제의 근간을 심각하게 흔드는 전복적인 요소로 작용한다.

섹슈얼리티를 능동적으로 드러내어 가부장제에 위협을 가하는 타모라와는 달리 정숙한 라비니아는 가부장제가 요구하는 가치에 충실한 여성이다. 타모라 아들들의 강간이 진행되기 전 라비니아는 다음과 같이 말한다.

> 나를 당장 죽여 달라고 애원합니다.
> 또 하나는 여자로서 차마 입엔 담을 수 없는 일입니다.
> 아! 죽이는 것보다 더 나쁜 음욕에서 나를 구해서
> 내 몸뚱이를 더러운 구덩이 속에 버려 주세요.
> 내 몸뚱이가 사람들 눈에 띄지 않도록.
> 내 소원을 들어 주시고 자비로운 살인자가 되세요. (2.3.173-78)

순결에 대한 라비니아의 강박관념이 드러나는 지점이다. 라비니아는 정조를 목숨보다 더 소중하게 생각한다. 그리하여 정조를 유린당하는 것을 죽는 것보다 더 두려워하고 수치스럽게 생각한다. 그녀에게 순결을 잃는 것은 목숨을 잃는 것보다 더 비참한 일이다. 그런데 그녀의 정숙성은 아이러니컬하게도 '정숙 이데올로기'에 묶인 남성의 욕망을 자극한다.[1] 정조에 대한 강박관념을 라비니아만이 드러내는 것은 아니다. 순결은 모든 남성들에게 여성의 최대 덕목이었고, 르네상스 시대의 남성 전체가 여성의 순결에 대한 강박 관념을 갖고 있었다. "남성이 만든 정숙 이데올로기가 여성만이 아니라 남성도 구속하는 이데올로기"였다는 점은 가부장제의 맥락 안에서는 이해 가능한 말이다(이용은 268-69). 여성의 혼외정사와 부정이 부계에서 부계로 가계가 이어지는 것을 전제로 하는 가부장제의 근간을 흔드는 위협적인 요소이기 때문이다. 또한 여성의 정조 파기는 남성의 명예에 치명적인 손상을 가하는 위험한 요소이기 때문이다.

타이터스의 딸 라비니아의 강간과 능욕이 진행되는 2막 3장에는 여성의 육체에 자행된 남성의 폭력성이 여과 없이 드러나는 지점이다. 드미트리어스(Demetrius)와 그의 동생 카이론은 타모라와 아론의 사주를 받아 라비니아를 사랑하는 황제의 동생 배시아너스를 사냥터로 유인하여 살해한다. 또한 그들은 라비니아를 겁탈하고 그녀의 혀와 두 손을 잘라버린다. 이어지는 2막 4장에서 라비니아의 숙부인 마커스는 혀와 손이 절단된 참혹한 라비니아를 발견하고, 3막 1장에서 마커스는 라비니아를 타이터스에게 데려간다. 참혹한 모습의 딸을 본 타이터스는 절망하고 강력한 복수의지를 드러낸다. 타모라의 아들들이 라비니아를 능욕할 때, 로마 남성들에게 보물처럼 소중하게 여겨진 순결한 라비니아의 육체는 이국 남성들의 육체적 욕망이 충족되어지는 더럽혀진 공간으로 전락하고, 아버지인 타이터스가 능욕당한 그녀를 죽일 때 가부장제의 잔

---

1) 아론조차도 "루크리스도 라비니아보다 더 정숙하지는 않았다"(Lucrece was not more chaste/ Than this Lavinia 2.1.108-09)고 말하고, 그녀를 겁탈하는 카이론조차도 "잘 간직한 그대의 정조(nice-preserved honesty of yours)를 강제로라도 즐기겠다"(2.3.134-35)고 하면서 라비니아의 정조와 정숙성을 높이 평가하는데, 이는 그들의 욕망을 자극한다.

인성이 투사되게 된다. 드미트리어스와 카이론에 의한 능욕으로 라비니아의 몸이 더럽혀지는 순간, 그녀는 더 이상 남성들의 가치 있는 교환 대상으로 존재하지 않는다(Harris 395) 라비니아에 대한 지배권은 아버지 타이터스에게서 황제의 손으로 이전되고 강간자의 손으로 이동하고 능욕 후 더 이상 가치 없는 교환 대상이 되어 다시 아버지의 손에 돌아온다.

라비니아는 자신의 잘못이 아니라 고트족을 잔인하게 대한 타이터스로 인해 복수의 대상이 된다. 후에 타이터스는 드미트리어스와 카이론을 죽인 뒤 그 살과 뼈로 파이를 만들어 타모라가 먹게 한다. 잔인한 폭력에 대한 잔인한 폭력으로서의 대응이다. 자식들의 인육을 그 어미에게 먹게 한 로마인 타이터스의 행동은 라비니아를 능욕하고 혀와 수족을 자른 고트족 형제의 행동 못지않게 야만적이다. 폭력을 두고 이 작품에서 로마인과 고트인의 차별성은 드러나지 않는다. 그들 모두는 너무나 야만적이다.[2)]

고트족인 타모라와 그녀의 두 아들의 행위는 야만적이다. 그러나 하얀 피부색 덕분인지 그들은 아론에 비해 비교적 인종차별담론에 노출되지 않는다. 이들은 자신들의 행위로 인해 경멸의 대상이 될 뿐, 고트족이란 이유만으로 경멸의 대상으로 전락하지는 않는다. 타모라를 두고 조롱의 대상이 되는 것은 그녀의 통제되지 않은 섹슈얼리티이지 그녀의 인종성이 아니라는 점은 흥미롭다. 이 작품에서 고트인들은 어중간한 이방인 또는 야만인 정도로 간주되고 있을 뿐 아론처럼 완전한 야만인으로 평가되지는 않는다(Little Jr. 63) 그 이유는 유

2) 사지 절단과 인육 파이 등을 통해 텍스트에 재현된 잔인한 폭력성을 임이연은 "신체적 고통을 스펙타클화하고 신앙심을 신체에 각인시키는 순교자 담론의 모사이며 종교적 폭력에 대한 문제 제기"로 간주한다. 또한 이 작품에서 로마인과 고트인들이 너무나도 자주 사용하는 "야만적"이란 단어를 종교적 명분을 위해 폭력을 행사하는 카톨릭과 프로테스탄트, 좀 더 국지적으로는 종교개혁기의 영국에서 교리와 이해관계에 따라 분열했던 "국교도, 청교도, 분리교파, 예수회파, 장로파" 등의 종교적 폭력에 대한 암시로 받아들인다(667).

럽 태생인 백인들이기 때문일 것이다.[3] 5막에서 이들은 각각 복수의 여신, 살인의 신, 강간의 신으로 변장하고 타이터스 앞에 나타나는데, 사실 타모라는 피비린내 나는 복수를 자행하는 인물이고, 두 아들은 강간을 하고 무자비한 살해를 자행하는 인물들이다. 타모라는 요부로서 위험한 섹슈얼리티를 마음껏 발산하고 아론과 자신의 아들들을 이용해 잔인한 복수를 자행하며, 타모라의 두 아들은 라비니아를 강간하고 혀를 자르고 수족을 절단하는 잔인성을 드러낸다. 이러한 행위를 자행했다면 그 어떤 로마인도 비난을 피해가지 못할 것이다. 그러므로 이 작품에서 고트인들은 인종차별담론이 적용되는 구체적 대상으로 보기는 어렵다. 더군다나 로마인들은 자신의 복수를 위해 고트족을 끌어들인다. 타이터스의 명에 따라 장남인 루시어스는 고트족을 규합하여 로마 황제에 대항하고 승리한다. 고트족의 협조 없이는 루시어스의 승리도 타이터스의 복수도 가능하지 않다. 아이러니컬하게도 고트족은 자신들의 조국을 짓밟은 로마 장군 타이터스와 그의 아들을 도와, 고트족 여왕이었던 타모라를 황후로 삼은 로마 황제를 타도하는 일에 앞장을 선 것이다.

III

이 작품에서 인종차별담론의 구체적 대상이 되는 것은 아론이다. 무어인 아론은 로마에 끌려오기 전부터 고트족의 여왕이었던 타모라와 성적 관계를 맺었던 인물이다. 아론은 검은 피부를 가진 무어인이고 로마의 이방인인 고트족

3) 고트족은 게르만족의 혈통으로 흑해에서 대서양 연안에 걸친 지역에 거주하였고, 그 언어와 문화적 뿌리를 유럽인과 공유하고 있는 인종으로 로마인들보다 더 하얀 피부색을 지니고 있었다(Royster 433, Moss 25).

여왕의 하인이기에 2중의 굴레에 사로잡혀 있는 인물이다. 그러나 아론은 고트족의 여왕이었고 지금은 로마의 황후가 된 타모라와의 성적 관계에서는 우위에 서있다. 신분상의 주종관계가 성적 관계에서는 역전된 셈이다. 아론은 애욕의 사슬에 묶인 타모라를 자신의 성적 욕망의 대상으로 간주한다(Molly E. Smith 328). 2막 1장에서 아론은 황후가 된 타모라에게 편승하려는 의도를 다음과 같이 드러낸다. "그녀가 얼굴을 찌푸리면 용감한 자도 허리를 굽히고 벌벌 떤다. 그러니 아론, 마음의 무장을 단단히 하고 정신을 가다듬어, 그대 애인인 황후와 같은 높이에까지 올라갈 준비를 하라"(2.1.10-13). 아론은 로마의 황후가 된 타모라를 음탕한 세미라미스(Semiramis)로 그리고 남성을 호리는 사이렌과 비교한다.

> 그녀가 올라가는 높이까지 따라 올라가도록 하라.
> 그녀는 그대가 정복해 오랜 동안 애욕의 사슬로 묶어
> 포로로 잡아두고 있으니, 그녀는 마력이 숨겨진 이 아론의 눈길에
> 코카서스 산정에 묶여있는 프로메테우스보다 더 단단히 묶여 있다.
> 노예의 천박한 복장과 비굴한 생각은 썩 물러가라!
> 찬란한 복장을 하고 진주와 황금으로 장식하여 눈부시게 빛나야겠다.
> 새로 그 지위에 오른 황후의 시중을 들려면…
> 시중을 든다고? 아니야. 실은 황후와 음탕하게 놀아나는 거야.
> 저 음울한 로마의 황제를 홀리게 한 이 여신,
> 이 음탕한 세미라미스, 이 바다의 요정, 사이렌과 함께
> 황제의 파멸과 그의 제국을 파멸을 볼 것이다. (2.1.14-24)

여기서 아론은 대단히 영리하고 자신만만한 모습을 드러낸다. 자신이 황후의 시중을 드는 하인이긴 하지만 사실은 시중을 드는 것이 아니라, "황후와 음

탕한 놀이"를 벌이고 있다고 생각한다. 그는 여왕이었고 지금은 로마의 황후인 타모라를 마력이 깃든 자신의 눈길에 "애욕의 사슬(amorous chains)로 묶어 포로로 잡아두고" 남성성을 유감없이 발산하는 인물이다. 그의 구체적인 복수 동기가 무엇인지 명확하게 드러나지 않지만, 그는 로마 황제와 로마제국의 파멸을 갈망한다. 2막 3장에서 아론은 가슴속에 도사리고 있는 로마인에 대한 적개심을 다음과 같이 드러낸다.

> 죽음의 사자에게 홀린 듯한 제 시선,
> 저의 침묵, 저의 이 암울한 우울증,
> 어떤 치명적인 공격을 가하려고
> 똬리를 풀고 있는 독사처럼, 곤두선 양털 같은
> 제 이 머리카락이 도대체 뭘 의미하겠습니까?
> 아니, 마마. 이런 것들은 결코 욕정의 표시가 아닙니다.
> 제 가슴 속엔 복수심이, 제 손엔 죽음이 담겨있습니다.
> 머릿속엔 유혈과 복수가 용솟음치고 있단 말입니다. (2.3.32-39)

타모라와 성적 유희를 즐기는 자리에서도 아론은 로마인에 대한 복수와 살해를 생각한다. 머릿속에 유혈과 복수가 용솟음치고 있다는 아론의 말은 앞으로 다가올 무서운 사건들을 예감하게 한다. 자신의 말처럼 아론은 "치명적인 공격을 가하려고 똬리를 풀고 있는 독사(adder)"처럼 보인다. 타모라의 흑인 노예인 아론은 고트족의 전쟁포로와 함께 로마로 잡혀오지만, 작품에는 그가 로마인들에게 강력한 적의를 드러낼만한 뚜렷한 동기와 이유가 드러나 있지 않다.[4] 그럼에도 불구하고 백인 로마 사회에 대한 아론의 적대감은 타모라보

---

4) 동기 없는 악행을 즐기고 자행한다는 면에서 아론은 종종 이아고(Iago)와 비교되는 인물이다(Jones 55). 이아고는 백인으로 인종차별담론의 대상이 아니라 인

다 훨씬 강력하다.

아론은 작품 중 그 누구보다도 영리하고 치밀하며 계획을 실행하는 일에 있어 용의주도한 인물이다. 로마인에게 위해를 가하는 주요 사건들이 모두 그의 머리에서 기획된 것이기 때문이다. 아론은 무어인으로 흑인에 대한 고정관념이 투사된 인물이며, 개인이라기보다는 그가 속한 종족의 특성을 대표하는 상징적 인물로 재현된다. 텍스트 상의 재현 이상으로 그를 평가하는 비평적 편견 또한 만만치 않다. 비평가들이 아론의 검은 피부가 "악마적 본성을 상징"으로 간주하는가 하면, "악 자체의 상징"으로 보고 있기 때문이다(Bradbrook 107, Ribner 18). 인종차별담론을 통해 무어인이나 흑인들이 주로 악마의 화신처럼 재현되고 있는 상황에서 알 수 있듯이, 아론의 '악'과 연결된 검은 피부 자체가 유색인종에 대한 서구의 문화적 편견을 반영하고 있다(Tokson 48). 그러나 아론은 자기만의 방식으로 자신을 억압하는 사회와 편견에 대항한다.

아론이 첫 번째로 옮긴 악행은 2막 2장에서 타모라의 아들들이 라비니아를 강간하게 하고 배시아너스를 살해하게 한 일이다. 그러고는 아론은 타이터스의 아들인 퀸터스(Quintus)와 무티어스(Mutius)를 유인하여 배시아너스의 시체를 버린 구덩이로 데려가, 거짓 편지로 그들에게 배시아너스를 살해한 죄를 덮어씌워 처형되도록 한다. 음모를 기획하고 타인을 이용하여 그 음모를 오차 없이 실행하는 아론은 대단히 영리하고 치밀한 인물이다.

다음으로 그가 자행한 음모와 악행은 3막 1장에서 아들들의 목숨을 살리려면 손을 잘라 보내라는 거짓 황명을 타이터스에게 전해 타이터스가 손을 절단

종차별담론을 구사하는 백인 사회에 속한 인물이다. 그러나 아론은 검은 피부를 가진 무어인으로 인종적 차별을 한 몸에 받고 있는 인물이다. 복수와 악행의 구체적인 동기가 제시되지는 않았어도 백인중심 사회의 인종적 타자인 아론이 겪은 인종차별과 편견은 짐작할만하다.

하도록 만들고, 그의 잘린 손과 아들들의 잘린 목을 타이터스에게 다시 돌려보내게 한 일이다.

> 당신의 잘린 손 덕분에
> 머지않아 두 아들이 돌아올 것이라 기대하시오.
> (방백) 실은 그들의 대갈통이오. 아, 이러한 악행은
> 그 생각만 떠올려도 살이 찌는 듯하구나!
> 바보들이나 착하게 살고, 공정한 놈들이나 은총을 구하라고 해.
> 아론은 얼굴색과 마찬가지로 영혼도 시커멓게 유지할 거다.
> (3.1.200-205)

선한 자에 대한 조롱을 드러내면서 자신의 얼굴색과 마찬가지로 "영혼도 시커멓게 유지 하겠다"는 아론의 대사는 그가 자행하는 악행이 자발적이라는 것을 짐작하게 한다. 아론은 악행을 저지르는 것을 상상하기만 해도 통쾌감을 느끼는 인물로 재현되고 있는데, 아론의 검은 피부색은 그의 "내면적 도덕적 암흑"과 무관하지 않다. 일단 여기에서는 그가 흉악한 죄를 범하고도 양심의 가책을 느끼지 않는 인물로 제시되고 있기 때문이다(김민경 33). 5막 3장에서 루시어스의 포로가 되어 사형선고를 받은 아론은 자신이 저지른 악행을 참회하는 어린애가 아니며, "평생에 단 한번이라도 선행을 베풀었다면, 내 영혼의 밑바닥에서부터 그것을 후회한다"(5.3.186-90)고 말하는데, 이 또한 아론의 악한 면모를 유감없이 드러내는 대사일 것이다. 아론은 치밀하고 용의주도하며 잔인성을 유감없이 드러내는 인물이다. 그리하여 아론의 검은 피부색은 로마인들에 의해 악의 상징처럼 재현되고, 이 재현에는 검은 색을 악과 연결하는 백인들의 고정관념이 투사되어 있다. 그러나 한편으로 아론은 로마의 문명에 내재한 야만성을 비추어주는 거울이다(Buhler 191).

자식에 대한 아론의 태도는 도리어 자식을 죽인 타이터스의 잔인성과 대조되는 인간성을 드러내면서, 로마인으로 대변되는 문명과 무어인으로 대변되는 야만의 개념에 회의적인 반응을 유발한다. 타모라는 자신과 아론에게서 태어난 새까만 아기를 아론에게 전달하면서 죽이라고 지시한다. 그러나 아론은 아기를 죽이기는커녕 끔찍하게 사랑하고 보호한다. 악의 화신이며 잔인한 악당으로 재현되고 있는 인물이 보여주는 끔찍한 자식 사랑은 무엇을 의미하는가? 그의 부성애는 로마인의 부성애와 비교할 때 어떤 관점을 드러내고 있는가?

검은 아론과 대단히 흰 피부색을 가진 타모라의 성적 결합은 혼종결합의 괴이함을 시각적으로 드러내는 사건이고, 이 혼종결합에 대한 불안감은 아론과 타모라 사이에서 태어난 검은 혼혈아의 출생으로 극대화되고 있다(Royster 432). 4막 2장에서 유모는 아론에게 타모라가 낳은 아기를 안고 들어와 아론에게 아기를 죽이라는 타모라의 지시를 전한다. 유모는 검은 피부를 한 아기를 "하늘이 보지 못하도록 감추고 싶은 것, 황후의 수치이고 로마제국의 불명예"(4.2.60)로 나아가 "악마"(64)로 받아들인다. 그럼 "황후가 악마의 어미"냐고 반문하는 아론에게 유모는 다음과 같이 답한다.

> 불쾌하고 불길하고 새까맣고 슬픈 소산입니다.
> 얼굴 잘생긴 우리나라 사람들 틈에 끼어있는
> 두꺼비처럼 혐오스러운 아기가 여기 있어요.
> 황후께선 나리의 인장이요 봉인인 이 아기를 보내
> 나리의 단검 끝으로 세례를 해주라고 명하셨어요. (4.2.66-70)

아론의 검은 피부색에 투사되었던 백인의 인종적 편견은 그의 자식에게도 그대로 적용된다. 검은 아기를 "불쾌하고 불길하고" 두꺼비처럼 혐오스러운 존재로 받아들이는 유모의 대사에는 흑인에 대한 백인의 편견과 인종차별이 여과 없이 드러나 있고, 혼종결합과 그 결합의 산물인 혼혈아에 대한 두려움과 혐오감이 잘 드러나 있다. 황후가 황제를 오쟁이 진 남편으로 만들어 조롱하고 놀아난 결과물인 흑인 아기의 존재에는 "여성의 일탈적인 섹슈얼리티가 가부장제 사회의 근본을 무력화"시킬 수 있다는 불안감이 반영되어 있고, 이 혼혈아는 타모라의 일탈적 행위를 로마사회에 고발하는 시각적 증거로 작용하게 될 것이다(김민경 35). 그리하여 타모라는 자신의 부도덕한 혼외정사의 증거인 아기를 죽여 없애라고 지시한다. 자식을 삼켜 죽이는 부정적인 모성이 드러나는 지점이다.

드미트리어스는 "지옥의 개 같은 놈(hellish dog), 어머니를 망쳐놓았어. 어머니는 망했어. 저런 구역질나는 놈을 택하시다니. 추악한 악마의 자식(the offspring of so foul a fiend)에게 저주가 내려라"(4.2.77-79)고 하면서 이제까지는 드러내지 않았던 아론에 대한 적개심과 인종적 편견을 드러낸다. 그는 아론을 개 같은 놈, 구역질나는 놈, 추악한 악마로 폄하하고, 자기 어머니와 아론의 자식인 검은 아기를 악마의 자식이라고 저주하면서 죽이려 한다. 고트인 역시 로마의 이방인이긴 하지만 무어와 자신의 어머니가 놀아나는 것을 받아들일 수 없다. 고트인은 백인이고 무어인은 흑인이기 때문이다. 피부색에 아로 새겨진 편견이 극복하기 힘든 치명적인 요소로 작용하고 있음을 보여주는 예일 것이다.

그러나 아론에게는 이 아기가 "온 세상보다 더 소중하고"(4.2.109) 아름다운 존재이다. 아론은 "검은 색이 그리도 천한 색이더냐?"(is black so base a hue?)고 묻고 "이 아기는 분명 어여쁜 한 송이 꽃"이라고 기뻐하며(4.2.71-72), 온 세상이 거부해도 이 아기를 지키겠다고 선언한다. 아론은 아기를 죽이겠다는 타모라의 형제들을 다음과 같이 맞선다. "기다려, 살인자 악당들. 너희들은 동생을 죽일 셈이냐? [. . .] 나의 첫 아들이자 상속자인 이 아기에게 손대는 놈은 예리한 내 칼끝에 찔려 죽을 줄 알아라"(4.2.88-92)고 외치면서 경고한다. 아론은 흑인 아기의 몸속에도 타모라 아들들의 피와 똑같은 피가 흐르고 있다는 것과 모두 타모라의 자식이라는 점을 상기시키면서, 어떤 경우에도 아기를 자신의 손에서 빼앗아 갈 수 없을 것이라고 경고한다. 아론은 지금까지는 전혀 드러내지 않았던 인간적인 면모를 드러내고 있는 것이다. 자식에 대한 애착과 애정은 이제 아론이 흑인의 정체성을 강력하게 옹호하는 장면으로 이어진다.

> 절대로 이 아기를 내 손에서 빼앗아 갈 수 없을 거다.
> 뭐라고, 불그레한 낯짝의 인정머리 없는 놈들!
> 회반죽벽처럼 허여멀건 놈들! 맥줏집 채색 간판 같은 놈들!
> 숯덩이처럼 새까만 색이 다른 어떤 색깔보다 나아.
> 어떤 다른 색깔에도 물들지 않는다는 점에서 말이지.
> 대양의 물을 온통 다 써서
> 백조의 다리를 매시간 씻어댄다 할지라도
> 백조의 검은 다리를 희게 할 순 없으니까. (4.2.96-103)

아론은 허연 얼굴색을 나약함을 드러내는 표시라고 조롱하고 "숯덩이처럼 새까만 색이 다른 어떤 색깔보다 낫다"(Coal-black is better than another hue)고 말하면서 흑인 정체성을 옹호한다. 검은 색을 어떤 다른 색에도 물들지 않는 강인한 면모를 내포하는 색으로 생각하기 때문이다. 또한 온 대양의 물로 씻어도 백조의 검은 다리를 희게 할 수 없다는 말을 통해 아론은 검은 색이 쉽게 변하지 않은 지조 있는 색깔이라는 점을 강조한다. 이는 흑인 정체성을 긍정적으로 받아들이는 아론의 면모를 드러내는 말이다. 아론은 이어 쉽게 변하지 않는 검은 색에 비해 쉽게 다른 색에 물드는 흰색을 배신의 징표로 받아들인다.

> 그래, 잘생긴 너희 용모가 가지는 특권이 있다.
> 더럽구나, 배신의 색깔 같으니라고!
> 가슴속에 품고 있는 남모르는 의도나 비밀을
> 얼굴을 붉혀서 폭로한단 말이다.
> 여기 이 아이는 전혀 다른 색깔을 지니고 있어.
> 이 새까만 녀석이 제 아비를 보고 웃는 모습을 봐라.
> "아빠, 나는 바로 아빠의 아들이에요"라고 말하는 것 같아. (4.2.116-21)

아론의 주장을 따르면 흰색은 "남모르는 의도나 비밀을 얼굴을 붉혀서 폭로"하는 배신의 색깔(treacherous hue)이고 쉽게 검은색에 물드는 지조 없는 색이다. 또한 흰색은 검은 색에 압도당해 쉽게 변하는 취약하고 더러운 색이다. 여기서 백/흑과 선/악의 이분법적인 위계관계를 전복시키는 아론의 진술에는 아기뿐만 아니라 자신의 정체성에 대한 자부심이 내포되어 있다. 소위 '악하고 야만적인' 검은 무어인이 보여주는 자식 사랑은 소위 선하다고 간주되어 온 백인 문명의 야만성과 잔인성을 효과적으로 부각시킨다.

아론은 자식의 출생 비밀이 새어나가지 않도록 이를 본 유모를 살해한다. 자식을 보호하기 위해 어떤 잔인한 행동도 마다하지 않는 것이다. 아론의 부성애는 그가 루시어스에게 포로가 된 5막 1장에 다시 드러난다. 루시어스는 포로가 된 아론을 두고 고트 병사들에게 다음과 같이 지시한다.

> 훌륭한 고트 병사들이여, 이놈은 앤드로니커스 장군을 속여
> 그분의 소중한 손을 강탈해간 악마의 화신이오.
> 이놈은 그대 동족인 황후의 눈을 즐겁게 해주는 진주이고,

여기 이것은 그의 불타오르는 욕정의 천박한 열매요.
말하라, 증오에 찬 눈길을 한 노예 놈아, 도대체 어디로
악마 같은 네놈 얼굴을 닮은 이 아이를 데려가려고 했느냐?
왜 말이 없느냐? 아니, 귀머거리냐? 한 마디도 하지 않겠다고?
병사들아, 올가미를 가져와 저놈을 이 나무에 매달고,
그놈 옆에 놈의 부정한 열매도 함께 매달아라. (5.1.40-48)

극의 종반부에서 사건을 마무리하는 지점에서도 로마인 루시어스의 입을 통해 무어인에 대한 인종차별담론이 여과 없이 드러난다. 루시어스에게 아론은 “악마의 화신”(the incarnate devil)이고 “노예”이며, 아론의 아이는 “불타오르는 욕정의 천박한 열매”(base fruit of his burning lust)이다. 루시어스에게 아론은 오염된 로마제국을 정화하기 위해 제거해야 할 야만적이고 악마적인 타자이다. 루시어스는 아론을 위협하지만 아론은 죽음에 임박해서도 자신의 목숨을 구걸하지 않는다. 그러나 자식의 목숨을 구하기 위해서는 안간 힘을 쓴다. 아론은 아이를 살려주지 않으면 자신이 알고 있는 살인, 강간, 학살, 음모, 배신 등 극악무도한 모든 사건들의 전모를 밝히지 않고 무덤 속으로 가져가겠다고 루시어스를 압박한다. 아이를 살려준다고 약속하면 이 모든 놀라운 사건의 전모를 알려주겠다는 아론의 제의에 결국 루시어스도 동의하고 아이의 목숨을 거두지는 않는다. 악독한 행위를 하고도 후회하지 않느냐는 루시어스의 말에 아론은 악행을 더 하지 못한 것을 후회한다고 답한다.

그렇소. 악행을 천 번이나 더 하지 않은 것을 후회하고 있소
바로 이 순간에도 난 바로 그날을 저주하고 있소.
내 저주가 효력을 발휘할 범위 내에 있는 건 거의 없긴 하지만…
내가 무지막지한 악행을 저지르지 않은 날들을 말이오.

사람을 죽이거나 죽일 방법을 강구하고,
또는 처녀를 겁탈하거나 그러기 위해 음모를 꾸미고,
죄 없는 무고한 자에게 거짓 증언으로 죄를 뒤집어씌우고,
두 친구 사이에 치명적인 적개심을 불어넣는 등의 악행 말이오.
[..]
나는 마치 파리를 죽이듯 서슴지 않고
수도 없이 많은 악행을 저질렀지만
정말 조금도 유감스럽게 생각하지 않소. 그런 악행을
만 번이나 더 자행할 수 없다는 것 외에는 말이오. (5.1.124-44)

아론은 마치 파리를 죽이듯 서슴지 않고 많은 사람들을 죽인 것도 유감스럽게 생각하지 않는다. 아론은 악행을 저지른 것을 후회하기는커녕 이를 안타깝게 여기면서 그러지 못한 것을 저주한다. 자신이 저지른 악행을 결코 뉘우치지 않는 아론은 마치 자신이 행한 악행을 즐기는 '악마의 화신'처럼 보인다. 아니 악마가 되기로 작정한 사람처럼 보인다. 아론은 마지막으로 "악마라는 것이 있다면, 나도 한명의 악마가 되어 영겁의 불길 속에서 불타며 살고 싶다"(5.1.147-48)고 하면서 자신이 저지른 악행을 결코 뉘우치지 않는 모습을 드러낸다. 아론을 통해 참혹한 사건의 전모를 들은 루시어스는 아론을 두고 "흉측하고"(detestable), "야만적이고 짐승 같은 악당"(barbarous, beastly villain, 5.1.97), "굶주린 호랑이이고 저주받을 악마"(ravenous Tiger, accursed devil, 5.3.5), "인간이 아닌 개, 사악한 노예"(inhuman dog, unhallowed slave, 5.3.14)라고 부르면서 그를 짐승처럼 다룬다. 그러나 아론은 끝까지 뉘우치지 않고 루시어스에게 저항하면서 로마의 권위와 질서를 조롱한다. 야만인을 길들여 죄를 뉘우치게 하고 문명화하려는 로마백인의 기대를 무산시키면서 그 권위를 무기력하게 만들기 때문이다.

로마인들의 비난에도 불구하고 자식에 대한 아론의 지극한 부성애를 고려해 볼 때, 아론은 악마의 화신이 아니다(D'Amico 146-47). 아들을 구하기 위해 강한 부성애를 드러내는 아론의 인간적인 면모는 자신의 안위를 위해 자식을 죽이려는 고트인 타모라의 잔인성, 그리고 자신에게 복종하지 않은 대가로 자식을 죽이고, 정조를 잃은 대가로 자신의 딸을 죽이는 타이터스의 잔인성과 대조를 이룬다. 자식을 죽이라고 지시한 타모라는 후에 타이터스가 라비니아를 능욕한 타모라의 아들 드미트리어스와 카이론을 죽이고, 이들의 뼈와 살을 피로 반죽하여 만든 파이를 먹게 되는데, 이는 타모라의 "실패한 모성"과 잔인성을 드러내는 행위이다(Detmer-Goebel 78).[5)]

5막 3장의 엽기적 인육파티에서 타이터스는 먼저 치욕을 당하고도 살아남아, 수치와 슬픔을 상기시키는 라비니아를 죽인다. "죽어라, 죽어, 라비니아. 그리고 네 치욕도 너와 함께 같이 죽어라. 네 치욕과 함께 네 아비의 슬픔도 죽게 해다오"(5.3.45-47). 강간을 당했다는 이유로 딸인 라비니아를 죽이는 타이터스의 심리에는 자신의 명예가 곧 라비니아의 순결과 동일하다는 의식이 배어있다(Hunt 211).

다음으로 타이터스는 타모라가 먹은 파이가 자식들의 피와 살로 만들어진

5) 어미가 자식의 인육을 먹는 이 행동은 "근친상간적 간음"을 상징한다고 볼 수 있다(Wilbern 178). 윌번은 라비니아가 공격과 위협으로부터 보호되어야 할 순수하고 덕스런 어머니로, 타모라는 남성을 호리는 위험한 성욕을 통해 남성을 위협하는 위험하고 위협적인 어머니로 재현되고 있다고 주장한다. 그러나 텍스트 전체의 맥락에서는 라비니아와 타모라에게 주어진 주된 이미지는 덕스런 어머니와 위협적인 어머니가 아니라, 순결한 처녀와 방탕한 창녀라는 대립적인 이미지이고 이는 로마의 고결성과 이방인의 야만성이라는 대립쌍과 연결되고 있다. 라비니아는 아버지와 남편과 오빠들에게 에워싸인 "로마 가부장제의 폐쇄된 정원"이고 로마의 귀한 보석이며, 타모라는 "군사적 공격과 정치적 책략과 성적인 위반"을 통해 로마의 가부장적 기반을 약화시키고 경계를 희석시키는 존재이다(Lee 863-64).

것을 밝힌 뒤 타모라를 죽이고, 황제는 다시 타이터스를 죽인다. 고트족을 이끌고 로마에 쳐들어 온 루시어스에게 황제가 죽음으로써 로마에 새로운 질서가 태동한다. 그러나 이 새로운 질서에는 여전히 폭력의 순환을 예고하는 불안감이 남아 있다. 이방인에게는 여전히 가혹한 폭력성을 드러내고 있기 때문이다. 이 작품에서 강력한 인종차별담론을 가장 구체적으로 표출하는 인물인 루시어스가 황제의 자리에 올랐다는 점 역시 이방인에게는 불안감으로 남아 있다.

작품을 마무리하는 장면에서 루시어스는 아론을 이 모든 피비린내 나는 사건들의 입안자요 모든 재앙의 주모자로 지명하고, 그를 가슴 깊이까지 땅에 묻고 굶주리게 하여 죽게 하라고 명한다. 그리고 "굶주린 호랑이"(ravenous tiger)와 같았던 타모라라는 "계집의 생애가 짐승의 그것과 같았으니," 어떤 장례식도 치르지 말고 그 계집을 야수와 맹금들에게 던져주어 뜯어먹게 하라고 지시한다(5.3.195-99). 루시어스는 아론을 두고서도 "굶주린 호랑이"(5.3.5)라고 한 적이 있는데, 이는 루시어스가 타모라와 아론 모두를 피에 굶주린 맹수로 본다는 말이다. 루시어스는 맹수를 죽이는 것처럼 이 둘을 죽이려 한다. 아론과 타모라의 행위는 변명의 여지가 없는 벌을 받아 마땅한 행위이다. 그러나 그들에 대한 사형을 집행하는 로마인의 방식에는 여전히 극복되기 어려운 적개심과 폭력성이 깊이 배어있다.

IV

이 작품에서 인종과 여성의 섹슈얼리티가 집중적으로 제시되고 있지만 셰익스피어는 이에 대한 직접적인 논평이나 시각을 구체적으로 들어내지 않는다. 다만 인종과 성의 문제를 짐작할 수 있는 여러 사건과 인물을 제시할 뿐이다. 인종적 타자성과 문화적 이질성은 여전히 극복되기 어려운 문제로 남아 있다. 흑과 백 사이에 존재하는 깊고도 넓은 간격은 극의 결말에서도 결코 좁혀지지 않는다. 아론을 처형하는 백인 루시어스에 의한 새로운 질서의 확립에서 흑은 여전히 배제되어야 할 악이며 백은 새로운 질서를 태동시키는 선한 힘이라는 가정이 재확인되고 있기 때문이다. 흑인의 피도 백인의 피처럼 붉다. 그러나 흑인의 검은 얼굴은 아무리 씻어도 희게 되지 않는다. 악으로 오염된 검은 얼굴이라는 개념에 아로새겨진 백인중심 담론은 여전히 강력하게 남아 있다. 그럼에도 불구하고 작가는 로마인 타이터스의 실패한 부성과 고트인 타모라의 실패한 모성과 이와는 차이를 드러내는 검은 무어인 아론의 부성애를 제시하면서, 또한 백인들의 잔인성과 폭력성을 드러내면서 문명과 야만의 경계를 의문시한다. 인종적 전복성이 드러나고 있다면 바로 이 점일 것이다.

그런데 아론이라는 인종적 타자와 타모라라는 성적 타자의 결합을 통해 생산된 아기는 어떻게 되었는가? 셰익스피어는 이 아기의 행방에 대해 아무런 언급도 하지 않고 극을 마무리한다. 루시어스의 약속에도 불구하고 이 아이의 생사 여부는 미지수이다. 누구의 손에 맡겨져 키워질지, 아니면 로마인에게 살해될지 모른다는 말이다. 아무것도 모르는 순진무구한 아기지만, 그의 피부색으로 인해 또한 불륜의 열매라는 점으로 인해 희생자로 죽음을 맞으리라는 것을 예상하는 것은 무리가 아니다. 아론의 아이가 살아나 성장할 수도 있다. 그러나 그런 경우라도 또 다시 복수와 폭력이 순환될지 아닐지는 알 수 없다. 다만 언젠가는 인종을 둘러싼 편견의 사슬이 끊기고 복수와 폭력의 순환이 종식되기를 기대할 뿐이다.

그렇다면 여성을 둘러싼 성담론은 어떠한가? 남성의 교환의 대상으로 존재하는 로마의 '귀한 보물' 라비니아에게는 가부장제의 부정적인 면모가 여과 없이 드러나고 있지만, 타모라는 가부장제의 희생자로만 존재하지는 않는다. 작품에서 타모라의 일탈은 누구보다도 두드러진다. 그녀는 로마황제인 남편을 배반하고 자신의 노예인 아론과 놀아나면서 방탕한 섹슈얼리티를 드러내고, 이를 통해 가부장제의 근간을 흔들어 놓는다. 그녀는 또한 혼외정사의 증거인 아기를 죽여 없애라고 지시하는 잔인한 인물이다. 그 강도의 차이가 있긴 해도 혼외정사와 간통에 주어지는 비난은 결코 멈추지 않을 것이다. 그러나 이는 비단 여성에 국한된 문제만이 아니다. 남성의 간통에는 비교적 너그럽긴 하지만 간통은 남성이든 여성이든 로마 시대이든 셰익스피어 당대이든 현대이든 도덕적 비난을 피할 수 있는 문제가 아니다. 다만 여성의 간통과 섹슈얼리티가 더 문제가 되는 것은 부계에서 부계로 이어지는 가부장제의 근간을 흔드는 위협적인 요소로 존재하기 때문이다.

■ 인용문헌

김민경. “『타이터스 앤드로니커스』에 나타난 인종담론과 성담론.” 『신영어영문학』 37 (2007): 21-41.

이용은. “『타이터스 앤드로니커스』: 남성에게 던지는 메두사의 시선, 그리고 응시.” *Shakespeare Review* 34.1 (1998): 255-85.

임이연. “종교개혁과 잔혹무대—『타이터스 앤드로니커스』의 역사적 읽기.” 『영어영문학』 53.4 (2007): 651-71.

Bradbrook, M. C. *Shakespeare and Elizabethan Poetry*. London: Chatto and Windus, 1951.

Buhler, Stephen M. *Shakespeare in the Cinema: Ocular Proof*. Albany: State U of New York P, 2002.

D'Amico, Jack. *The Moor in English Drama*. Tampa: U of South Florida P, 1991.

Detmer-Goebel, Emily. “The Need for Lavinia's Voice: *Titus Andronicus* and the Telling of Rape.” *Shakespeare Studies* 29 (2001): 75-92.

Green, Douglass E. “Interpreting ‘her martyr'd signs’.” *Shakespeare Quarterly* 40 (1989): 316-26.

Habib, Imtiaz. “Aaron and the Lost Blacks of Andronician Rome.” *Shakespeare and Race: Postcolonial Praxis in the Early Modern Period*. New York: UP of America, 2000. 87-120.

Harris, Bernice. “‘Sexuality as a Signifier for Power Relations: Using Lavinia, of Shakespeare's *Titus Andronicus*.” *Criticism* 38.3 (1996): 383-406.

Hunt, Maurice. “Compelling Art in *Titus Andronicus.” SEL* 28 (1988): 197-218.

Jones, Eldred. *Othello's Countrymen: The African in English Renaissance Drama*. London: Oxford UP, 1965.

Jordan, Winthrop. *White Over Black: American Attitudes Toward the Negro, 1550-1812*. Chapel Hill: U of North Carolina p, 1968.

Kahn, Coppelia. *Man's Estate: Masculine Identity in Shakespeare*. Berkeley: U of California P 1981.

____. *Roman Shakespeare: Warriors, Wounds, and Women*. London: Routledge, 1997.

Lee, Kyung-Won. "Racial Difference and Imperial Anxiety in Shakespeare's *Titus Andronicus*." English Language and Literature 53.5 (2007): 859-78.

Liebler, Naomi Conn. "Getting It All Right: *Titus Andronicus* and Roman History." *Shakespeare Quarterly* 45 (1994): 263-78.

Little Jr. Arthur L. *Shakespeare Jungle Fever: National-Imperial Re-visions of Race, Rape, and Sacrifice*. Stanford: Stanford UP, 2000.

Loomba, Ania. *Shakespeare, Race, and Colonialism*. Oxford: Oxford UP, 2002.

Miola, Robert S. *Shakespeare's Rome*. Cambridge: Cambridge UP, 1999.

Moss, Joyce and George Wilson. *People of the World: Western Europeans*. Detroit: Gale Research, 1993.

Ribner, Irving. *The English History Play in the Age of Shakespeare*. Princeton: Princeton UP, 1957.

Royster, Francesca T. "White-limed Walls: Whiteness and Gothic Extremism in Shakespeare's *Titus Andronicus*." *Shakespeare Quarterly* 51 (2000): 432-55.

Smith, Bruce R. *Shakespeare and Masculinity*. Oxford: Oxford UP, 2000.

Smith, Molly E. "Spectacles of Torment in *Titus Andronicus*." *SEL* 36.2 (1996): 315-31.

Tokson, Elliot H. *The Popular Image of the Black Man in English Drama 1550-1688*. Boston: G. K. Hall, 1982.

Vaughan, V. M. Othello: *A Contextual History*. New York: Cambridge UP, 1994.

Wilbern, David. "Rape and Revenge in *Titus Andronicus*." *English Literary Renaissance* 8 (1978): 159-82.

Woodbridge, Linda. *Women and the English Renaissance: Literature and the Nature of Womankind 1540-1620*. Urbana: Illinois UP, 1984.

■ 작품인용 원문

(2.3.72-79) Believe me, queen, your [swart] Cimmerian/ Doth make your honour of his body's hue,/ Spotted, detested, and abominable./ Why are you sequest'red from all your train,/ Dismounted from your snow-white goodly steed,/ And wand'red hither to an obscure plot,/ Accompanied but with a barbarous Moor,/ If foul desire had not conducted you?

(2.3.80-84) And, being intercepted in your sport,/ Great reason that my noble lord be rated/ For sauciness. I pray you, let us hence,/ And let her joy her raven-coloured love;/ This valley fits the purpose passing well.

(1.1.107-15) Stay, Roman brethren! Gracious conqueror,/ Victorious Titus, rue the tears I shed,/ A mother's tears in passion for her son;/ And if thy sons were ever dear to thee,/ O, think my son to be as dear to me!/ [. . .]/ But must my sons be slaughtered in the streets / For valiant doing in their country's cause?/ O, if to fight for king and commonweal / Were piety in thine, it is in these.

(1.1.329-32) And here, in sight of heaven to Rome I swear,/ If Saturnine advance the Queen of Goths,/ She will a handmaid be to his desires,/ A loving nurse, a mother to his youth.

(1.1.462-67) Titus, I am incorporate in Rome,/ A Roman now adopted happily,/ And must advise the Emperor for his good./ This day all quarrels die, Andronicus./ And let it be mine honour, good my lord,/ That I have reconcil'd your friends and you.

(2.3.10-26) My lovely Aaron, wherefore look'st thou sad,/ When every thing doth make a gleeful boast?/ [. . .]/ The wand'ring prince and Dido once enjoyed,/ When with a happy storm they were surpris'd/ And curtain'd with a counsel-keeping cave,/ We may, each wreathed in the other's arms,/ (Our pastimes done), possess a golden slumber;

(2.3.66-71) Under your patience, gentle empress,/ 'Tis thought you have a goodly gift in horning;/ And to be doubted that your Moor and you/ Are singled forth to try experiments./ Jove shield your husband from his hounds to-day!/ 'Tis pity they should take him for a stag.

(2.3.173-78) 'Tis present death I beg; and one thing more/ That womanhood denies my tongue to tell./ O, keep me from their worse than killing lust,/ And tumble me into some loathsome pit,/ Where never man's eye may behold my body:/ Do this, and be a charitable murderer.

(2.1.14-24) And mount her pitch, whom thou in triumph long/ Hast prisoner held, fetter'd in amorous chains,/ And faster bound to Aaron's charming eyes/ Than is Prometheus tied to Caucasus./ Away with slavish weeds and servile thoughts!/ I will be bright, and shine in pearl and gold,/ To wait upon this new-made empress./ To wait, said I? to wanton with this queen,/ This goddess, this Semiramis, this nymph,/ This siren that will charm Rome's Saturnine,/ And see his shipwreck and his commonweal's.

(2.3.32-39) What signifies my deadly-standing eye,/ My silence, an' my cloudy melancholy,/ My fleece of woolly hair that now uncurls,/ Even as an adder when she doth unroll/ To do some fatal execution?/ No, madam, these are no venereal signs./ Vengeance is in my heart, death in my hand,/ Blood and revenge are hammering in my head.

(3.1.200-205) I go, Andronicus, and for thy hand / Look by and by to have thy sons with thee./ [*Aside*] Their heads, I mean. O how this villainy/ Doth fat me with the very thoughts of it!/ Let fools do good, and fair men call for grace; / Aaron will have his soul black like his face.

(4.2.66-70) A joyless, dismal, black, and sorrowful issue!/ Here is the babe, as loathsome as a toad / Amongst the fair-fac'd breeders of our clime./ The empress sends it thee, thy stamp, thy seal,/ And bids thee christen it with thy dagger's point.

(4.2.96-103) Shall seize this prey out of his father's hands./ What, what, ye sanguine shallow-hearted boys!/ Ye white-lim'd walls! ye alehouse painted signs!/ Coal-black is better than another hue / In that it scorns to bear another hue;/ For all the water in the ocean / Can never turn the swan's black legs to white,/ Although she lave them hourly in the flood.

(4.2.116-21) Why, there's the privilege your beauty bears./ Fie, treacherous hue, that will betray with blushing/ The close enacts and counsels of the heart!/ Here's a young lad framed of another leer:/ Look, how the black slave smiles upon the father,/ As who should say "Old lad, I am thine own."

(5.1.40-48) O worthy Goth, this is the incarnate devil/ That robb'd Andronicus of his good hand;/ This is the pearl that pleased your empress' eye,/ And here's the base fruit of his burning lust./ Say, wall-ey'd slave, whither wouldst thou convey/ This growing image of thy fiend-like face?/ Why dost not speak? what, deaf? not a word?/ A halter, soldiers! hang him on this tree./ And by his side his fruit of bastardy.

(5.1.124-44) Ay, that I had not done a thousand more./ Even now I curse the day—and yet I think/ Few come within the compass of my curse—/ Wherein I did not some notorious ill:/ As kill a man, or else devise his death,/ Ravish a maid, or plot the way to do it,/ Accuse some innocent, and forswear myself,/ Set deadly enmity between two friends./ […] I have done a thousand dreadful things,/ As willingly as one would kill a fly,/ And nothing grieves me heartily indeed,/ But that I cannot do ten thousand more.

6. 『태풍』: 인디언 차별담론과 성담론

『태풍』(*The Tempest*)은 로맨스로 분류되는 셰익스피어의 말기 극이다. 흔히 남녀의 사랑을 다루는 로맨스는 목가적인 분위기 속에서 선남선녀의 결혼이라는 행복한 결말로 끝맺는다. 사실 이 작품은 목가적인 섬을 배경으로 한다. 3막 2장에서의 캘리밴(Caliban)의 묘사와 2막 1장에서의 곤잘로(Gonzalo)의 묘사에 따르면 이 섬은 오만가지 아름다운 소리로 가득 차 있고, 수고하지 않아도 대자연이 인간에게 필요한 모든 것을 제공해 주는 지상낙원이다. 이 목가적인 섬에서 프로스페로(Prospero)의 딸 미란다(Miranda)와 나폴리의 왕자 퍼디난드(Perdinand)는 사랑을 나누고 결혼한다.

곤잘로는 사유재산도 없고 빈부격차도 주종관계도 없고 지배자도 없는 평등한 세상을 꿈꾼다. 곤잘로의 말처럼 피비린내 나는 권력투쟁과 성과 인종과 계급의 차이에 따른 지배와 종속이 없다면 이 작품의 공간적인 배경인 섬은 대자연이 모든 것을 제공해 주는 유토피아이다. 그러나 이 유토피아의 꿈은 요원하다. 인종과 성의 차이에 의한 지배와 종속이 반복되고 있기 때문이다. 그러므로 『태풍』을 남녀의 사랑과 결혼을 다루는 전통적인 로맨스로 분류하기에는 무리가 있다. 이 작품에서 캘리밴은 인종적 타자로, 미란다는 성적 타자로, 스테파노(Stephano)와 트링큘로(Trinculo)는 계급의 타자로 존재하며, 남녀의 사랑조차도 정치적 관점에서 투사되고 있다.

『태풍』은 인종적 차이에 따른 문명과 야만의 경계와 여성에 대한 남성 통제의 정당성을 의문시하는 텍스트이다. 이 텍스트는 밀라노의 통치권을 동생인 안토니오(Antonio)에게 찬탈당하고 추방당해 어린 딸 미란다와 함께 섬에 유배된 프로스페로가 섬의 지배자가 되어 원주민인 캘리밴을 강압적으로 지배하고, 딸의 혼인을 통해 정치적 안정을 도모하는 과정을 통해 인종담론과 성담론에 내포된 문제를 드러내는 작품이다. 또한 단순히 밀라노에서 발생한 국지적인 정치적 분쟁을 다룬 작품이 아니라 유럽과 신대륙의 대치와 갈등이라는 보다 심각한 문제를 다루고 있는 텍스트이다(Hulme 133).

모든 담론은 권력 관계를 명시한다는 점에서 정치적이다. 『태풍』에서 백인과 인디언 원주민 캘리밴의 차이는 인종담론을 통해 규정되며, 남성과 여성의 차이는 성담론에 의해 규정된다. 그러나 권력 관계를 규정하는 방식에 있어서는 두 담론이 크게 다르지 않다. 인종담론이 유색인종을 타자로 재현하여 지배하는 방식과 성담론이 여성을 남성의 타자로 종속시키는 방식이 정치적 관점에서 유사하다는 말이다. 이 작품에서 인종담론과 성담론은 그 정치적 기능상 유사할 뿐만 아니라 캘리밴이란 인물 주위에서 동시에 작용하여 식민담론의 입지를 강화한다.

이 글은 당대 영국의 식민팽창주의와 관련된 역사적 컨텍스트와의 관련성 아래 『태풍』의 주인공 프로스페로와 신세계의 원주민 캘리밴의 관계를 논의하면서 인종담론과 식민담론의 부당성을 지적하고, 당대 가부장제와의 관계 속에서 미란다 주변의 남성들이 구사하는 성담론의 정치성을 논의하려는 작업이다. 이 과정에서 백인과 유색 인종, 남성과 여성, 지배와 종속, 문명과 야만의 차이가 어떻게 재현되며, 그 차이를 규정하는 담론행위가 정당성을 확보하고 있는지를 논의한다. 나아가 인종담론과 성담론이 정치적 관점에서 어떻게 식민담론을 강화하고 있는지를 논의한다.

I

『태풍』은 프로스페로의 내러티브를 통해 12년 전에 밀라노에서 있었던 권력 찬탈의 이야기를 기술하면서 시작한다. 프로스페로가 마술 탐구에 몰두하며 정치를 소홀히 한 틈을 타서 나폴리의 왕 알론조(Alonso)와 결탁한 프로스페로의 동생 안토니오는 밀라노의 통치권을 찬탈한다. 통치권을 상실한 프로스페로는 곤잘로의 도움으로 죽음을 면하고 당시 3살밖에 되지 않았던 어린 딸 미란다와 함께 캘리밴이 살던 외딴 섬으로 피신한다. 프로스페로는 야만의 섬을 문명화한다는 명분에 따라 원주민인 캘리밴을 가르치고 지배한다. 프로스페로가 문명 부재의 야만의 공간으로 생각하는 이 섬을 캘리밴은 3막 2장에서 다음과 같이 묘사한다.

> 이 섬에선 온갖 소리가 다 들려요
> 달콤한 노래로 가득 차 있죠. 기쁨을 줄 뿐 해롭지 않아요.
> 온갖 악기소리가 내 귀에 울리기도 하고,
> 어떤 때는 나른한 소리를 듣기도 하죠.
> 한숨 늘어지게 자고 난 뒤에 다시 졸리게 하는
> 그런 소리랍니다. 어떤 때는 꿈속에서

하늘이 활짝 열리는 것 같기도 하고,
보물들이 내게 떨어질 것 같기도 해요.
눈을 뜬 나는, 다시 꿈을 꾸고 싶다고 소리쳐요. (3.2.135-43).

프로스페로에게는 야만의 섬이 캘리밴에게는 아름다운 음악이 들리고 아름다운 별들이 반짝이는 유토피아로 묘사되고 있다. 프로스페로가 꿈꾸는 것은 마법을 통해 이 야만의 섬을 문명화하고 야만인을 자신의 뜻에 맞게 개조하여 지배하는 것이다. 또한 잃어버린 권력을 다시 찾고 밀라노로 돌아가는 일이다. 그의 꿈이 타자를 "통제하고 다스리려는 욕망"이라면, 캘리밴의 꿈은 이 섬을 권력의 세계에서 분리된 목가적 공간으로 유지하고, 모든 이가 평등하고 자유로운 삶을 영위하는 공간으로 유지하는 것이다(Brown 66). 곤잘로의 꿈 역시 이 섬을 빈부격차도 없고 주종관계도 없으며, "모든 게 공동의 소유이고, 땀 흘리고 노력하지 않아도 자연이 모든 걸 공급"해 주는 목가적인 유토피아로 유지하는 것이다(2.1.160-61). 원시적인 자연 상태를 갈구하는 곤잘로의 대사에는 캘리밴으로 대변되는 소위 '야만인'의 문화에 대한 긍정을 담고 있다. 그러나 캘리밴과 곤잘로의 소망은 이루어지지 않는다. 강력한 마법을 구사하는 프로스페로가 이 섬의 모든 것을 통제하고 있기 때문이다.

캘리밴과 곤잘로가 목가적 유토피아로 기술하고 있는 이 섬은 과연 어디에 있는 어떤 섬인가? 이 섬은 아메리카 대륙의 버지니아(Virginia) 동부 해안 인근의 버뮤다(Bermuda) 군도 중의 하나일 가능성이 크다. 전통적인 비평가들은 『태풍』을 마치 시공을 초월하여 영원하고 보편적인 인간경험을 제시해 주는 알레고리로 간주한다.[1] 그러나 이 작품은 역사적 컨텍스트와 무관한 문학적

1) 리닝거는 프로스페로를 극단적으로 긍정하고 그의 '타자'인 캘리밴을 극단적으

텍스트가 아니라 신세계에 관한 구체적인 역사적 사건과 영국의 식민팽창주의와 관련을 맺고 있는 작품이다. 여기서 구체적인 사건이란 버뮤다에서의 난파 사건 및 신대륙 버지니아의 제임스타운(Jamestown)에서 17세기 초반부터 실행되었던 영국의 식민지 사업과 관련된 일들이다.

『태풍』을 버지니아의 식민지 사업과 관련짓고, 캘리밴을 아메리카 인디언으로 그리고 프로스페로를 식민지 개척자 또는 지배자로 간주하는 주장을 찾기란 그리 어렵지 않다.[2] 텍스트 상의 구절들도 『태풍』이 신대륙과 관련되어 있다는 사실을 뒷받침하고 있다. 에어리얼(Ariel)은 "늘 폭풍이 부는 버뮤더스(Bermoothes)"로부터 이슬을 따오라고 했던 프로스페로의 말을 언급하며(1.2.229), 땅에 엎드린 캘리밴을 보고 트링큘로는 이 "인디언(Indian)"을 구경하기 위해 영국 사람들이 기꺼이 돈을 쓸 것이라고 말한다(2.2.32-33). 여기서 'Bermoothes'는 버뮤다(Bermuda) 군도를 말한다. 학자들은 1609년 영국인들이 그들의 식민지인 버지니아로의 항해 과정에서 실제로 체험했던 난파 사건에 대한 역사적 기록물들을 통틀어 '버뮤다 팸플릿'이라고 지칭하고 있는데, 이는 1611년 집필된 셰익스피어의 『태풍』에 관한 신빙성 있는 역사적 컨텍스트로 간주되고 있다.[3]

로 부정하면서 작품의 신비화를 조장하는 우의적 해석이야 말로 "서구문명의 가장 위험한 편견"(122)을 드러내는 것이라고 비판한다. Leininger, Lorie. "Cracking the Code of *The Tempest*." *Bucknell Review* 25 (1980): 121-31.

2) 1808년 에드문드 멀룬(Edmund Malone)의 주장과 1923년 시드니 리(Sidney Lee)의 주장이 대표적이다(Frey 29-30). 캘리밴의 어미가 북아프리카의 알제리 출신인 시코랙스라는 『태풍』 1막 2장의 프로스페로의 진술을 감안하면 캘리밴을 흑인으로 간주할 수 있으나, 여러 가지 정황으로 볼 때, 그를 인디언으로 보는 것이 타당하다.

3) '버뮤다 팸플릿'의 내용은 본서의 65-66쪽과 Sylvestre Jourdain, *A Discovery of the Barmudas,* 1619 (Scholars' Facsimiles & Reprints, Virginia: Virginia UP, 1940)을 참조할 것.

'버뮤다 팸플릿'이 『태풍』의 역사적 컨텍스트를 제공하고 있다는 것은 자명하다. 그러나 작품에 대한 보다 광범위한 컨텍스트는, 1585년에서 1622년 사이에 실행된 신대륙에 대한 영국의 식민팽창주의이다. '버뮤다 팸플릿'이란 특별한 자료보다 당대의 식민담론이 이 작품의 보다 "지배적인 컨텍스트"를 제공한다는 말이다. 컨텍스트가 제시하는 식민담론의 실제적 실천과 작품 속에 반영되어 있는 허구적 실천과의 관계는 문화유물론자들이 항상 주시하는 문제이다(Barker & Hulme 198). 또한 그들은 원주민에 대한 서구인의 편견뿐만 아니라 권력의 메커니즘이 실행되는 도구인 담론행위를 주시하면서 그 부당성을 드러내려고 한다. 문화유물론자들은 신세계의 원주민들에게 고정관념을 투사하여 그들을 의도적으로 왜곡시키는 서구 백인의 식민담론 전략을 주시하면서, 『태풍』이라는 작품이 캘리밴에 대한 프로스페로의 지배를 "신비화"하고 "정당화"할 뿐만 아니라, 식민주의를 조장하고 있다고 주장한다(Skura 44-45).

'버뮤다 팸플릿'이 언급하고 있는 시-어드벤쳐호 선원 중의 한사람으로 버지니아 식민지 개척에 참여한 바 있는 존 롤프(John Rolfe)는 1614년 버지니아 총독에게 아메리카 원주민인 포카혼타스와의 결혼을 허락해 줄 것을 요청하는 편지를 보냈다. 그는 이 편지에서 원주민과 결혼하려는 동기가 조국과 하느님의 영광을 전파하고 미개한 타자를 구원하기 위해서라는 것을 밝히면서, 자신의 은밀한 욕정과 착취적 동기를 은폐하고 있다. 즉 "죄인의 구원과 이교도의 개종"이라는 거창한 명분 아래 자신의 행위를 정당화했던 것이다(Brown 49). 미개인의 구원과 문명화를 위해 원주민과 결혼하려고 한다는 롤프의 편지 속에서 식민주의 담론에 내포된 자기 합리화의 논리를 읽어 낼 수 있기 때문이다.

미개한 신세계의 인디언 여성인 포카혼타스에게 『태풍』의 등장인물 캘리밴과 미란다의 모습이 중첩되는 것도 무리는 아니다. 캘리밴은 그를 가엾게 여긴 백인 지배자에게 자신의 섬을 빼앗긴 '야만적인' 인디언이며 미란다의 몸은 곧 남성의 욕망에 식민화된 '처녀지'와 다름없기 때문이다. 프로스페로 역시 롤프처럼 자신의 착취적 동기를 은폐하고 '악마 같은' 야만인에게서 섬을 강탈한 자신의 행위를 정당화한다. 『태풍』이 식민팽창주의 관행의 반영이며 캘리밴이 "타자에 대한 식민주의적 재현"(Skura 57)이라면, 이러한 17세기의 식민담론과 『태풍』의 연계성을 찾는 일은 그리 어려운 일이 아니다.

II

이 극에서 캘리밴은 식민 지배자 프로스페로의 인종적 타자이다. 극이 진행되면서 미란다를 강간하려는 캘리밴의 시도가 드러나고, 프로스페로의 지배에 저항하는 캘리밴과 스테파노, 그리고 트링큘로의 연대 투쟁 과정이 재현된다. 과거에 안토니오와 공모하여 프로스페로를 축출하였던 나폴리의 왕 알론조 역시 찬탈의 위협에 직면해 있다. 그와 공모했던 안토니오는 이제 알론조의 동생인 세바스찬(Sebastian)을 부추겨 그의 형인 알론조를 배반하고 반역을 도모하라고 사주한다. 마술을 통한 프로스페로의 통제로 인해 이들의 계획이 실패하긴 했지만, 텍스트에 나타난 이러한 일련의 사건들은 바로 "지배와 저항"이란 문제와 관련된 "불안의 흔적"을 드러내고 있고, 이 극의 중요한 주제 중의 하나인 "찬탈과 권위의 적법성"이란 문제를 부각시킨다(Barker & Hulme 198).

캘리밴에겐 프로스페로도 형의 지위를 찬탈하였던 안토니오와 다르지 않고, 알론조를 배반하고 왕위를 찬탈하려는 세바스찬과 다를 바 없다. 프로스페로는 캘리밴의 섬을 강탈하고 원주인인 캘리밴을 노예로 삼은 찬탈자이기 때문이다. "악마와 사악한 마녀 사이에서 태어난 사악한 노예자식, 이리 나와”(1.2.319-20)라는 프로스페로의 위압적인 말을 캘리밴은 다음과 같은 저항의 목소리로 되받아친다.

> 이 섬은 내 거요. 엄마 시코랙스가 내게 준 건데
> 당신이 뺏었지. 당신이 처음 여기 왔을 땐
> 내 머리를 쓰다듬고 날 아껴주는 것 같았어.
> 열매가 든 음료수를 나에게 주었거든.
> 밤낮으로 불타고 있는 큰 빛이 뭐고
> 작은 빛은 뭔지 가르쳐 줬어. 나도 당신이 좋아서
> 이 섬의 온갖 특이한 것들을 보여 줬지.
> 맑은 샘과 소금물 구덩이, 불모지와 옥토를 보여 줬어.
> 망조가 들려고 그랬어! 시코랙스의 온갖 마술이,
> 두꺼비, 딱정벌레, 박쥐가 당신들에게 들러붙어라!
> 처음엔 내가 왕 노릇을 했는데, 이젠 나 혼자
> 종노릇을 도맡아 하게 되었어. 당신은
> 여기 이 딱딱한 바위 속에 날 가둬 놓고
> 섬의 나머지 부분을 몽땅 차지했어. (1.2.331-44)

캘리밴과 프로스페로 사이의 첫 대사에서 우리는 몇몇 중요한 시사점을 발견할 수 있다. 즉 이 섬은 원래 캘리밴의 것인데 프로스페로가 이 섬을 강탈했으며, 캘리밴이 모르는 여러 가지들을 프로스페로가 가르쳐 주어 캘리밴은 그를 좋아하게 되었고, 그에 대한 경계심을 풀고 순진하게도 섬의 이모저모에 대해 말해주었지만 결국 캘리밴은 프로스페로의 하인으로 전락하게 되었다. 즉 이방인에 대한 호의가 역으로 그 자신을 구속하는 시발점이 되었음을 시사한다. 그러므로 섬의 왕이었던 자신을 바위틈에 가두고, 프로스페로가 섬을 몽땅 빼앗아 버렸다는 캘리밴의 항변은 정당성을 확보하고 있다.

주인의 위치에서 노예로 전락한 캘리밴의 항변에 직접적인 답을 제시할 수 없었던 프로스페로는 도리어 그를 “거짓을 일삼는 노예 놈”이라고 욕하고 “쓰레기 같은 놈이지만 딱하게 여겨, 인간대접을 해주고 내 동굴에 재워 주었더니, 나의 딸을 겁탈하려 했다”는 반격으로 이어진다(1.2.345-48). 여기서 “인간 대접”이란 말과 “쓰레기 같은 놈”이란 말 속에는 은연중에 프로스페로의 편견이 암시되어 있다. 즉 프로스페로에게 인디언 캘리밴은 쓰레기 같은 인간 이하의 존재이다. 그는 이어 캘리밴을 “마녀의 자식”(Hag-seed, 1.2.365)이라고 부르면서 저주를 퍼붓는데, 이는 설득력이 없는 독설이다. 프로스페로 역시 캘리밴의 어미인 시코랙스(Sycorax)처럼 마술을 통해 사물의 지배권을 획득하고 있기 때문이다. 어쨌든 미란다에 대한 캘리밴의 강간 시도는 프로스페로에게 캘리밴을 통제할 수 있는 좋은 구실을 제공하고 프로스페로 “독재의 정당화”에 기여한다(Skura 49). 프로스페로를 식민지 지배자의 원형으로 캘리밴을 피지배의 원형으로 상정하는 마노니(Octave Mannoni)는 프로스페로를 미개인인 캘리밴을 보살피는 온정주의자이면서 동시에 그가 자신의 딸 미란다를 강간하려고 한다는 상상에 빠진 인종주의자라고 주장한다(110). 프로스페로는 인종주의자이다. 그러나 그의 지적과는 달리 미개인을 보살피는 온정주의자는 결코 아니다. 프로스페로는 캘리밴의 야만성과 동물성을 들어 그에 대한 지배를 합리화하고자 하는 식민 지배자일 뿐이다.

17세기에 “야만인”(savage)이란 명칭은 유럽 상층부 문화에서 규정한 가치 기준에 반할 때 주어진다(Vaughan 8-9). 캘리밴(Caliban)이 식인종이란 의미의 ‘캐니벌’(cannibal)이란 단어의 의도적인 철자 바꾸기이며, 신대륙의 야만 원주민이란 의미를 갖고 있는 ‘캐립’(Carib)이란 단어로부터 파생되었음을 여러 학자들이 지적한 바 있다(Kermode 38, Vaughan 26-27). 이는 캘리밴이란 등장인물의 형성과정 자체에 이미 신세계의 원주민에 대한 서구문화의 부정적 시각이 내포되어 있음을 시사한다.[4) 『태풍』이란 텍스트 안에도 캘리밴에 대한 부정적 언급은 수도 없이 많다. 더군다나 등장인물 목록에서 캘리밴은 "야만적이고(a savage) 흉측한 노예(deformed slave)"로 소개되고 있어, 독자들과 관중들에게 캘리밴은 야만적이고 흉측한 형상을 한 노예의 이미지로 각인된다. 캘리밴은 극의 시작과 동시에 인종담론의 희생자가 되고 마는 것이다.

2막 2장에서 캘리밴을 처음 본 트링큘로는 그를 생선으로, 짐승으로, 인디언으로, 괴물로 묘사한다.

> 이게 뭐지? 인간인가? 생선인가? 죽었나? 살았나? 생선인데. 생선 냄새가 나. 잡은 지 오래된 생선 냄새지. … 괴상한 생선인걸! 이 괴물로 영국에서 한 밑천 잡을 수 있을 거야. 영국이란 나라는 괴상한 짐승(beast)만 가지고 가면 한밑천 잡을 수 있는 나라지. 적선을 하진 않아도 죽은 인디언(Indian)을 구경하기 위해 은전 열 푼도 아끼질 않지. 아니, 인간처럼 발이 달려 있지 않은가! 지느러미는 팔 같고! (2.2.24-34)

캘리밴을 생선이나 괴상한 짐승으로 묘사하던 트링큘로는 캘리밴과 같은 "인디언"을 구경하기 위해 영국 사람들이 기꺼이 돈을 쓸 것이라고 말하는데, 이는 인디언이 짐승과 동일하다는 인종차별담론이다. 트링큘로는 술을 마시는 캘리밴을 보고 다음과 같이 말한다. "세상에 이렇게 생각이 모자란 천치 같은

4) 1679년 드라이든(Dryden)은 캘리밴이란 인물이 "악, 무지, 그리고 죄의 특성"을 나타낸다고 언급하였고, 1850년 독일 비평가인 울리찌(H. Ulrici)는 선과 악의 투쟁을 담고 있는 『태풍』에서 캘리밴은 악을 대변하고 프로스페로는 선을 대변한다고 언급했다. 1873년 다니엘 윌슨(Daniel Wilson)은 캘리밴을 본능적으로 악한 존재는 아니지만 선과 악을 판단할 능력이 없는 무지한 존재로 간주하였다(qtd. Scott 282-83). 1947년 윌슨 나잇(Wilson Knight)은 캘리밴의 저항을 "야만적이고, 우상 숭배적이고, 모든 사악한 혁명의 전형"으로 간주했다(237). 이렇게 대부분의 전통비평은 캘리밴에 대해 부정적이다.

괴물(shallow monster)이 있을까? 이런 놈을 무서워하다니. 이놈은 정말 못난 괴물이군. … 정말 미련하고 멍청한 괴물(a most poor credulous monster)! 그래, 괴물아. 정말 잘 마시는구나(2.2.144-47).” 트링큘로에게 캘리밴은 바보천치처럼 너무나도 미련하고 멍청한 괴물이다. 그는 캘리밴을 부르면서 말끝마다 “괴물”이란 호칭을 빠뜨리지 않는다.

스테파노 역시 인종차별담론을 구사한다. 그는 “악마(devil)라도 있나? 이봐, 야만인과 인디언(Indian)을 미끼로 날 속이자는 건가?”라고 말한 뒤, 캘리밴을 두고 다음과 같이 말한다. “이건 네 발 달린 이 섬의 괴물(monster)이군. 아마 학질에 걸린 모양이지. 이 악마(devil)가 도대체 어디서 우리말을 배웠을까? 우리말을 하는 걸 보니 학질을 고쳐줘야겠군. 병을 고치고 길들여 나폴리에 데리고 가야지”((2.2.57-58, 65-69). 스테파노에게 인디언 캘리밴은 악마인 동시에 야만인이고 괴물이며 동물이다. 트링큘로와 스테파노의 대사를 통해 인디언 캘리밴에게 거듭 반복되어 나타나는 이미지는 “이상한 생선”이고 “괴상한 짐승”이고 “야만인”이고 “괴물”이며 “악마”이다.

술이 취한 트링큘로와 스테파노의 묘사보다 더욱 심각한 것은 정상적인 인물들에 의한 캘리밴의 묘사이다. 미란다에게 캘리밴은 “혐오스런 노예”이고, 제 입으로 지껄이는 말이 무슨 뜻인지도 모르는 “야만인”이다(1.2.351-55). 프로스페로에 따르면 그는 “악마하고 사악한 마녀 사이에서 태어난 사악한 노예”이고(1.2.319-20), “타고난 악마”이다(4.1.188). 알론조에게 캘리밴은 인간이 아닌 “괴상한 물건”(5.1.290)으로 보인다. 이러한 부정적 언급을 근거로 캘리밴은 17세기에는 야만스런 괴물로, 18세기에는 “다양한 악행의 구현”으로, 19세기에는 반인반수로 간주되었다(Vaughan xxii).

20세기에 들어 캘리밴은 좀 더 다양한 평가를 받는다. 그는 야만인 또는 괴물로 간주되기도 하고, 인간에 내재한 야수성의 상징으로 간주되기도 한다

(Hankins 797). 또한 캘리밴은 천사적 이미지를 대변하는 에어리얼과는 반대로 악마적 이미지를 대변하는 존재로(Knight 226), 인간의 심층에 내재한 본능적 욕망과 격정의 상징으로 간주되기도 한다(Phillips 150). 좀 더 구체적으로 캘리밴은 "아메리카 인디언" 혹은 "흑인 노예"의 문학적 재현으로 간주된다(Griffiths 166). 1980년대 이후에도 캘리밴은 야만인이나 괴물로 간주되기도 하지만, 많은 평자들에 의해 자유와 해방을 갈구하는 모든 "착취당한 원주민"의 상징으로 간주되기 시작한다(Vaughan xxii).

캘리밴(Caliban)이란 이름 자체가 식인종이란 의미를 내포하고 있음을 이미 언급한 바 있다. 그러나 작품 속에서 캘리밴이 '식인종'이란 증거는 찾아볼 수 없다. 그는 식물의 뿌리나 열매를 주로 먹고 기껏해야 물고기 정도만을 먹는다. 따라서 그가 식인종이란 편견은 서구중심 문화 가운데 형성된 개념일 뿐이다. 백인의 관점에서 보면 캘리밴으로 대변되는 원주민은 식인종이고 서구문화가 수용할 수 없는 야만인이다. 문명인과 야만인을 규정하는 근거는 힘을 가진 서구 백인중심 문화의 기준에 있기 때문이다. 문화유물론자들은 캐니벌(식인종)이란 고정관념이 함축된 캘리밴을 "서구 민족 중심적 식민화 담론에서 타자성의 자동적 표지"로서 간주한다(Skura 51).

서구 백인문화가 수용할 수 없는 야만인 타자 캘리밴은 교육을 통해 서구문화에 편입되도록 강제되고 있다. 캘리밴을 교육시키는 과정에서 프로스페로의 딸인 미란다의 질책 또한 아버지의 질책에 못지않다. "난 너를 측은히 여겨 말을 가르쳐 주었고, 매번 이것저것 가르쳐 주었다. … 그러나 아무리 가르쳐도 네 놈의 비천한 천성은 고쳐지지 않아"(1.2.352-60). 미란다에 따르면 짐승 같은 야만인인 캘리밴을 교화시키기 위해 말을 가르쳤지만 캘리밴은 여전히 짐승처럼 횡설수설한다. 캘리밴의 천성이 개선의 여지가 없는 열등한 것임을 강조하고 그에 대한 교육의 한계성을 지적하면서 지배의 정당성을 확보하려는 방식은 다음 프로스페로의 대사에서도 잘 드러나고 있다.

> 악마, 타고난 악마(A devil, a born devil).
> 아무리 교육을 해도 놈의 천성은 고칠 수 없군.
> 내 수고와 인간적인 고려 모두가 허사야.
> 나이를 먹을수록 육체는 더 더러워지고
> 마음은 썩어 가는 구만. (4.1.188-92)

프로스페로가 캘리밴을 가르친다는 것은 말과 더불어 서구문화의 행동양식까지도 가르쳐 그의 문화에 캘리밴을 끌어들여 교화시킨다는 것을 의미한다. 또한 문명의 언어를 배워야 하는 캘리밴의 유아성은 프로스페로의 "비합법적인 힘의 합리화"와 연결되어 있다(Leininger, "Cracking" 125). 프로스페로에게 캘리밴은 통제되어야 하는 아이처럼 보인다. 캘리밴은 마치 광인이나, 어린애, 매춘부, 범죄자처럼 교화되고 길들여져 프로스페로의 문화를 받아들이도록 강제되고 있는 것이다. 그런데 프로스페로가 왜 딸을 통해 아무리 교육해도 고칠 수 없는 천성을 가진 캘리밴에게 소위 '문명의 언어'를 가르치려 하는가? 언어 교육은 인도적 명분이 아니라 말을 알아듣게 만들어 보다 쉽게 캘리밴을 부려먹고 지배하고 착취하기 위한 이기적 동기에서 시행된다.

프로스페로의 문화와 논리를 받아들이고 그의 문화에 편입되어 순종하기를 강요받는 캘리밴에게 저항의 기회는 부여되어 있는가? 지배문화는 근본적으로 그것에 대항하는 반항세력에 대한 두려움을 갖고 있고, 그 대항세력을 항상 무질서를 조장하는 타자로 규정한다. 여기서 캘리밴은 지배문화에 대한 "저항과 위반"의 강력한 상징이고, "사물의 질서"를 파괴하는 타자이다(Vaughan xv). 캘리밴은 제국의 언어를 배우지만 그 언어로 욕을 한다. "어머니가 더러운 늪지에서 까마귀 날개로 쓸어 모은 독한 이슬이 두 인간의 머리 위에 쏟아져라!

남서풍이 불어 온통 부어 터져라"(1.2.321-324). 프로스페로의 권위에 대한 캘리밴의 조롱과 저항은 다음과 같이 이어진다. "하하 분하게 됐군! 당신이 방해를 했으니 망정이지, 그렇지 않았더라면 이 섬 전체를 캘리밴의 자손들로 꽉 채웠을 텐데"(1.2.349-51). 이는 프로스페로가 자기 딸을 강간하였던 사실을 두고 캘리밴을 질책하였을 때 캘리밴이 되받아 친 말이다. 캘리밴은 자신이 배운 문명의 언어로부터 저항의 씨앗을 추출해내고 있는 것이다.

프로스페로와 미란다에게 언어를 배우지만 캘리밴이 내뱉는 대부분의 말은 욕설이고, 욕설은 캘리밴에게 문화인들을 공격하는 도구이며 권력에 대한 저항의 방편이다. "말을 가르쳐 주긴 했지만, 그 덕택에 욕하는 건 알지. 말 가르쳐 준 벌로 단독에나 걸려라!"(1.2.363-65). 캘리밴은 말을 배울 때 욕설부터 배우는 아이처럼 욕을 배우고, 이를 통해 드러내는 "유아적 무법성"은 프로스페로를 화나게 한다(Skura 65). 교육에도 불구하고 그는 결코 프로스페로가 바라는 대로 문명화되지 않는다. 캘리밴은 자신이 배운 '문명'의 언어를, 즉 자신을 지배하는 주인의 언어를 모방하여 되받아 침으로써 문명인의 권력과 지배에 흠집을 내고 그 '문명'의 우월성과 보편성의 허구를 조롱한다(Bhabha 87-88). 캘리밴이 제 3세계의 타자들에게 호소력을 갖고 있다면 그것은 그가 이처럼 지배문화에 대항하려는 충동을 구현하고 있기 때문일 것이다.

브라운의 지적을 따르면 권력행사의 구실을 제공하는 타자인 캘리밴은 또한 지배자의 격한 반응을 유발시키는 "형성자"이다(61). 캘리밴의 저항적인 목소리가 프로스페로를 불안하게 하면서 지배담론의 주체인 프로스페로의 격한 반응을 이끌어내고 있기 때문이다. 그러나 캘리밴의 욕설과 저항에 대한 프로스페로의 응수는 합리적이 아니라 감정적이고 논리적 대응이 아니라 강압적 대응이다. 프로스페로는 캘리밴에게 다음과 같이 온갖 저주와 악담을 퍼붓는다.

썩 비켜라, 마녀 할망구의 새끼!
땔감이나 해 와. 서두르는 게 좋을 거야.
다른 일도 있으니까. 못된 놈, 아니꼬우냐?
내 명을 소홀히 한다든지, 마지못해 하면,
네 놈이 경련으로 고통 받게 하고,
뼈가 쑤시게 하여 신음소리를 내도록 만들겠다.
네 비명소리를 듣고 짐승들도 떨 정도로. (1.2.365-71)

프로스페로의 위압적인 모습을 유감없이 드러내고 있는 이 대사는 감시자와 피감시자, 지배자와 피지배자 사이의 지배와 종속이 감시와 처벌의 장치를 통해 더욱 강화되고 있음을 보여준다. 이에 대한 캘리밴의 반응은 그의 복종이 자의적이 아니라 프로스페로의 협박과 처벌에 대한 두려움에 기인하고 있음을 드러내고 있다. "복종할 수밖에 없지, 굉장한 마술을 쓰니까. 어머니의 수호신 세테보스도 꼼짝 못한다니까"(1.2.372-74).

그런데 프로스페로가 무엇 때문에 캘리밴에게 자신의 언어를 가르치려고 하는가? 그렇게 악담을 퍼부어 대는 캘리밴은 프로스페로에게 필요한 존재인가? 이 논의를 위해 다음 프로스페로의 대사는 유용한 실마리를 제공해 준다. "지금 형편으론 그가 필요해. 불을 때지, 나무를 해오지, 이모저모로 꽤나 유용하게 부려먹을 수 있지. 이봐, 캘리밴, 진흙덩이 같은 놈!"(1.2.311-14). 캘리밴은 야만적인 짐승으로 불리고 있음에도 불구하고 제거되어야 하는 대상이 아니라 통제되어야 할 대상이다. 왜냐하면 그는 프로스페로가 필요로 하는 노동력을 제공하고 있기 때문이다. 또한 그는 프로스페로가 야만성의 통제를 통해 지배의 정당성을 확보하는 타자이기 때문이다.

프로스페로는 캘리밴을 측은히 여겨 언어를 가르쳤다는 인도적 명분을 내세우고 있으나, 언어교육의 근본적 동기는 자신의 이기적인 목적을 성취하기 위해서이다. 즉 캘리밴이 그의 말을 쉽게 알아듣도록 하여 좀 더 수월하게 부려먹고, 그에 대한 지배와 착취를 좀 더 용이하게 하기 위해서이다. 제국주의가 식민지를 착취하고 통치하는 전형적인 수단으로 언어교육을 택하듯이, 캘리밴에 대한 언어교육은 원주민인 캘리밴을 위한 것이 아니라 식민통치자인 프로스페로의 필요에 따라 부과되었다. 그러므로 표면적인 문명화의 논리는 설득력을 지니지 못한다.

언어는 그 속에 권력관계를 명시하고 나아가 권력을 정당화하는 도구로 쓰이기도 한다. 왜냐하면 언어는 지식과 연결되고 지식은 권력과 연결되기 때문이다. 『태풍』에서 언어는 프로스페로의 문화를 전달하는 기능을 넘어 지배와 피지배의 관계를 공고히 하기 위한 수단이며 나아가 착취의 도구로 작용한다. 주지하다시피 언어교육은 가장 강력한 문화 형성 수단의 하나이며, 언어를 통해 인간의 주체가 형성되고 문화의 동질화가 유지되기도 한다. 타자를 지배하기 위해 프로스페로는 그 대상을 자신의 문화담론 속으로 편입시키고자 하며 언어교육을 통해 문화의 동질성을 유지하려 한다.

캘리밴의 노동은 프로스페로가 섬을 식민화하고 문명화하는데 사용되며, 캘리밴의 야만성은 지배자를 위해 노동력을 제공하는 노예 상태로 연결된다. 이는 또한 그 당시 유럽인들이 실제로 존재했던 캘리밴과 같은 인간을 착취했고 『태풍』은 그러한 착취 과정의 일부이라는 것을 보여준다. 즉 유럽인들이 인디언 원주민을 위해서가 아니라 그들 자신을 위해 원주민을 통제하고 착취했던 방식을 드러내고 있는 것이다(Hawkes 28). 프로스페로가 필요로 하는 것은 캘리밴의 노동과 봉사이며 그를 측은히 여겨 자신의 문명어를 가르쳐 준다는 논리는 허구에 지나지 않는다. 프로스페로는 캘리밴을 다스리는데 교육이 아니라 차라리 육체적 고통이 더 효과적이라고 생각하면서 캘리밴에게 고된 노동을 강요한다. 그런데 노동 후 에어리얼에게 약속된 자유와 해방의 가능성이 캘리밴에게는 주어지지 않는다.

캘리밴의 노동은 에어리얼과 퍼디난드의 노동과 비교되고 있다. 즉 세 가지 유형의 노동이 프로스페로와의 관계를 통해 각기 달리 제시되고 있다. 캘리밴의 노동이 식민통치자와 피지배자 사이의 해방의 기약 없는 노동이라면, 에어리얼의 노동은 주인과 하인 사이의 자유라는 보상이 주어지는 한시적인 노동이고 봉사이다. 왜냐하면 프로스페로는 에어리얼이 자신에게 순종하고 충실히 봉사할 때 자유를 줄 것이라고 약속했기 때문이다. 일종의 조건적 자유가 제공되고 있는 셈이다. 그러나 캘리밴과 에어리얼 모두 프로스페로의 마술을 두려워하여 그에게 봉사하며 노동은 그들 모두에게 고통이다. 장작을 나르는 퍼디난드의 노동은 이들 둘의 노동과는 개념을 달리한다. 그의 노동은 캘리밴의 노동과는 달리 달콤한 노동일 수 있다. 딸에 대한 사랑을 시험하기 위한 시금석으로서의 프로스페로가 그에게 부과한 일시적 노동이기 때문이다.[5] 이는 자유의 기약이 없는 캘리밴의 노동과는 확연한 대조를 이루고 있다.

그럼에도 불구하고 타자에 대한 통제와 지배가 캘리밴에게만 적용되는 것은 아니다. 에어리얼 또한 프로스페로의 통제를 벗어날 수 없다. 1막 2장에서 프로스페로는 약속의 이행을 촉구하는 에어리얼에게 마녀의 손아귀에서 그를 해방시켜 준 것을 거듭 상기시키면서 계속적인 복종을 요구한다(1.2.250-93). 이는 프로스페로의 권력 장치가 에어리얼이 어두운 과거를 기억하도록 유도함으로써 기능하고 있음을 보여주는 예이다. 주인에 대한 에어리얼의 예속 상태

5) 프로스페로의 동굴 앞에서 읊조리는 3막 1장의 퍼디난드의 대사는 그의 노동이 '달콤한 노동'일 수 있는 근거이다. "어떤 경우엔 노는 일도 괴롭고, 괴로운 일에도 더러는 기쁨이 따르는 법. 천한 일도 고상한 일이 될 수 있고, 매우 천한 일도 좋은 결말을 가져올 수 있어"(3.1.1-4). 퍼디난드는 프로스페로의 명에 따라 수천 개의 통나무를 날라서 쌓아올려야 하는 힘든 일도 기쁜 마음으로 한다. 사랑하는 미란다가 마음으로 거들어 생기를 불어넣기 때문이다.

는 일정한 봉사기간이 끝나면 자유를 주겠다는 약속과, 만약 만족할만한 봉사를 하지 않을 경우 "감금 행위"를 계속하겠다는 위협에 의해 강화된다(Brown 60). 프로스페로는 에어리얼을 감시하고 비밀경찰인 에어리얼은 캘리밴과 모반자들을 감시한다. 이렇게 협박과 감시를 통해 타인을 통제하는 현상은 캘리밴에게 국한되지 않는다. 에어리얼과 안토니오를 위시한 모반자들과 심지어는 사위가 될 퍼디난드와 그의 딸 미란다에게도 감시와 통제가 실행된다. 즉 타인의 통제를 통한 권력 유지의 양상은 어느 누구에게만 한정된 것이 아니라 정치 행위가 이루어지는 어디서고 나타나고 있는 것이다.

『태풍』에는 세 가지 유형의 노동과 더불어 세 가지 유형의 저항이 제시되어 있다. 즉 프로스페로에 대한 캘리밴의 저항, 캘리밴과 스테파노와 트링큘로의 연대 저항, 권력 내부의 저항인 안토니오와 세바스찬의 저항이 바로 그것이다. 저항의 목표는 모두 기존의 권력이고, 가장 중심이 되는 저항은 캘리밴의 저항이다. 캘리밴이 그 자신이 배운 언어로 섬을 강탈한 프로스페로에게 저항하는 것을 살펴보았다. 스테파노와의 연대를 통해 그의 저항은 계속된다. 2막 2장에서 스테파노는 술에 취한 캘리밴에게 온갖 부정적인 수식어를 동원하여 악담을 퍼붓지만, 캘리밴은 프로스페로에게서 해방되었다고 좋아하면서 자진해서 그를 상전으로 모시려고 "다시는 고기를 잡지 않으리. 불 땔 나무도 나르지 않으리. … 캘리밴에게 새 주인이 생겼다네. 이젠 해방이다, 좋구나! 얼씨구, 해방이다! 해방. 얼씨구, 좋다, 해방이로구나!"(2.2.180-85).

캘리밴이 스테파노와 트링큘로를 처음 만나 그들에게 베푼 호의는 그가 섬에 처음 온 프로스페로에게 베푼 호의와 유사하다. 캘리밴은 그들에게 섬을 안내하고 "곡식이 잘 자라는 곳"을 보여주며, "멋들어진 샘터"도 알려주려 한다. 또한 프로스페로에게 바친 것과 같은 봉사, 즉 생선도 잡아다 바치고 땔감도 해오려고 한다(2.2.148-64). 표면적으로는 스테파노에 대한 캘리밴의 종속이 프로스페로에 대한 강제적 종속과는 달리 자의적인 것처럼 보인다. 그러나 그 복종의 근거는 그들이 적어도 프로스페로보다는 덜 위압적이고 덜 강압적일 것이라는 캘리밴의 예상에 근거한다. 아이러니컬하게도 경계심을 풀고 프로스페로에게 베푼 캘리밴의 호의가 역으로 종속을 자초했듯이 그들에게 베푸는 호의와 자의적인 복종 의사 또한 그들이 캘리밴을 무시하고 괴물 취급하고 악담을 유발하는 근거가 된다.

빼앗긴 자신의 섬을 다시 찾으려는 캘리밴의 시도는 너무나 자연스런 욕구이다. 그리하여 캘리밴은 스테파노와 트링큘로와 공모하여 프로스페로에게 반기를 들고자 한다. 마법의 책이 프로스페로의 힘의 근거가 됨을 잘 알고 있는 캘리밴은 다음과 같이 사주한다. "그잔 오후만 되면 자는 버릇이 있죠. 그러니 그때 그자의 마술 책을 빼앗고 대갈통을 박살낼 수 있단 말씀이요. … 잊지 말아요. 그자의 책들을 가져오는 것을. 책들만 없으면 그자는 바보가 되어 요정 하나 마음대로 부릴 수 없어요"(3.2.87-94). 이에 덧붙여 캘리밴은 미란다가 "밑에 깔고 자기 좋은" 여자이고, "근사한 아들놈을 낳을" 여자임을 강조한다 (3.2.104-105). 캘리밴에게 설득 당한 스테파노는 마침내 프로스페로를 축출하고 섬의 지배자가 되어 그의 딸 미란다를 왕비로 삼기로 결심한다. 그리하여 프로스페로의 권력을 찬탈하려는 캘리밴과 스테파노의 연대저항은 4막 1장에서 구체적으로 진행된다.

> 임금님 제발 참으세요. 여길 보세요.
> 이게 굴 입구랍니다. 숨죽이고 안으로 들어가요.
> 저 놈에겐 안됐지만, 이쪽에 유리한 일을 하면 되죠.
> 그럼 이 섬은 영원히 당신 것이 됩니다.
> 캘리밴은 나리의 발꿈치를 핥는 종이 되고요. (4.1.215-19).

프로스페로의 마술을 무력화하고 그의 체제를 전복하려는 캘리밴의 행위는 자유를 향한 피지배자의 갈망으로 볼 수 있다. 그러나 스테파노를 상전으로 섬김으로써 프로스페로의 압제로부터 벗어날 수 있으리라 생각은 환상에 지나지 않는다. 프로스페로의 감시를 벗어날 수 없는 상황에서 그러한 가능성은 일시적일 뿐이다. 따라서 강력한 지배자에게 저항하기 위해 그보다는 덜 위압적으로 보이는 또 다른 미래의 지배자를 끌어들이는 캘리밴의 행위는 해방과 자유를 위해 의미 있는 행위가 될 수 없다. 이들의 반란은 프로스페로의 수족처럼 행동하는 에어리얼을 통해 감지되고 봉쇄되기에 이른다. 프로스페로의 강력한 감시체제 아래 저항의 봉쇄는 필연적이고 실패에 따른 처벌만이 있을 뿐이다. 또한 이들의 연대저항이 실패로 끝남에 따라 그 전 이상의 통제가 실행될 수 있는 근거를 제공해 주고 있다.

여기서 스테파노와 트링큘로는 중심문화 속의 타자 또는 방종한 인간들을 나타내며, 야만적 욕망을 다스릴 수 없는 그들 역시 무질서를 조장하는 존재로 분류되고 처벌되어야 할 "반문화적 타자"로 규정된다(Brown 52-53). 어느 문화를 막론하고 방종한 자들은 기존의 질서에 위협적이다. 캘리밴과 더불어 이들 역시 지배계급이 통제해야 할 위협으로 존재한다. 방종한 스테파노와 트링큘로가 야만성을 대변하는 캘리밴과 동맹을 맺는 행위는 저항문화의 연대를 의미한다. 야만의 상징인 캘리밴과 불복종의 상징인 스테파노와 트링큘로는 서로 심리적인 공감대를 형성하면서, 야만성과 불복종이 서로 유리된 것이 아니라, 모두 기존의 권위와 질서에 위협적인 힘으로 등장한다. 그러나 방종과 무질서가 없다면 질서는 쉽게 규정되지도 않을 뿐만 아니라 쉽게 확보되지도 않는다. 따라서 방종상태나 야만상태는 지배자가 이에 대한 봉쇄를 통해 기존의 권력을 정당화할 수 있는 기반이다. 그러므로 캘리밴, 스테파노, 트링큘로는 지배 권력이 통제함으로서 그 정당성을 확보해야 하는 반항세력이며

(Vaughan 378), 그들의 불복종성과 캘리밴의 야만성은 필요 없는 것이 아니라 통제되어 권력의 정당성에 기여하는 요소이다.

프로스페로는 에어리얼에게는 구원자로, 미란다에게는 보호자로, 캘리밴에게는 식민통치자로 행세하고, 모든 것이 그의 계획 아래 전개된다. 그러므로 마술을 통해 타자를 통제할 수 있는 프로스페로는 마치 그 자신이 쓴 각본을 연출하는 "극작가"처럼 보인다(Barker & Hulme 201). 그는 캘리밴과 스테파노의 음모를 감지하고 봉쇄하며, 세바스찬의 음모를 봉쇄하며, 알론조를 회개하게 한다. 그러나 이러한 통제에도 불구하고 다음 대사는 캘리밴에 대한 불안이 여전히 남아 있음을 시사한다. "깜빡 잊었군. 짐승 같은 캘리밴과 그 일당들이 나를 죽이려고 하고 있지. 그 흉악한 음모의 순간이 다가왔어"(4.1.139-42). 캘리밴은 그의 딸을 겁탈하려고 했고, 그녀를 스테파노에게 넘겨주려고 했고, 스테파노와 음모를 꾸며 그를 죽이려 했다. 프로스페로는 결혼을 축하하는 가면극 상연의 중간에 갑자기 이러한 사실을 상기하고 화를 낸다.

모든 것이 자신의 계획대로 순조롭게 진행되고 있는 상황에서도 캘리밴의 저항과 음모는 프로스페로의 마음을 어지럽힌다. 프로스페로의 불안한 심경은 5막 1장에서 캘리밴과 그의 어미인 시코랙스를 소개하는 다음 대사에도 드러나고 있다.

> 이 괴상한 놈의 어미는 마녀였습니다.
> 그 마녀는 달의 힘을 빌리지도 않고
> 달을 마음대로 조종해서, 밀물 썰물을
> 조절할 수 있는 굉장한 마력을 가지고 있었죠.
> 이들 세 놈이 내 물건을 훔쳤습니다.
> 거의 악마인 이놈이, 하긴 애비 없는 자식이지만,
> 저놈하고 공모하여 제 목숨을 노렸습니다.

두 놈은 당신 부하이니 잘 아실 겁니다.
이 어둠의 자식은 제 종이라는 걸 인정하죠. (5.1.268-76)

원수들과 모든 등장인물들의 화해가 이루어지는 결말부에서도 프로스페로는 캘리밴을 마녀인 악마를 어미로 둔 사생아로 간주하고 혐오한다. 마녀의 자식이며 "어둠의 자식"인 캘리밴은 방종한 자들과 공모하여 프로스페로의 목숨을 노리고, 프로스페로는 여전히 불안하다. 여기서 프로스페로의 동요와 불안은 무엇을 의미하는가? 캘리밴의 음모에 대한 그의 과도한 반응은 바로 권력의 정당성에 관련된 "무의식적 불안이 의식의 세계"로 난입했을 때 나타난다. 프로스페로가 불안을 느끼는 순간은 또한 권력의 찬탈자와 권력이 찬탈된 자라는 이중의 역할 사이에서 "억압된 모순"이 표출되는 순간이기도 하다(Barker & Hulme 202). 반항세력을 통제하고 헤게모니를 장악했지만 캘리밴과 같은 존재는 여전히 프로스페로가 부과한 질서에 저항하고 불안을 야기하는 위협적인 존재이다. 캘리밴이 20세기에도 반식민주의를 표방하는 모든 원주민의 저항의 목소리를 대변하는 상징적 존재로 간주되고 있음은 바로 이 때문이다(Hantman 71).

곤잘로는 섬에서 지배와 종속이 없는 목가적인 유토피아를 건설하고 싶다. 그러나 이 섬에선 여전히 권력 투쟁과 인종의 차이에 따른 지배와 종속이 사라지지 않는다. 프로스페로에게 캘리밴의 섬은 여전히 문명의 부재를 드러내는 장소이고 야만인이 거주하는 미개한 장소이다(Brown 57). 섬은 프로스페로가 영원히 거주할 장소가 아니라 권력을 회복하면 떠날 장소이다. 작품의 결말부에서 그는 잃었던 권력을 회복하고 밀라노에 다시 돌아가기 전에 모든 적들을 용서한다. 사악한 자들은 회개하고 미란다는 퍼디난드와 결합한다. 에어리얼은 프로스페로에 대한 봉사의 대가로 자유를 획득한다. 그러나 모든 이가 용서

받는 결말부에서도 캘리밴에 대한 프로스페로의 태도는 변한 것이 없으며, 프로스페로의 문화가 수용할 수 없는 캘리밴은 여전히 이방인으로, 야만인으로, 괴물로, 그리고 악마로 남아 있다. 그러므로 인종적 타자 캘리밴의 관점에서 보면 이 극은 결코 희극이 아니다.

프로스페로는 야만인인 캘리밴을 문명화시키고자 하는 인도주의적 인물로 나타나고, 그의 마술과 교육은 야만성을 길들이는 수단으로 이용된다. 인도주의라는 명분에 의해 합리화된 억압과 착취가 프로스페로를 통해 실행되면서 억압과 착취는 야만성을 제거하는 정당한 수단으로 간주된다. 즉 프로스페로의 마술은 야만스런 섬을 문명화하려는 인도주의적 배려로 대체되고, 그를 통해 캘리밴으로 대변되는 타자의 위협적이고 파괴적 성향을 규제하려는 문명의 노력은 진행된다. 비합법적 권력의 정당화를 통해 약탈자는 주인이 되고 원래의 주인인 원주민은 야만인으로 전락한다. 문명인의 착취에 대한 캘리밴의 본능적인 거부와 피지배 상황을 극복하려는 노력은 봉쇄되며, 그의 섬은 착취되고 전유된다. 식민지배자 프로스페로가 권력을 장악하고 있기 때문이다.

『태풍』에서 프로스페로라는 인물에 투사된 것은 셰익스피어라는 르네상스 시대의 한 개인적 자아가 아니라 당대의 식민주의적 담론행위이다. 셰익스피어가 식민팽창주의로 대변되는 "정치적 착취의 이데올로기"에 우회적으로 관여하고 있는 것인지도 모른다(Skura 69). 그러나 셰익스피어를 인종차별주의자로 간주할 수는 없다. 왜냐하면 셰익스피어는 『태풍』에서 당대의 인종차별적 식민담론을 드러내면서 그러한 식민담론을 의문시하고 있기 때문이다. 캘리밴은 프로스페로의 관점에서 보면 야만스럽고 미개하다. 그러나 그 자신의 관점에서는 도리어 프로스페로의 문화가 억압과 종속을 강제하는 야만성을 내포하고 있다. 프로스페로의 관점과 캘리밴의 관점 중 어느 것을 택하느냐에 따라 작품의 해석은 판이하게 달라진다.

야만인으로서의 캘리밴의 존재는 서구 제국주의 문화 속에서 형성된 일종의 구축물이다. 캘리밴의 예속은 그가 본질적으로 열등하기 때문이 아니라 문명사회의 상징인 프로스페로가 구축한 공간에서 살아야만 하는 상황에 기인한다. 즉 캘리밴이 야만인으로 열등하게 분류되는 것은 문화의 사회화 과정에 연유하고 있는 것이다. 서구문명은 그것이 길들이려는 '야만인'보다 더 야만적이다. 캘리밴에 대한 프로스페로의 행위에는 인도주의라는 명분 아래 은폐되어 있는 억압과 착취의 양상이 극명하게 드러나고 있기 때문이다.

III

주변화 되어 타자로 존재하는 것이 인종적 타자 캘리밴만은 아니다.『태풍』의 등장하는 여성들 역시 남성중심 세계에서 주변화된 타자로 존재한다. 여성의 몸은 자신의 뜻과는 상관없이 은유적인 의미에서 '식민화'되어 '타자'로 전락하고 남성 욕망의 대상으로 존재한다. 특히 프로스페로의 딸 미란다의 성적 욕망은 아버지인 프로스페로의 철저한 감시 아래 통제된다. 프로스페로와 캘리밴 사이의 지배와 종속의 관계는 프로스페로와 미란다 사이에서 다시 반복된다. 원주민 캘리밴에게 명기된 식민지배자 프로스페로의 인종담론은 그 성질상 자신의 딸인 미란다에게 명기된 성담론과 유사하고, 성담론은 한편으로는 프로스페로의 정치적 복권에 기여한다. 프로스페로는 가부장으로서 딸의 성욕을 규정하고 제한하며, 자신의 딸과 나폴리의 왕자인 퍼디난드와 결혼을 통해 정치적 안정을 유지하기 때문이다(김성환 726-27). 그러므로 성담론과 인종담론은 정치적 관점에서 보자면 인종담론과 그리 큰 차이가 없고, 서로가 관련을 맺고 식민담론을 지지한다.

미란다 주변에 세 사람의 남성이 등장한다. 첫째는 아버지 프로스페로이고, 둘째는 '흉측한' 인디언 캘리밴, 셋째는 나폴리의 왕자 퍼디난드이다. 프로스페로는 딸의 성욕뿐만 아니라 캘리밴과 퍼디난드의 성욕도 감시하고 통제한다. 1막 2장에서 미란다가 "바다가 저 멋진 배와 거기 탄 승객들을 집어 삼키기 전"(1.2.11-12) 마법으로 거친 파도를 다시 달래라고 청하자 프로스페로는 다음과 같이 말한다.

> 모두가 다 널 위해 한 일이다.
> 널 위해, 사랑하는 널 위해! 나의 딸아!
> 넌 아무것도 모른다. 네가 누군지도,
> 내가 어디서 왔는지도 넌 모른다. 내가 이 초라한
> 동굴의 주인인 프로스페로보다 지위가 높고
> 더 위대한 아비라는 것도 넌 모르고 있어. (1.2.16-21)

여기서 프로스페로가 강조하는 것은 미란다의 무지이다. 프로스페로는 폭풍을 일으켜 배를 난파시킨 것이 다 미란다를 위해서 한 일이라고 말하고, 미란다가 자기 자신과 아버지의 정체도 모른다는 사실을 강조한다. 무엇인가를 잘 아는 사람을 통제하긴 어렵지만 아무 것도 모르는 딸을 통제하기란 그리 어렵지 않았을 것이다. 프로스페로는 나아가 아무 것도 모르는 딸에게 "좀 더 알려줄 때가 됐다"고 생각하여 이 일이 자신이 "마법을 써서 미리 꾸몄던 일"임을 밝힌다(1.2.28). 프로스페로의 주장대로라면 배를 난파시킨 것이 미란다를 위한 일이며, 미란다가 난파하여 섬에 떠내려 온 퍼디난드를 만난 것도 그리고 그와 결혼하는 것도 다 미리 계획했던 일이다. 정치적인 관점에서 보자면 미란다와 퍼디난드와 결혼은 밀라노와 나폴리의 동맹에 기여한다. 퍼디난드가 나폴리 왕의 아들이기 때문이다. 프로스페로가 딸 미란다를 퍼디난드와 결혼시켜 밀라노의 안전을 확보하려고 했다면 미란다는 정치적 목적을 위해 이용된 여성이다.

미란다의 무지에 대한 언급에 이어 프로스페로는 이 섬에 상륙했을 때 세 살도 채 되지 않았던 미란다가 동굴로 오기 전의 일을 기억하지 못하리라는 것을 강조한다. 또한 그는 아무것도 모르는 어린 미란다를 자신이 가르쳤다는 것을 강조한다. "이 섬에 닿자, 여기서 내가 선생이 되어 널 가르쳤다. 사려 깊지 못한 선생들에게 배워 헛되이 시간을 낭비한 그 어떤 공주들도 받지 못한 훌륭한 교육을 내가 시켰다"(1.2.172-74). 프로스페로는 어린 미란다의 불완전한 기억을 강조하면서 과거에 대한 자신의 기억에 정당성을 부여하고, 자신이 선생이 되어 가르쳤다는 점을 강조함으로써 가부장의 권위를 획득한다. 프로스페로는 어린 미란다를 통해 캘리밴에게 말을 가르치는데, 문명의 언어를 배워야 하는 캘리밴의 유아성이 프로스페로의 "비합법적인 힘의 합리화"와 연결되어 있듯이(Leininger, "Cracking" 125), 프로스페로의 교육을 필요로 하는 미란다의 유아성 또한 그녀에 대한 통제를 합리화하기 위한 기반으로 작용하고 있다. 프로스페로에게는 미란다 또한 캘리밴처럼 통제되어야 하는 아이처럼 보인다. 미란다의 무지와 유아성을 강조하던 프로스페로는 다음과 같은 내러티브를 통해 미란다가 기억하지 못하는 옛날의 사건을 밝힌다.

> 프로스페로: 12년 전만 해도, 미란다야, 12년 전엔
> 　네 아버지가 밀라노의 공작이었다.
> 　권력을 가진 군주였지.
> 미란다: 그럼 제 아버지가 아니신가요?
> 프로스페로: 네 어미는 정절의 본을 보여주던 여자였다.

> 네 어미 말이 네가 내 딸이라고 했다.
> 네 아비는 밀라노의 공작이었고,
> 외동딸인 공주가 그의 유일한 후계자였다. (1.2.53-59)

프로스페로는 자신을 3인칭으로 지칭하면서 과거의 일들을 제시함으로써 자신의 이야기에 객관성을 부여한다. “제 아버지가 아니신가요?”라는 미란다의 물음에 프로스페로는 “네 어미 말이 네가 내 딸이라고 했다”고 하는데, 이는 미란다의 정체성을 애매모호하게 만든다. 프로스페로는 내러티브의 주체이고 생산자이다(김성환 728). 그러므로 프로스페로가 기술하는 사건의 전모가 맞는지 틀리는지는 그 자신밖에 모른다. 과거의 사건이 왜곡되어 제시될 수도 있다는 말이다. 그러나 아무 것도 모르는 미란다는 아버지의 말을 믿어야 한다. 프로스페로가 가부장적 권위를 통해 진리를 구성하는 담론을 독점하고 있기 때문이다. 프로스페로는 미란다의 어머니가 “정절의 본을 보여주던 여자”였고, 그녀가 미란다를 프로스페로의 딸이라고 밝혔다고 기술할 뿐 더 이상의 정보를 제공하지 않는다. 이 언급 외에는 작품의 어디에서도 미란다 어머니의 존재는 드러나지 않는다. 프로스페로의 기억으로만 존재하는 부재의 모성인 것이다. 부재하는 어머니의 존재와 미란다의 무지와 기억 부재를 강조하는 프로스페로의 태도에는 “여성들의 침묵을 바람직한 것으로 여기는 가부장제의 이데올로기”가 반영되어 있다(Spender 12).

그런데 “네 어미 말이 네가 내 딸이라고 했다.”는 프로스페로의 말은 무엇을 함의하고 있는가? 그럼 그녀의 말이 아니라면 미란다가 프로스페로의 딸이 아닐 수도 있다는 말인가? 프로스페로는 왜 “내 아내는 정절의 본을 보여주던 여자였고, 미란다 너는 밀라노 공작이었던 나의 딸로 내 유일한 후계자였다.”고 진술하지 않는가? 3인칭 시점을 통해 진술의 객관성을 확보하려는 프로스페로의 태도에는 담론을 통해 진리를 독점하려는 남성중심의 사고가 드러나 있다. "정절의 본을 보여주던 여자"라는 진술은 "네 어미 말이 네가 내 딸이라고 했다."는 진술을 통해 흐려지고, 이를 통해 어머니의 정절과 미란다의 정체성을 애매모호하게 만들어 버린다. 어머니의 정조에 대한 의심은 다음과 같이 동생의 배신에 대한 프로스페로의 분노로 이어진다.

> 내 아우요 네 삼촌인 안토니오가 말이다…
> 내 말 잘 들어라. 친아우가 어찌 그리 배신할 수가!
> 온 세상에서 너 다음으로 아끼고,
> 국사까지 맡겼던 아우였다.
> 당시 밀라노는 모든 공국 가운데 으뜸이었다.
> 프로스페로는 으뜸가는 공작이었다.
> 그 기품이 당당하고 학문에 있어서는
> 그에 필적할만한 사람이 없었다. (1.2.66-74)

프로스페로는 당당했던 자신을 배신하고 밀라노 공국의 왕좌를 찬탈한 동생 안토니오의 부당함을 계속 지적한다. 그러나 프로스페로 자신이 지적하는 것처럼 그는 마법 연구에 정신이 팔려 국사를 소홀히 하고 나라 일에서 점점 멀어졌다. 안토니오의 손에 국사를 맡긴 것도 프로스페로 자신이다. 국사를 소홀히 하고 마법에 몰두하는 것이 군주가 해야 할 일은 아닐 것이다. 그럼에도 불구하고 프로스페로는 내러티브를 통해 안토니오의 부당성을 지적하기만 할 뿐 자기반성의 태도를 드러내지 않는다(1.2.89-96).

미란다 어머니의 정절에 대한 의심을 드러내는 대사에 이어지는 이 대사에서 프로스페로는 신뢰가 도리어 배신으로 이어지고 "거짓말을 너무해서, 자신의 기억을 속이고 스스로 한 거짓말을 믿는 죄를 범하는 사람"들이 있다는 것을 지적한다(1.2.99-102). 신뢰, 배신, 거짓으로 이어지는 프로스페로의 진술이 함의하는 것은 무엇일까? 여성의 정조 유지는 곧 신하가 군주에게 충성을 바치는 일과 동일하며, 여성의 거짓은 곧 신하의 배신과 반역처럼 게 다루어지고 있는 것이다.

> 프로스페로: 나폴리 왕과 맺은 조약과 그 결과를 듣고도,
> 그런 자를 아우라고 할 수 있는지 말해봐라.
> 미란다: 할머니를 부덕이 없는 분이라고 의심하는 건 죄스럽지만
> 착한 어미 몸에서 악한 아들이 태어나기도 하는가 봐요. (1.2.117-20)

안토니오의 찬탈행위와 나폴리에 대한 굴종을 언급하면서 "그런 자를 아우라고 할 수 있는지 말해보라"고 프로스페로가 묻자, 미란다는 할머니의 부덕을 의심하는 것처럼 대답한다. 할머니의 부덕에 대한 미란다의 언급을 액면 그대로 받아들일 필요는 없지만, 이 또한 여성의 정조에 대한 남성의 강박관념을 우회적으로 드러내는 말이다.

프로스페로에게 밀라노에서 찬탈당한 정치적 지위의 복권은 미란다의 처녀성을 지켜는 일과 그녀에게 접근하는 캘리밴과 퍼디난드의 성욕을 통제할 수 있는 능력에 달려있다고 해도 과언이 아닐 만큼, 이 작품에서 성담론은 권력의 문제와 밀접한 관련을 맺고 있다. 미란다에 대한 캘리밴의 강간 시도는 야만인 타자의 파괴적인 성적 욕망으로 규정되어 제재가 가해진다. 하지만 나폴리의 왕위 계승자인 퍼디난드 왕자의 성적 욕망은 "문명인의 정중한 구애"로 규정되고 궁극적으로는 정숙한 결혼을 완성하는 힘으로 간주된다. 그러므로 야만과 문명이라는 이분법에 입각한 프로스페로의 성담론은 식민주의 담론과 관련성을 맺고 있다(김성환 727, Brown 51).

캘리밴과 미란다의 관계를 살펴보기에 앞서 캘리밴과 그의 어머니인 시코

랙스의 관계를 살펴보자. 1막 2장에서 프로스페로는 캘리밴의 어머니 시코랙스를 두고 에어리얼에게 다음과 같이 밝힌다.

> 못된 마녀 시코랙스는 온갖 못된 짓을 하고,
> 듣기에도 끔찍한 마술을 행한 죄로,
> 에어리얼 너도 알다시피, 알제리에서 쫓겨났다.
> 한가지 일 때문에 목숨은 살려 줬지.
> [..]
> 아이를 배어 눈 주위에 검은 기미가 낀
> 할망구를 선원들이 이 섬에 버렸지. 네가 말했듯이
> 내 하인인 너는 그때 그 마녀 할망구의 종이었다. (1.2.263-71)

프로스페로는 캘리밴의 어미인 시코랙스를 사악한 마술을 행하다가 캘리밴을 밴 채 알제리에서 쫓겨난 마녀로 기술하고 있다. 프로스페로는 마녀 시코랙스의 압제에 시달리는 에어리얼을 풀어 준 것이 바로 자신이라는 점을 강조하면서 에어리얼을 자신의 하인으로 삼아 마음대로 부리고, 에어리얼을 통해 "늙은 마녀가 낳은 주근깨투성이 자식"인 캘리밴을 감시하고 통제한다. 캘리밴의 어미가 사악한 마술을 행하다가 쫓겨난 마녀라는 진술을 통해 프로스페로는 그 자식인 캘리밴에 대한 통제의 정당성을 확보하려고 한다. 프로스페로는 '사악한' 그녀로부터 에어리얼을 해방시키지만, 또 다시 에어리얼을 자신의 종으로 삼는다. 에어리얼의 옛 주인은 악하고 현재의 주인은 선하다는 가정이 정당성을 확보하고 있는가?

프로스페로는 5막 1장에서 시코랙스가 "달을 마음대로 조종해서, 밀물 썰물을 조절할 수 있는 굉장한 마력을 가지고 있었다."(5.1.269-70)고 소개하는데, 이는 문맥상 시코랙스의 마력에 관한 비난으로 받아들일 수 있다. 그러나 문제는 프로스페로 자신도 마녀처럼 마법을 구사한다는 점이다. 마력으로 조수의 간만을 조절할 수 있는 힘을 가진 것이 시코랙스만은 아니다. 프로스페로도 마력으로 폭풍우를 일으켜 배를 난파시켰기 때문이다. 마법을 구사한다는 점에서는 캘리밴의 마녀 어미와 프로스페로라는 존재가 다를 바 없다. 그러나 그녀는 사악한 마녀로 프로스페로는 선한 마술의 집행자로 재현된다.

프로스페로를 더욱 불쾌하게 한 것은 괴상한 동물처럼 흉측하게 생기고 악마 같은 이 마녀의 자식이 자신의 딸을 노리고 나아가 자신의 목숨을 노린다는 점이다(5.1.305-308). 1막 2장에서 프로스페로가 밝힌 바에 따르면 캘리밴은 "악마와 사악한 마녀 사이에서 태어난 사악한 노예놈"이다(1.2.319-20). 마녀 시코랙스가 악마와 간통하여 낳은 자식이 바로 캘리밴인 것이다. 프로스페로에게 이 마녀의 존재는 "가부장적 권위에 대한 위협"이다(Newman 91).

당대의 가부장제에서 여성의 순결과 순종은 여성 최대의 덕목이었으며, 남성에게 위협적이며 성적 욕구가 강한 여성은 곧 마녀라는 등식이 성립되기에 이르렀다. 그리하여 남성중심의 질서를 위반하는 난폭한 여성은 마녀로 몰려 마녀 사냥의 대상이 되곤 했다.[6] 마녀 사냥이 여성 억압의 방편으로 사용된 것이다. 그 당시 사악한 마법을 행했다고 재판을 받고 처형된 사람들 중 대부분은 여성이었고, 남자 마법사는 큰 문제가 되지 않았다. 그러므로 마녀 사냥은 여성을 통제하려는 가부장제 강화에 일조했던 사회적 현상이며, 이는 여성에 대한 편견을 읽어낼 수 있는 단서로 작용한다. 마녀가 악마와 간통하여 악마 같은 캘리밴을 낳았다는 프로스페로의 비난은 다름 아닌 "여성의 정조 파기"에 대한 당대 남성들의 두려움의 투사이다(Greene 28). 그러나 이는 "여성

6) 마녀와 마녀 사냥의 관행에 대해서는 Underdown 119-20과 Belsey 183-85 참조. 르네상스 시대에 '마녀'라는 명칭은 통제하기 어려운 거친 여성들에 대한 가부장제의 두려움이 투사된 명칭이다(Loomba 79).

의 정조 파기"에 대한 남성의 두려움만을 투사하는 것은 아니다. 시코랙스의 성적 일탈에 대한 언급은 성담론과 식민주의 담론의 연관성을 함의하고 있다. 신세계가 "성적으로 타락한 여성의 몸으로 형상화"되고 있고, 이는 "프로스페로의 정복을 합리화하는 방편"으로 이용되고 있기 때문이다(김화선 946-47). 여기서 여성의 몸은 개척하고 다스려져야 할 식민지이고 신세계이다.[7)]

프로스페로는 캘리밴이 마녀이며 유색인종인 시코랙스의 자식이라는 점을 들어 그를 종으로 삼은 행위에 정당성을 부여하려 하지만 그 정당성은 그리 쉽게 확보되지 않는다. 밀라노의 왕좌를 찬탈당한 프로스페로이지만, 이제 그는 캘리밴의 섬을 강탈했기 때문이다. 프로스페로는 "거짓을 일삼는 노예 놈"이라고 욕하면서 도리어 캘리밴을 더욱 강력하게 질책한다.

> 프로스페로: 거짓말쟁이 종놈,
> 매질을 해야 움직이는 놈. 상냥하게 대하면 안 돼.
> 쓰레기 같은 놈이지만, 인간적으로 대접하고
> 나의 동굴에서 살게 했더니
> 네 놈은 내 딸아이를 겁탈하려고 했어.
> 캘리밴: 이이고 분해! 당신이 방해하지 않았다면
> 성공했을 텐데! 그럼 이 섬을 캘리밴의 자식들로
> 꽉 채울 수 있었을 텐데. (1.2.344-51)

"거짓을 일삼는 노예 놈"이라는 프로스페로의 간접적인 부인은 곧 "내 딸아이를 겁탈하려 하다니"라는 반격으로 이어지고 있는데, 이는 자신의 행위를 정

7) 네겔(Nagel)의 언급을 따르면 신대륙은 유럽인에게 남성의 정복 대상으로 존재하는 처녀지이고, 신세계는 "발견하고 탐험하도록 열려진 원시적이고 여성적인 세계"이다(65).

당화하기 곤란한 프로스페로가 어떤 방식으로 상대의 약점을 부각시키면서 타자를 위협하고 있는가를 잘 보여준다. 프로스페로가 캘리밴을 겁탈자로 몰아세워 그에 대한 지배를 정당화하려 태도는 성담론과 인종담론이 어떻게 관련을 맺고 식민담론에 기여하여 타자에 대한 지배를 공고히 하는가를 보여주는 예이다(Singh 198). 캘리밴의 강간 시도가 그를 공격할 좋은 기회를 제공한 것이다. 백인 여성 미란다에 대한 유색인종 캘리밴의 겁탈 시도는 미란다에 대한 위협일 뿐만 아니라 야만인으로부터 미란다의 처녀성을 지켜 순수한 혈통을 유지하려는 백인 권력자 프로스페로에 대한 정치적 위협으로 받아들여지면서 극단적인 혐오와 인종차별적 반응을 유발한다(Sousa 64). 이는 또한 이종(異種)결합에 대한 백인의 두려움과 혐오를 반영한다. 그런데 유색인종인 캘리밴이 백인 여성을 강간하리라는 프로스페로의 불안은 유색인종이 통제하기 어려운 과도한 성욕의 소유자이고, 이를 통해 서구의 문명을 위협하고 오염시킬 수 있다는 가정에 근거한 편견이다.[8)]

프로스페로는 열등한 이방인의 야만적 성욕을 끊임없이 비난한다. 그러나 캘리밴은 미란다를 겁탈하려 했다는 프로스페로의 질책을 “이 섬 전체를 캘리밴의 자손들로 꽉 채웠을 것”이라고 받아치는데, 이는 캘리밴의 시도가 단순한 성적인 욕망의 충족만이 아니라 자신의 영토를 점유하려는 갈망의 표현으로 해석될 여지를 남겨두고 있다(Orgel 55). 3막 2장에서 캘리밴은 스테파노에게 프로스페로의 마술 책을 뺏어 불태우고 왕이 되라고 유혹하면서 다시 한 번 미란다를 언급한다.

---

8) 문명에 대한 이종결합의 위협에 대해서는 Mercer 245쪽 참조. 마노니(Mannoni)는 백인을 오염시킬지도 모르는 유색인종의 성욕에 대한 백인의 불안감을 “프로스페로 콤플렉스”라고 명명했다(110).

> 캘리밴: 놈의 말로는 딸이 절세미인이래요. 난 여자라고는
> 내 어머니 시코랙스와 그 계집밖에 본 적이 없어요.
> 그런데 어머니가 그 계집을 따라가려면
> 가랑이가 찢어질 지경이랍니다.
> 스테파노: 그렇게 잘난 계집이야?
> 캘리밴: 아, 그럼요, 나리. 나리 밑에 깔고 자기 좋을 겁니다.
> 장담하죠. 근사한 새끼들을 낳아 줄 겁니다.
> 스테파노: 괴물아, 놈을 죽일 테다.
> 내가 왕이 되고, 놈의 딸을 왕비로 삼자. (3.2.100-107)

캘리밴은 미란다가 "밑에 깔고 자기 좋은" 여자이고, "근사한 새끼들을 낳아 줄 것"이라고 장담하면서 스테파노를 부추기는데, 이는 섬 전체를 자신의 자식들로 꽉 채우고 싶은 캘리밴의 욕망이 좌절되었다는 것을 시사한다. 프로스페로가 살아 있는 한 이는 불확실하고, 자신의 힘으로 프로스페로를 제거하기란 어렵기 때문이다. 그리하여 캘리밴은 스테파노를 프로스페로의 권력을 찬탈할 힘이 있는 사람이라고 생각하고 그를 통해 대리 만족을 얻으려고 한다. 캘리밴의 희망대로 되는 것은 아니지만 허구적 차원에서 미란다는 캘리밴과 스테파노 사이에서 스테파노의 "근사한 새끼들을 낳아 줄" 교환 대상으로 전락한다. 어쨌든 캘리밴이 미란다를 겁탈하려 했다는 사실은, 그의 모든 항변을 무기력하게 만들고 기존의 질서에 도전하는 파괴적 행위로 간주되며, 프로스페로가 그에 대한 "임의적인 통제를 정당화"하는 근거로 작용한다(Barker & Hulme 199). 그리하여 강간 시도 이후 프로스페로는 캘리밴을 더욱 더 감시하고 통제한다.

프로스페로의 딸인 미란다가 자신을 눈독 들이는 캘리밴 앞에 모습을 드러

내기 싫어하는 것은 당연하다.[9] 그러나 미란다는 야만인인 캘리밴에게 문명의 언어를 가르치라는 아버지의 명을 거절하지 못한다. 아버지에 대한 불복종은 "가부장제의 질서를 거부하는 것"을 의미하기 때문이다. 짐승 같은 야만인 캘리밴의 성적인 위협으로부터 딸을 보호해 줄 아버지라는 존재의 중요성이 부각되면서 아버지에 대한 미란다의 의존성은 더 커지고 "아버지에 대한 종속의 정도" 또한 심화될 수밖에 없다. 가부장제에서 미란다는 프로스페로에게 복종해야하는 딸의 위치에 있다. 그러나 캘리밴과의 관계에서는 그녀도 프로스페로처럼 지배자로 행세할 수 있는 위치에 있다. 그러므로 "백인 여성 미란다의 입장은 양가적" 위치에 있다(김성환 733). 이에 대해서는 후에 좀 더 자세히 논의하기로 한다.

1막 2장에서 프로스페로가 언급한 것처럼 폭풍우로 배를 난파시켜 퍼디난드를 이 섬에 오게 한 것은 딸인 미란다를 위한 일이다. 모든 것이 프로스페로의 각본에 따라 움직인다는 말이다. 프로스페로가 난파하여 일행을 찾으려고 헤매고 있는 퍼디난드를 언급하자, 미란다는 퍼디난드를 두고 다음과 같이 언급한다. "거룩한 분이라고 불러야겠어요. 전 아직까지 저렇게 고상한 사람을 본 적이 없으니까요"(1.2.418-20). 미란다는 첫눈에 퍼디난드에 반한 셈이다. 이를 보고 프로스페로는 "그렇지, 생각대로 돼 가는구나."라고 말하는데, 이는 미란다와 퍼디난드의 만남이 프로스페로의 계획에 따라 진행되고 있다는 것을 증거이다. 미란다를 처음 본 퍼디난드의 반응 역시 미란다와 유사하다.

> 이 음악은 저 여신에게 바쳐진 음악일 거야.

---

9) 프로스페로가 자신의 딸을 "성적 미끼"로 이용하여 캘리밴의 성적 충동을 자극하면서 동시에 그 욕망을 감시하고 억압함으로써 캘리밴을 효과적으로 지배한다는 주장은 다소 무리가 있으나 재미있는 지적이다(Leininger, "Miranda Trap" 289).

제발 알려 주세요. 이 섬에 살고 계신 분인가요?
여기서 어떻게 하는 게 좋을지를 가르쳐 줘요.
뒤늦게 묻지만 매우 궁금한 일이 있답니다.
신비로운 분이시여,
그대는 처녀신가요, 아닌가요? (1.2.423-28)

퍼디난드도 미란다를 보고 첫눈에 사랑에 빠진다. 그런데 그가 미란다에게 처음으로 묻는 말이 그녀의 처녀성이고, 미란다는 자신이 "신비로울 건 없지만, 저는 분명 처녀"라고 밝힌다. 프로스페로는 이 둘이 "서로의 눈빛을 보고 첫 눈에 반해 버렸다."는 것을 알고 에어리얼에게 "수고한 대가로 해방시켜 주겠다."고 말한다(1.2.441-43). 에어리엘이 자신의 명에 따라 퍼디난드를 유인해 미란다를 만나게 했기 때문이다. 이 또한 둘의 만남이 프로스페로의 계획 아래 진행되고 있다는 증거이다.

퍼디난드는 미란다가 처녀인지를 묻고 만약 처녀라면 미란다를 왕비로 맡겠다고 말한다. "그대가 처녀라면, 아무에게도 애정을 바치지 않은 처녀(virgin)라면, 나 그대를 나폴리 왕비로 삼겠소"(1.2.448-50). 미란다의 처녀성이 왕비가 될 조건인 셈이다. 퍼디난드는 3막 1장에 이르러서야 미란다의 이름을 묻는데, 그녀의 이름을 묻기도 전에 퍼디난드가 그녀가 처녀인지를 묻는다는 점은 흥미롭다. 그가 얼마나 미란다의 처녀성에 집착하는지를 드러내는 일일 것이다. 어쨌든 퍼디난드와 미란다는 첫눈에 사랑에 빠진다. 그러나 프로스페로는 퍼디난드가 미란다를 너무 쉽게 얻으면 그녀를 가볍게 여길지도 모른다는 생각에서 이들의 "너무 빠른 사랑의 진행"(1.2.452)을 늦추고 경계한다. 욕망의 충족을 지연시켜 그들의 사랑을 더욱 견고하게 하려는 심산이다. 그리하여 프로스페로는 퍼디난드를 거칠게 대한다.

미란다의 정조에 대한 강박 관념을 퍼디난드만이 가진 것은 아니다. 프로스페로 또한 미란다의 정조에 집착한다. 미란다의 처녀성 유지에 대한 프로스페로의 강박관념은 퍼디난드의 집착과는 달리 정치적이다. 미란다가 처녀성을 유지하지 못하면 퍼디난드와의 결혼을 통해 잃은 정치적 권력을 복원하고 밀라노와 나폴리의 동맹을 끌어내려는 프로스페로의 계획이 실패하기 때문이다. 그러므로 미란다의 처녀성은 밀라노 왕국의 정치적 안정을 위한 중요한 조건이며, 밀라노와 나폴리의 정치적 역학관계 속에서 중요하게 작용한다. 미란다가 단순한 성적 욕망의 대상만은 아니라는 말이다. 이러한 역학관계는 미란다와 퍼디난드의 관계를 통해 보다 분명해진다. 미란다와 퍼디난드는 단순한 선남선녀가 아니다. 미란다는 밀라노의 왕좌를 찬탈당한 프로스페로의 딸이며 퍼디난드는 나폴리 왕국의 태자로 장차 왕국을 계승할 인물이다. 둘의 결혼은 단순한 연인의 결합이 아니라 정치적 의미를 함의하며, 미란다의 정조는 정치적 "거래 조건"으로써 중요한 의미를 띠고 있다. 그리하여 프로스페로는 처음부터 미란다와 퍼디난드의 만남과 구애 과정을 조정하고 성욕을 통제한다(김성환 737). 퍼디난드를 자신의 딸 미란다의 배우자감으로 지목했을 때부터 프로스페로는 결혼하기까지 순결을 유지해야만 축복을 받을 수 있다는 것을 퍼디난드에게 주지시키면서 미란다에 대한 퍼디난드의 욕망을 조절하고 통제한다.

프로스페로는 퍼디난드가 나폴리 왕자라는 이름을 사칭하고, "이 섬에 첩자로 들어와서, 그 주인인 나에게서 섬을 뺏으려는 게 아닌가?"(1.2.455-57)라고 물으면서 퍼디난드를 거칠게 다루고 험한 일을 하도록 강요한다. 이를 보다 못한 미란다가 퍼디난드를 거들면서 선량한 분 같으니 퍼디난드를 "너무 급하게 시험하지 마라"(1.2.468)고 하자 프로스페로는 화를 내면서 "내 수족이 날 가르칠 셈이냐?"(1.2.470)고 질책하면서 칼을 들고 대적하려는 퍼디난드를 무장해제 시킨다. 퍼디난드를 '반역자'로 '적'으로 부르면서 거칠게 대하는 프로스페로에게 미란다는 퍼디난드를 불쌍히 여겨 부드럽게 대해달라고 애원한다. 그러나 프로스페로는 퍼디난드도 캘리밴 같은 사내이고 협잡꾼이니 그를 두둔하지 말라고 야단친다. 그러나 미란다는 계속 퍼디난드를 두둔하고 "더 훌륭한 사람을 만나고 싶은 욕심은 없다"(3.1.483-84)고 하면서 자신의 뜻을 밝힌다. 지금까지 아버지에게 순종했던 미란다와는 다른 모습이다. 사랑이 그녀를 용감하게 만든 것이다. 그러나 그녀의 불복종이 페로스페로의 뜻에 대항할 수 있을 만큼 강력한 것은 아니다. 모든 것이 마법을 행사하는 프로스페로의 통제 안에 있어 침묵과 복종은 불가피하기 때문이다. 퍼디난드를 만나 첫눈에 사랑에 빠진 것도, 그의 고통을 안타깝게 여기는 마음도 모두 프로스페로의 계획 아래 진행된 일들이다. '수족'인 그녀가 머리인 아버지 프로스페로를 가르칠 수도 거역할 수도 없는 노릇이다.

미란다는 아버지의 통제와 보호 아래 양육되어야 하는 어린애와 같다. 그리하여 프로스페로가 처음에는 미란다와 퍼디난드의 관계를 순순히 허락하지 않고 그들의 사랑을 시험한다. 미란다와 퍼디난드의 관계 역시 프로스페로의 손에 통제되고 있는 것이다. 프로스페로는 시험하기 위해 왕자의 신분인 퍼디난드에게 의도적인 시련, 즉 장작을 나르는 육체노동을 부과하면서 그를 지켜본다. 퍼디난드는 수많은 통나무를 나르는 힘든 일을 하지만 이를 기쁜 마음으로 한다. 자신이 천한 일을 하는 걸 보고 안타까워하는 미란다를 보고 위안을 얻기 때문이다. 힘든 일을 하면서도 미란다를 생각하면 즐거운 퍼디난드는 미란다에게 "놀라움의 극치요! 이 세상에서 가장 귀한 분"(3.1.37-38)이라는 찬사를 바치고, 미란다는 다음과 같이 화답한다.

> 남자라곤 훌륭한 당신과 사랑하는 제 아빠 외에는
> 만나 본 적이 없어요. 다른 곳에 사는 사람들 얼굴이

> 어떻게 생겼는지 모르지만, 제 지참금 가운데
> 귀한 보석인 제 정조를 두고 맹세해요. 당신 말고는
> 이 세상 어떤 다른 이와도 사귀고 싶지 않아요.
> 그리고 당신의 모습 외에는 제가 좋아할
> 그 어떤 다른 모습도 상상할 수도 없어요. (3.1.50-57)

미란다는 퍼디난드와 프로스페로 외에는 어떤 남자도 만나 본 적이 없다고 말하는데, 그럼 캘리밴은 남자가 아니란 말인가? 퍼디난드를 만나기 전에 아버지 외에 미란다가 본 것이 캘리밴이기 때문이다. 미란다는 자신의 지참금 가운데 "귀한 보석인 정조"를 두고 퍼디난드에 대한 사랑을 맹세한다. 미란다의 정조는 그녀 자신뿐만 아니라 그녀 주위의 모든 남성들에게도 중요한 보석이다. 정조를 두고 맹세하는 미란다에게 퍼디난드는 자신이 나폴리의 왕자라는 것을 밝히고 장차 왕이 될 것이라는 것을 밝히면서 자신의 마음을 노예로 삼아 미란다를 섬기고 "이 세상의 모든 한계를 초월해서" 미란다를 사랑하겠다고 고백한다(3.1.71-73). 단 미란다의 정조를 담보로 삼아…

퍼디난드의 구애에 대한 미란다의 반응은 퍼디난드의 사랑 고백보다 더 적극적이다. 퍼디난드의 사랑 고백을 듣고 감격을 하여 눈물을 흘리면서 미란다는 다음과 같이 퍼디난드에 대한 헌신을 맹세한다.

> 사랑을 감추려고 하면 할수록 더욱 크게 드러나죠.
> 수줍어하는 체하는 마음이여, 사라져라!
> 성스럽고 순진한 마음으로 솔직하게 말하라!
> 저와 결혼해 주신다면 전 당신의 아내랍니다.
> 아내가 될 수 없다면 당신 하녀로 죽겠어요.
> 거절하셔도 당신의 여자가 되겠어요.
> 거절하시든 승낙하시든 당신 하녀가 되겠어요. (3.1.80-86)

퍼디난드에 대한 미란다의 사랑은 아내가 될 수 없으면 하녀라도 되겠다는 각오를 통해 강조되고 있으며, 이는 미란다의 노예가 되어서라도 그녀를 섬기겠다는 퍼디난드의 맹세를 비춘다. 미란다와 퍼디난드는 서로의 노예가 되길 마다하지 않는다. 타의가 아니라 자발적인 종속을 자처하는 셈이고 이는 사랑하는 사람들 사이에서만 가능한 현상일 것이다. 그들은 모든 것을 주고 사랑을 얻는다. 미란다가 퍼디난드의 아내가 되어 줄 수 있는 가장 큰 선물은 자신의 처녀성일 것이다. 프로스페로의 각본에 따라 움직이는 미란다와 퍼디난드이지만, 이들의 사랑 고백을 지켜본 프로스페로는 감격하여 "둘 사이에서 태어난 사랑에 은총의 비를 내리라!"고 축원한다.

4막 1장에 이르러 프로스페로의 가혹한 시험을 통과한 퍼디난드에게 미란다라는 처녀가 '선물'로 주어진다. 동굴 앞에서 프로스페로는 퍼디난드에게 다음과 같이 말한다.

> 자네를 너무 가혹하게 대했는지 모르지만,
> 거기 대한 보상은 주어진 셈이야.
> 내 생명의 삼분의 일, 아니 삶의 보람으로 삼고 있는
> 내 딸을 여기 자네한테 주었으니까. 다시 한 번
> 자네 손에 맡기겠네. 지금까지 자네를 괴롭힌 건
> 자네의 사랑을 시험해보기 위해서였네.
> 그런데 자네는 용케도 그 시험을 잘 견뎠어.
> 여기 하늘 앞에 맹세하고 내 귀한 선물을 자네에게 주겠네. (4.1.1-8)

프로스페로는 이제 미란다라는 '귀한 선물'(rich gift)을 퍼디난드에게 주고 맡기겠다고 하는데, 그에게 딸은 다른 사람에게 줄 수 있는 그 무엇이고, 다른

사람이 손에 넣을 수 있는 그 무엇이다. 즉 여성은 남성들 간의 교환 대상이고, 이제 딸에 대한 소유권은 아버지에게서 남편으로 이전된 것이다(Stone 38). 프로스페로는 미란다의 처녀성을 담보로 장차 나폴리의 왕이 될 퍼디난드를 사위로 맞게 되고, 나폴리와의 정치적 동맹을 유지하게 된다. 그러나 정치적 이득은 여기서 그치지 않는다. 프로스페로의 딸이 나폴리 왕국의 왕손을 낳을 것이기 때문이다.

퍼디난드는 시련을 극복하고 그에게 보상이 주어진다. 그러나 보상은 단순히 주어지지는 않는다. 미란다란 선물은 "정조에 관한 세 겹의 경고"로 포장되어 제시된다(Skura 60). 즉 미란다는 그가 퍼디난드에게 주는 선물이라고 한 프로스페로는 퍼디난드에게 결혼식을 거행하기 전에 결코 신부의 정조를 범하지 말 것을 명하면서, 그럴 경우 그들의 사랑과 결혼은 하늘의 축복을 받을 수 없을 것이며 "서로의 증오 속에 자식을 낳지 못할 것이며" "서로의 불화 속에 침실은 몹쓸 잡초가 무성"하리라고 경고한다(4.1.15-22). 선물이 값지기 위해서는 흠이 없어야 하고, 미란다에게 정조의 파기는 가장 큰 흠이 될 것이다. 그러니 결혼 전에 순결을 유지하는 것은 대단히 중요하다.

프로스페로는 순결하고 신성한 결혼의 중요성을 강조하면서 혼례를 올리기 전까지는 사랑을 절제를 요구하고, 퍼디난드는 "어두운 굴이 유혹해도, 아무리 좋은 기회나 장소가 주어져도, 아무리 사악한 영이 강렬하게 유혹한다고 해도, 욕정 때문에 제 명예를 더럽히진 않고" 순결을 유지하여 "혼인날의 기쁨을 헛되이 하지 않겠다."고 맹세한다(4.1.25-29). 이미 인용한 바 있는 롤프와 포카혼타스에 관한 자료는 "성욕에 관한 담론이 식민 담론의 영역과 관련"을 맺고 있음을 드러내고 있는데, 이러한 양상이 『태풍』에서도 나타나고 있는 것이다. 롤프가 "욕정에 대한 이성"의 "육체에 대한 영혼"의 지배를 통해 힘을 행사하고 있듯, 프로스페로도 자신의 사위가 될 퍼디난드와 딸의 성욕을 다스릴 수 있는 능력을 통해 그 힘을 행사하고 있다(Brown 51). 즉 프로스페로는 방종한 욕망에 질서를 부여하는 존재이다.

5막 1장에서 체스 게임[10]을 하면서 다정하게 앉아 있는 퍼디난드와 미란다를 본 곤잘로는 왕자의 생존을 기뻐하면서 다음과 같이 말한다. "밀라노 공작께서 밀라노에서 추방당한 것이, 그 후손을 나폴리의 왕으로 만들기 위함인가?"(5.1.205-206). 프로스페로가 "그 후손을 나폴리의 왕으로 만들기 위해" 추방된 것은 아니지만, 결과적으로는 자신의 딸과 퍼디난드의 혼인 관계를 통해 그의 후손이 나폴리의 왕좌에 오를 것이다. 그는 미란다라는 '귀한 선물'을 퍼디난드에게 줌으로써 그 대가로 나폴리 왕국의 권력 또한 얻게 된 것이다. 퍼디난드와 미란다의 결혼식이 남아 있지만 이로서 미란다의 처녀성을 둔 프로스페로와 퍼디난드 사이의 교환과 거래가 완성된 셈이다.

프로스페로와 캘리밴과의 관계에서 미란다가 "양가적"인 위치에 있다는 것을 언급한 바 있다. 미란다는 아버지 프로스페로와의 관계에서 종속의 위치에 있다. 그러나 유색인종 캘리밴과의 역학 관계에서 백인 여성인 미란다는 캘리밴보다 우위에 있다. 1막 2장에서 아버지의 명에 따라 미란다는 캘리밴을 가르치면서 다음과 같이 캘리밴에 대한 불만을 드러낸다.

> 혐오스런 종놈. 온갖 못된 짓은 하고,
> 어떤 선한 흔적도 찾아볼 수 없는 놈!
> 난 너를 측은히 여겨 말을 가르쳐 주었고,
> 매번 이것저것을 가르쳐 주었다.
> 야만인 네가 하는 말이 무슨 뜻인지도 모르고,
> 짐승처럼 횡설수설했을 때, 나 미란다가

10) 폴 브라운(Paul Brown)에 따르면 이 체스 게임은 프로스페로가 훈수를 뜨고 "미란다가 졸(pawn)인 구애 게임"이다(66).

> 뜻이 통하는 말로 의사소통할 수 있도록 해 주었지.
> 아무리 가르쳐도 네 놈의 비천한 천성은 고쳐지지 않아,
> 선한 사람과는 같이 살 수가 없었던 거지.
> 그러니 널 이 바위 속에 가두는 건 당연한 일이고.
> 네 놈은 감옥에 처넣어도 할 말 없는 놈이야. (1.2.351-62)

미란다는 가부장제의 규범에 종속된 존재이지만 동시에 캘리밴에게는 식민지배자로서 인종차별담론을 구사하는 모순된 주체의 위치에 있는 인물이다(Donaldson 6). "혐오스런 종놈"이라고 하면서 캘리밴을 대하는 미란다의 태도는 아버지인 프로스페로와 다를 바 없다. 아버지와의 관계에서는 종속의 위치에 있지만, 캘리밴과의 관계에서는 지배자로 군림하고 있기 때문이다. 미란다에 따르면 캘리밴의 언어는 프로스페로와 미란다에게는 인간의 언어라고 할 수 없을 만큼 열등하여 결코 그들의 문화적 기준과 부합될 수 없다. 교육에도 불구하고 캘리밴은 결코 그들 식으로 문명화되지 않는다. 캘리밴의 천성 자체가 비천하기 때문이다. 그리하여 미란다 역시 프로스페로처럼 캘리밴에 대한 처벌과 통제, 그리고 그에 대한 지배가 당연하다는 논리를 편다.

셰익스피어는 이를 통해 신세계와 원주민에 대한 서구인의 자기합리화적인 태도를 읽어내고, 프로스페로와 미란다를 식민담론의 어두운 측면과 연결지우면서 부정적 측면을 부각시킨다(Skura 44). 캘리밴에 대한 통제와 지배가 당연하다는 미란다의 논리가 정당성을 확보하는 것은 아니지만, 이는 성차별과 인종차별이 동시에 진행될 때, 인종차별의 강도가 훨씬 강하게 작용하고 있다는 것을 보여주는 단적인 예이다. 미란다는 성적인 타자이지만 캘리밴은 미란다의 인종적 타자로 전락하여 종속의 위치에 놓이기 때문이다. 캘리밴이 미란다를 아무리 깔고 자고 싶어도 그녀는 백인 여성이다. 백인 여성은 백인 남성에게 종속되어 있지만 유색인 남성과의 권력 관계에서는 백인 여성이 우위에 있

기 때문이다. 인종담론이 성담론보다 훨씬 강력하게 작용한다는 말이다.

IV

여성의 몸이 남성 욕망의 대상으로 그리고 교환 대상으로 거래되고 있음을 살펴보았다. 그리고 이 과정에서 모든 남성들이 여성의 처녀성에 집착하고 있음을 보았다. 앞서 언급한 것처럼 여성은 은유적으로 남성의 욕망에 식민화된 타자이며, 여성의 몸이라는 '처녀지'는 남성을 유혹하는 또 다른 식민지이다. 신세계가 식민통치자의 욕망 대상인 것처럼 여성의 몸도 남성의 욕망 대상이다. 그러므로 이 작품에서 미란다에게 주어진 프로스페로의 성담론은 변형된 형태의 식민담론이다. 프로스페로가 미란다의 의식을 규정하기 위해 구사하는 성담론은 "제국주의적 언술행위"와 유사하고, 이를 통해 미란다 또한 인종적 타자 캘리밴처럼 "자신의 목소리를 잃고 침묵하는 식민화된 타자"의 위치로 전락하기 때문이다(Ashcroft 174).

프로스페로가 딸 미란다의 성욕을 감시하고 통제하는 방식은 그 속성상 유색인종인 캘리밴을 감시하고 통제하는 방식과 유사하며, 백인과 유색인종 사이의 지배 종속의 관계는 남성과 여성 사이의 지배·종속의 관계와 유사하다. 그러므로 이 작품에서 여성을 타자화하는 성담론과 유색인종을 타자화하는 인종담론은 권력의 관점에서 큰 차이가 없다. 캘리밴을 타자화하는 식민지배자 프로스페로의 인종담론이 미란다를 타자화하는 가부장 프로스페로의 성담론과 유사하다는 말이다. 그런데 미란다의 위치는 특이하다. 그녀는 가부장제 사회의 타자로 존재하지만, 캘리밴과의 관계에서는 지배자로 존재한다. 그녀는 성적 타자이지만 인종적 지배자인 셈이다. 이는 성담론과 인종담론이 타자를 재현하는 방식이 유사하기해도 그 강도에 있어서는 차이가 있다는 것을 보여준다.

『태풍』은 성담론과 인종담론이 정치적 역학관계 속에서 어떻게 식민담론에 기여하는가를, 그리고 이를 통해 백인 남성이 타자인 유색인종과 여성을 어떻게 침묵시키고 지배하는지를 보여주는 작품이다. 그러나 셰익스피어가 유색인종에 대한 백인의 지배를, 그리고 여성에 대한 남성의 지배를 당연시하는 것은 아니다. 자신의 마술은 정당하고 캘리밴의 어미가 행사하는 마술은 부정하다고 비난하는 프로스페로를 통해, 그리고 자신의 딸인 미란다의 '유아성'을 강조하면서 여성의 성욕을 통제하여 이를 정치적으로 이용하는 프로스페로의 비인간적인 모습을 통해 가부장제를 근간으로 한 남성중심의 성담론이 얼마나 이기적인지를 드러내고 있기 때문이다.

프로스페로에 의해 문명 부재의 섬으로 규정된 캘리밴의 섬과 프로스페로가 식민담론의 정당성을 강화시키는 방편으로 전유된 '야만인'으로서의 캘리밴의 존재는 도리어 서구문명 속에 은폐되어 있는 식민담론의 부정성과 야만성을 드러낸다. 지배의 정당성을 확보하기 위해 프로스페로가 캘리밴에게 투사한 괴물, 야만인, 악마라는 이미지는 인종차별적 담론행위에 의해 형성된 허구적 타자상이기 때문이다. "이 섬이 원래 나의 것"이라는 캘리밴의 목소리를 확대하여 들려주면서 지배의 정당성을 의문시하고, 캘리밴이 무대 위에서 자신을 억압하는 식민지배자에게 공개적으로 항의하도록 허용하고 있기 때문이다. 셰익스피어가 이 텍스트를 통해 보여주는 것은 인종차별주의가 아니라 인종차별담론에 내포된 문제이고 성차별주의가 아니라 이에 내포된 문제이다.

■ 인용문헌

김성환. “내 수족이 날 가르칠 셈인가?”: 『태풍』에 나타난 침묵을 강요받는 여성들. *Shakespeare Review* 36.4 (20000): 725-51.

김종환. “『폭풍우』에 나타난 문명의 야만성과 야만인의 문화.” 『영어영문학』 41.1 (1995): 167-89.

김화선. “초기 식민주의 담론에 나타난 기독교적 팽창주의와 여성의 몸—콜럼부스의 『일기』와 셰익스피어의 『폭풍』을 중심으로.” *Shakespeare Review* 38.3 (2002): 931-51.

Ashcroft, Bill, Gareth Griffiths and Helen Tiffin. *The Empire Writes Back*. New York: Routledge, 1989.

Barker, Francis and Peter Hulme. “Nymphs and Reapers Heavily Vanish: The Discursive Con-Texts of *The Tempest.*” *Alternative Shakespeares*. Ed. John Drakakis. London: Methuen, 1985. 191-205.

Belsey, Catherine. *The Subject of Tragedy: Identity and Difference on Renaissance Drama.* London: Methuen, 1985.

Bhabha, Homi K. *The Location of Culture*. London: Routledge, 1993.

Brown, Paul. “‘This Thing of Darkness I Acknowledge Mine’: *The Tempest* and the Discourse of Colonialism.” *Political Shakespeare: New Essays in Cultural Materialism.* Eds. Jonathan Dollimore and Alan Sinfield. Manchester: Manchester UP, 1985. 48-71.

Donaldson, Laura E. *Decolonizing Feminisms: Race, Gender and Empire Building.* London: Routledge, 1992.

Frey, Charles. “*The Tempest* and the New World.” *SQ* 30.1 (1979): 29-41.

Greene, Gayle. “This that you call love: Sexual and Social Tragedy in *Othello*.” *Journal of Women's Studies in Literature* 1.1 (1979): 16-32.

Griffiths, Trevor R. “‘This Island's mine’: Caliban and Colonialism.” *Yearbook of English Studies* 13 (1983): 159-80.

Hankins, John E. "Caliban the Bestial Man." *PMLA* 62 (1947): 793-801.

Hantman, Jeffrey L. "Caliban's Own Voice: American Indian Views of the Other in Colonial Virginia." *New Literary History* 23 (1992): 69-81.

Hawkes, Terence. "Swisser-Swatter: Making a Man of English Letters." *Alternative Shakespeares*. Ed. John Drakakis. London: Methuen; 1985. 26-46.

Hulme, Peter. *Colonial Encounters: Europe and the Native Caribbean, 1492-1797.* London: Methuen, 1986. 89-134.

Jourdain, Sylvestre. *A Discovery of the Barmudas.* 1619. Scholars' Facsimiles & Reprints. Virginia: Virginia UP, 1940.

Kermode, Frank, "Introcuction." *The Tempest.* By William Shakespeare. London: Methuen, 1961.

Knight, G. Wilson. *The Crown of Life*. 1947. New York: Methuen, 1982. Rpt.

Leininger, Lorie Jerrell. "The Miranda Trap: Sexism and Racism in Shakespeare's *Tempest*." *The Woman's Part: Feminist Criticism of Shakespeare*. Eds. Carolyn R. S. Lenz, Gayle Greene, Carol T. Neely. Urbana: U of Illinois P, 1980. 289-94.

Leininger, Lorie. "Cracking the Code of *The Tempest.*" *Bucknell Review* 25 (1980): 121-131.

Loomba, Ania. *Gender, Race, Renaissance Ddrama*. New York, Toronto, Delhi: Oxford UP, 1992.

Mannoni, Octave. *Prospero and Caliban: The Psychology of Colonization.* Trans. P. Powesland. New York: Frederick Praeger, 1956.

Mercer, Kobena. "Just Looking for Trouble: Robert Mapplethorpe and Fantasies of Race." *Dangerous Liaisons: Gender, Nation, and Postcolonial Perspectives.* Eds. A. McClintock, A. Mufti, and E. Shohat. Minneapolis: U of Minnesota P, 1997. 240-52.

Nagel, Joane. *Race, Ethnicity, and Sexuality*. Oxford: Oxford UP, 2003.

Newman, Karen. "Renaissance Family Politics and Shakespeare's *The Taming of the*

Shrew." *ELR* 16 (1986): 86-100.

Orgel, Stephen. "Shakespeare and the Cannibals." *Cannibals, Witches, and Divorce: Estranging the Renaissance*. Ed. Marjorie Garber. Baltimore: Johns Hopkins UP, 1987. 40-66.

Phillips, James E. "*The Tempest* and the Renaissance Idea of Man." *SQ* 15 (1964): 147-59.

Scott, M. W. and S. L. Williamson, ed. *Shakespearean Criticism*. Vol.8. Detroit: Gale Research, 1989.

Singh, Jyotsna G. "Caliban versus Miranda: Race and Gender Conflicts in Postcolonial Rewritings of *The Tempest*." *Feminist Readings of Early Modern Culture: Emerging Subjects*. Eds. Valerie Traub, et. al. Cambridge: Cambridge UP, 1996. 191-209.

Skura, Meredith A. "Discourse and the Individual: The Case of Colonialism in *The Tempest*." *SQ* 40 (1989): 42-69.

Sousa, Geraldo U. de. "*The Tempest*, Comedy, and the Space of the Other." *Acting Funny: Comic Theory and Practice in Shakespeare's Plays*. Ed. Frances Teague. Rutherford: Fairleigh Dickinson UP, 1994. 52-65.

Spender, Dale. *Man Made Language*. London: Routledge & Kegan Paul, 1981.

Stone, Lawrence. *Family, Sex and Marriage in England 1500-1800.* Abriged Edition. New York: Harper & Row, 1987.

Underdown, David. "The Taming of the Scold: the enforcement of patriarchal authority in Early Modern England." *Order and Disorder in Early Modern England.* Eds. A. Fletcher and John Stevenson. Cambridge: Cambridge UP, 1985. 116-36.

Vaughan, Alden T. and V. M. Vaughan. *Shakespeare's Caliban: A Cultural History*. New York: Cambridge UP, 1991.

■ 작품인용 원문

(3.2.135-43) The isle is full of noises,/ Sounds, and sweet airs, that give delight, and hurt not./ Sometimes a thousand twangling instruments/ Will hum about mine ears; and sometime voices,/ That if I then had wak'd after long sleep,/ Will make me sleep again, and then in dreaming,/ The clouds methought would open, and show riches/ Ready to drop upon me, that when I wak'd/ I cried to dream again.

(1.2.331-44) This island's mine, by Sycorax my mother,/ Which thou tak'st from me. When thou cam'st first,/ Thou strok'dst me and made much of me, wouldst give me/ Water with berries in't, and teach me how/ To name the bigger light, and how the less,/ That burn by day and night; and then I lov'd thee/ And show'd thee all the qualities o' th' isle,/ The fresh springs, brine-pits, barren place, and fertile./ Curs'd be I that did so! All the charms/ Of Sycorax, toads, beetles, bats, light on you!/ For I am all the subjects that you have,/ Which first was mine own king; and here you sty me/ In this hard rock, whiles you do keep from me/ The rest o' th' island.

(2.2.24-34) What have we here? a man or a fish? Dead or alive? A fish: he smells like a fish; a very ancient and fish-like smell; ... A strange fish! Were I in England now, (as once I was) and had but this fish painted, not a holiday fool there but would give a piece of silver. There would this monster make a man; any strange beast there makes a man. When they will not give a doit to relieve a lame beggar, they will lay out ten to see a dead Indian. Legg'd like a man; and his fins like arms!

(4.1.188-92) A devil, a born devil, on whose nature/ Nurture can never stick; on whom my pains,/ Humanely taken, all, all lost, quite lost;/ And as with age his body uglier grows,/ So his mind cankers.

(1.2.365-71) Hag-seed, hence!/ Fetch us in fuel, and be quick, thou'rt best,/ To answer other business. Shrug'st thou, malice?/ If thou neglect'st, or dost unwillingly/ What I command, I'll rack thee with old cramps,/ Fill all thy bones with aches, make thee roar/ That beasts shall tremble at thy din.

(4.1.215-19) Prithee, my king, be quiet. Seest thou here,/ This is the mouth o' th' cell. No noise, and enter./ Do that good mischief which may make this island/ Thine own for ever, and I, thy Caliban,/ For aye thy foot-licker.

(5.1.268-76) Mark but the badges of these men, my lords,/ Then say, if they be true. This misshapen knave/ His mother was a witch, and one so strong/ That could control the moon, make flows and ebbs,/ And deal in her command without her power./ These three have robb'd me, and this demi-devil/ (For he's a bastard one) had plotted with them/ To take my life. Two of these fellows you/ Must know and own, this thing of darkness I/ Acknowledge mine.

(1.2.16-21) I have done nothing but in care of thee/ (Of thee, my dear one, thee my daughter), who/ Art ignorant of what thou art, nought knowing/ Of whence I am, nor that I am more better/ Than Prospero, master of a full poor cell,/ And thy no greater father.

(1.2.53-59) *Prospero.* Twelve year since, Miranda, twelve year since,/ Thy father was the Duke of Milan and/ A prince of power./ *Miranda.* Sir, are not you my father?/ *Prospero.* Thy mother was a piece of virtue, and/ She said thou wast my daughter; and thy father/ Was Duke of Milan, and his only heir/ A princess no worse issued.

(1.2.66-74) My brother and thy uncle, call'd Antonio/ —I pray thee mark me—that a brother should/ Be so perfidious!—he whom next thyself/ Of all the world I lov'd, and to him put/ The manage of my state, as at that time/ Through all the signiories it was the first,/ And Prospero the prime duke, being so reputed/ In dignity, and for the liberal arts.

(1.2.117-20) *Prospero.* Mark his condition, and th' event, then tell me/ If this might be a brother./ *Miranda.* I should sin/ To think but nobly of my grandmother:/ Good wombs have borne bad sons.

(1.2.263-71) This damn'd witch, Sycorax,/ For mischiefs manifold and sorceries terrible/ To enter human hearing, from Argier/ Thou know'st, was banish'd; for one thing she did/ They would not take her life. (…)/ This blue-ey'd hag was hither brought with child/ And here was left by th' sailors. Thou, my slave,/ As thou report'st thyself, wast then her servant.

(1.2.344-51) *Prospero.* Thou most lying slave,/ Whom stripes may move, not kindness! I have us'd thee,/ (Filth as thou art) with human care, and lodg'd thee/ In mine own cell, till thou didst seek to violate/ The honour of my child./ *Caliban.* O ho, O ho, would't had been done!/ Thou didst prevent me; I had peopled else/ This isle with Calibans.

(3.2.100-107) *Caliban.* Calls her a nonpareil. I never saw a woman/ But only Sycorax my dam and she;/ But she as far surpasseth Sycorax/ As great'st does least./ *Stephano.* Is it so brave a lass?/ *Caliban.* Ay, lord, she will become thy bed, I warrant,/ And bring thee forth brave brood./ *Stephano.* Monster, I will kill this man. His daughter and I will be king and queen.

(1.2.423-28) Most sure, the goddess/ On whom these airs attend! Vouchsafe, my pray'r/ May know if you remain upon this island,/ And that you will some good instruction give/ How I may bear me here. My prime request,/ Which I do last pronounce, is, (O you wonder!)/ If you be maid or no?

(3.1.50-57) Nor have I seen/ More that I may call men than you, good friend,/ And my dear father. How features are abroad/ I am skillless of; but, by my modesty/ (The jewel in my dower), I would not wish/ Any companion in the world but you;/ Nor can imagination form a shape,/ Besides yourself, to like of.

(3.1.80-86) And all the more it seeks to hide itself,/ The bigger bulk it shows. Hence, bashful cunning,/ And prompt me, plain and holy innocence!/ I am your wife, if you will marry me;/ If not, I'll die your maid. To be your fellow/ You may deny me, but I'll be your servant,/ Whether you will or no.

(4.1.1-8) If I have too austerely punish'd you,/ Your compensation makes amends, for I/ Have given you here a third of mine own life,/ Or that for which I live; who once again/ I tender to thy hand. All thy vexations/ Were but my trials of thy love, and thou/ Hast strangely stood the test. Here, afore heaven,/ I ratify this my rich gift.

(1.2.351-62) Abhorred slave,/ Which any print of goodness will not take,/ Being capable of all ill! I pitied thee,/ Took pains to make thee speak, taught thee each hour/ One thing or other. When thou didst not, savage,/ Know thine own meaning, but wouldst gabble like/ A thing most brutish, I endow'd thy purposes/ With words that made them known. But thy vile race,/ (Though thou didst learn) had that in't which good natures/ Could not abide to be with; therefore wast thou/ Deservedly confin'd into this rock,/ Who hadst deserv'd more than a prison.

7. 『베니스의 상인』: 유대인과 남장 여성

『베니스의 상인』에서 유대인인 샤일록은 백인중심 기독교 사회의 인종적·종교적 타자로 그리고 포샤(Portia)는 남성중심 사회에서 가부장제의 압력에 노출된 여성으로 재현된다. 샤일록에게 주어진 인종차별담론은 대단히 강력하다. 그러나 포샤에게 주어진 성차별의 강도는 그리 강하지 않다. 작품의 초반부에서 아버지에 대한 딸의 복종을 강요하는 가부장제의 목소리가 울리고 있으나, 후반부에서 포샤는 남성의 복장을 하고 남성 사회에 진입하여 남성들의 소송을 판결하는 힘 있는 여성으로 변모하기 때문이다. 뿐만 아니라 포샤는 '반지 트릭'을 통해 남편인 바사니오(Bassanio)와 그의 친구인 안토니오(Antonio)를 무장해제 시킨다. 이 작품에서 심각한 문제는 유대인 샤일록을 두고 진행되는 인종담론의 부정적 면모이다. 대부분의 베니스 백인들은 그를 두고 '악마' '사탄,' 그리고 '개'라는 말을 서슴지 않기 때문이다.

포샤는 이 작품에서 다른 인물들에 비해 샤일록에 대한 인종차별담론을 그리 자주 구사하지는 않는 인물이다. 그러나 그녀는 베니스의 법정에서 일방적인 자비를 샤일록에게 강요한다. 포샤의 차별이 명시적이지는 않지만, 그녀는 법조문을 안토니오에게 유리하게 해석하여 은근히 백인 편을 든다. 다른 인물들의 인종차별이 명시적이라면 포샤의 차별은 암묵적이다. 기독교인들의 시각에서 한 발 물러나서 볼 때 비로소 그녀의 차별과 불공정이 드러난다는 말이다.

『베니스의 상인』에 대한 전통적인 견해는 이 극이 '사랑'과 '자비'에 관한 극이며, 사랑과 자비의 승리를 구현한 극이라는 주장이다. 바버(C. L. Barber)나 커모드(F. Kermode)는 이 작품을 '악한' 유대인에 대한 '선한' 기독교인의 승리로 받아들인다. 그러나 무디(A. D. Moody)는 이 극에 등장하는 기독교인들이 사랑과 자비를 실천하는 것이 아니라 샤일록을 희생양으로 삼아 자신들의 배를 불리는 이기적인 인물들이라고 논평한다. 그에 따르면 이 작품은 "기독교적 미덕"인 사랑을 구현하고 있는 것이 아니라 그 "미덕의 부재"를 보여주고 있는 극이다(10). 사실 이 작품을 사랑과 자비의 승리를 구현한 극으로 보기에는 무리가 있다. 또한 모든 이들의 화해가 이루어진 상태에서 극이 마무리되는 전통적인 희극으로 보기에도 무리가 따른다. 작품의 종결부에서도 해소되지 않는 샤일록의 고립과 소외를 고려할 경우 이 작품은 결코 '즐거운 희극'이 아니기 때문이다. 유대인 샤일록에 대한 기독교인들의 승리는 타자는 결코 승복할 수 없는 '애매모호한 승리'이다.

이 글은 베니스 기독교인들의 애매한 승리에 드러나고 있는 불공정성과 그들이 유대인 샤일록에게 구사하는 인종담론을 중심으로 타자 재현의 부정적인 면모를 드러내고, 기독교인들이 외치는 '애매한 자비'에 반영된 당대 기독교 문화의 편협성을 드러내려는 글이다. 그렇다고 샤일록의 비난받아 마땅한 행위까지를 일방적으로 변호하려는 것은 아니다. 필자가 주시하는 것은 기독교

정신이 강조하는 자비가 유대인 샤일록에게는 허용되지 않고 기독교인에게만 한정되고 있다는 점이다. 기독교인들의 '애매한 승리'를 가능하게 했던 포샤의 남장과, 남성들의 힘을 무력하게 했던 포샤의 '반지 트릭' 또한 논의의 대상이다.

I

남장을 한 포샤는 베니스의 법정에 들어서면서 "어느 쪽이 상인이고, 어느 쪽이 유대인"인가를 묻는다(Which is the merchant here? and which is the Jew? 4.1.174). 기독교인들은 거듭 '자비'를 설파하면서 유대인 고리대금업자의 사악한 이미지와 자신들의 관대한 이미지를 대비시킨다. 그러나 둘을 구별하지 못하는 포샤의 물음에 내포된 것처럼, 사악한 유대인 고리대금업자와 관대한 베니스 상인의 차이점은 별로 드러나지 않는다. 샤일록은 유대인도 기독교인과 다를 바 없는 인간임을 다음과 같이 역설한다.

> 난 유대인이요. 하지만 유대인은 눈이 없소? 유대인은 손과 오장육부도, 사지와 감각도, 욕구와 감정도 없단 말이요? 우리 유대인도 당신네 기독교인들처럼 같은 음식을 먹고, 같은 무기에 상처를 입고, 같은 병은 같은 약으로 치료되고, 당신들처럼 여름이면 덥고 겨울이면 같은 추위를 느끼죠. 유대인은 당신들이 찔러도 피가 나지 않는 것으로 아시오? 당신들이 간지려도 우리 유대인들은 웃지 않고, 독약을 먹어도 죽지 않을 것으로 아시오? 당신들이 우리에게 부당한 짓을 해도 우리가 복수하지 않을 것으로 생각하시오? 다른 일에 있어서 우리가 당신들과 같을진대 이 일에 있어서도 우린 당신들을 닮았소. 유대인이 기독교인을 모욕한다면 기독교인들이 베풀 수 있는 관

> 용이 대체 무엇이겠소? 복수뿐일 것이오! 기독교인이 유대인을 모욕한다면 우리가 기독교인을 본받아 베풀 인내가 대체 뭣이겠소? 복수뿐일 것이오! 난 당신들이 내게 가르쳐 준 악행을 실행할 것이고, 어떤 어려운 일이 있어도 내가 배운 이상으로 잘 해내겠소. (3.1.58-73)

이 시점은 샤일록의 무남독녀인 제시커(Jessica)가 샤일록을 배반하고 돈과 보석을 훔쳐 기독교도인 애인에게 도주한 직후이다. 딸의 도주로 인해 기독교인에 대한 샤일록의 울분은 마침내 극단적인 복수심으로 변모한다. 샤일록은 종교적・인종적 타자로서 멸시를 받아오면서 느꼈던 한 맺힌 서러움을 위와 같이 토로한다. 샤일록은 유대인도 기독교인과 다를 바 없는 동일한 욕구와 감정을 가진 '인간'임을 주장하고, 기독교인과 마찬가지로 추위와 더위를 느끼고, 질병에 걸려 죽고, 부당한 행위에 대해 복수심을 느끼는 그들과 다를 바 없는 '인간'임을 주장한다. 이 대사에 표출된 샤일록의 적개심은 인간이면 누구나 가질 수 있는 적개심이고, 그의 적대감은 점점 더 기독교인 전체를 향하게 된다.

이 인용에 앞서 샤일록은 안토니오의 부당한 대우를 언급한다. "그는 날 모욕했고, 내 사업을 방해해 내가 50만 더컷이나 손해를 보게 했고, 내 손실을 보고 비웃었고, 내 이익을 두고 조롱했고, 내 민족을 조소했고, 내 거래를 방해했고, 나와 친구구들을 이간질했고, 나의 적들을 충동질했소"(3.1.54-58). 샤일록은 안토니오가 그의 거래를 방해했고 유대 민족을 멸시했음을 지적하면서 그 이유가 무엇인지를 묻는다. 나아가 그는 "유대인은 눈이 없소? 유대인은 손과 오장육부도, 사지와 감각도, 욕구와 감정도 없냐고" 반문하면서 응어리진 한을 드러낸다.

유대인도 기독교인과 다를 바 없는 동일한 욕구와 감정을 가진 '인간'이라는 샤일록의 항변에도 불구하고, 기독교인들은 유대인을 자신과 동일한 인간으로 간주하지 않는다. 기독교인들은 예수를 구원자로 인정하지 않는 유대인들이 예수를 십자가에서 못 박혀 죽게 하는데 일조했다고 생각한다. 그리하여 4세기 이후 유대인에 대한 박해가 시작되었다. 중세에는 그 박해가 전 유럽 대륙으로 확산되었고, 십자군 원정 이후 유대인들에 대한 추방령이 내려진다. 서구사회에서 고리대금업자, 유대인에 대한 조롱과 증오의 뿌리는 매우 깊다. 문학적 재현에서 유대인은 흔히 돈밖에 모르는 잔인한 악마로 등장한다. 우물에 독을 뿌려 흑사병을 유발하는 '악마'로서의 유대인의 이미지는 민간 전설과 문학작품을 통해 끊임없이 재생산되고 후세로 전달되기에 이른다(Luborsky 452). 그러나 이는 민간전설을 통해 구전된 이야기일 뿐 신빙성 있는 역사적 근거를 확보하고 있는 것은 아니다.

셰익스피어가 『베니스의 상인』을 집필한 것은 1597년경으로 추정되고 있는데, 많은 평자들은 소위 1594년 발생했던 '로페즈(Lopez) 사건'으로 인해 고조된 유대인 배척 감정이 셰익스피어가 샤일록이란 인물을 창조하는데 영향을 미쳤다고 간주한다(Charlton 127).[1] 로페즈는 엘리자베스 여왕 시해 사건에 연루되었다고 추정되었지만, 사실 그는 이 사건과 무관한 인물이었고, 유대인에 대한 편견의 희생양이 되었다. 그 사건 이전부터 영국인들이 가지고 있었던 유대인에 대한 반감으로 인해 로페즈가 희생되었던 것이다(Friedlander 8). 당시 영국 전체를 뒤흔들었던 충격적인 이 사건은 엘리자베스 시대의 반유대 감정의 발산인 동시에 반 유대 감정을 더욱 강화하는 계기로 작용했고, 이후 유대

1) 로페즈는 기독교로 개종하고 엘리자베스 여왕의 전의로 임명되었던 포르투갈계 유대인이었는데, 여왕을 시해하려고 했다고 추정되어 군중들 앞에서 교수형에 처해졌고, 그의 시체는 사지가 찢긴 채 런던 거리에 끌려 다녔다(Brown xxxvii-viii, Sission 38-51).

인들은 지속적으로 박해와 멸시를 받아왔다.

중세 초기부터 유대인들은 고리대금업자들이었고, 셰익스피어가 활동하던 당시 유대인들은 빠른 속도로 재산을 축적했다. 고리대금이 법으로 허용된 것이 아니었고 비난받았던 일이었음에도 불구하고 일반적으로 고리대금업은 유대인들의 생계수단으로 인정되었고, 고리대금업자들이 런던 사회에서 그런 대로 자신의 경제적 권리를 누렸다. 그러나 고리대금업자로서의 유대인의 잔인한 이미지는 문학작품에 자주 재현되었고, 유대인은 곧 비난받아 마땅한 고리대금업자이고 악인이라는 등식이 성립되었다(Mahood 20-22).

『베니스의 상인』에서 유대인 고리대금업자 샤일록은 기독교인들에게 '악마' 또는 '개'로 간주되고 유대인 회당은 '사탄의 집'이다(Stoll 246). 이 작품에는 유대인을 비난하고 비하하는 호칭과 비유 등이 수없이 나타난다. 그러나 셰익스피어의 텍스트 안에 재현된 유대인 샤일록의 이미지는 그리 단순하지 않다. 기독교 사회의 관점을 택한다면 샤일록은 악마로 비칠 소지가 있지만, 다른 시각으로 본다면 그가 기독교 사회의 희생자로 비칠 가능성도 배제 할 수 없기 때문이다. 유대인을 비난하는 주체는 늘 베니스의 기독교인들이다. 샤일록과 안토니오의 대면이 이루어지는 1막 3장은 안토니오의 반유대 감정과 샤일록의 반기독교 감정이 잘 드러나는 장면이다.

안토니오의 태도를 살펴보기에 앞서 샤일록의 반응을 먼저 살펴보기로 한다. 1막 3장에 샤일록이 등장하여 다음과 같이 안토니오에 대한 적대감을 구체적으로 드러낸다. "그가 예수쟁이라서 나는 그를 미워하지(I hate him for he is a Christian). 게다가 겸손한 척하면서 어수룩하게 행동하고, 이자를 받지 않고 돈을 빌려주어서 이곳 베니스의 고리대금 금리를 낮추고 있으니 더욱 미울 수밖에"(1.3.42-45). 이 대사는 안토니오에 대한 샤일록의 적대감을 드러냄과 동시에 종족, 종교, 고리대금업과 관련된 문제를 드러내고 있다. 안토니오에 대한 적대감이 종교적 차이와 경제적 문제에 관련되어 있음을 드러내는 대사이다. 이어서 샤일록은 욕설을 퍼붓던 안토니오를 떠올리면서 "내 그물에 걸려들어 덜미만 잡히면, 저자에게 품고 있던 해묵은 원한(ancient grudge)을 풀겠다"(1.3.46-47)고 공언한다.

안토니오는 이 작품에서 반유대 감정이 가장 두드러진 인물이고 샤일록은 인종적 · 종교적 타자이다. 안토니오에 대해 샤일록이 가진 "해묵은 원한"의 근거는 고리대금이란 사업에 대한 안토니오의 공개적인 비난과 방해이고, 유대인 샤일록에 대한 기독교인 안토니오의 종교적 박해이다. 이자를 받지 않고 돈을 빌려주는 안토니오는 고리대금업자인 샤일록의 사업을 방해하는 인물이다. 안토니오는 "나는 이자를 받고 돈을 빌려주지도 않고 이자를 주고 돈을 빌리지도 않는 사람"(1.3.61-64)이라고 공언한다. 그리고 고리대금업을 투기라고 하면서 샤일록을 비난한다. 그러나 안토니오는 고리대금업을 비난하면서도 돈이 필요해서 샤일록에게 돈을 빌리러 오는 모순된 행동을 보여주는 인물이다. 안토니오의 사업 또한 투기성 사업이다. 안토니오의 사업은 고리대금은 아니라 해도 투기성 짙은 "모양새 좋은 형태의 고리대금"이라고 할 수 있다(Goddard 148). 이는 그의 상선이 3000더컷의 9배 이상의 재화를 싣고 돌아올 것이라고 장담하는 안토니오의 대사에 잘 드러나 있다(1.3.157-59). 그러므로 고리대금을 비난하는 안토니오의 행동은 이율배반적이다. 그의 행위는 "자신의 눈 속에 들보는 간과한 채 타인의 눈 속의 티"를 비난하는 행위라고 할 수 있기 때문이다(*Matthew* 7: 3-4).

이 작품에서 유대인과 고리대금업자는 거의 동일어로 사용되고 있지만, 사실 고리대금업을 주도했던 것은 유대인이 아닌 기독교인이었다. 14세기 이후 유명한 고리대금업자들이 기독교인들이었다는 점은 샤일록의 항의에 힘을 실어 준다(Grebanier 82-83). 물론 이 당시 많은 유대인들이 고리대금업을 생업으로 삼고 있었다. 그러나 유대인에 대한 기독교 사회의 편견으로 인해 별다른 직업을 택할 수 없었던 상황을 고려해야 한다. 이 당시 교회는 원칙적으로 이자놀이를 금지했지만 많은 사람들이 거액의 돈을 필요로 했기 때문에 실제로 이자놀이는 금지되지 않았다.

셰익스피어가 『베니스의 상인』을 집필하던 무렵 베니스는 상업무역 도시였고, 베니스의 존립은 국제무역을 통한 금융이익에 달려 있다고 해도 과언은 아니다. 그러므로 베니스의 번영을 위해 베니스의 법은 계약서에 명시된 계약관계를 보장해야만 했다. 그러나 베니스의 법정은 유대인 '타자'에게는 이러한 계약관계를 보장해 주지 않았다. 이러한 상업도시에서 "고객은 형제이며 상업적 라이벌은 타자"이다(Auden 225-26). 샤일록 측에서 보면 무이자로 돈을 빌려주는 안토니오는 자신의 라이벌이고 '적'이다. 적어도 역사적 컨텍스트를 고려해 볼 때 이 작품은 고리대금업을 탄핵하고 있는 텍스트는 아니다.

다음으로 샤일록의 "해묵은 원한"의 근거는 유대인에 가해진 안토니오의 종교적 박해와 인종적 박해이다. 종교적 박해와 인종적 박해는 따로 고찰될 문제가 아니라 동시에 고찰되어야 한다. 유대종족은 거의 모두 기독교인과는 달리 그들만의 종교인 유대교의 율법을 따르고 있기 때문이다. 샤일록은 안토니오를 두고 "기독교인이라서 나는 그를 증오한다"고 말한 다음, 그가 유대민족을 증오하고 욕을 하기 때문에 그 역시 안토니오를 증오한다고 항변한다. 그의 증오는 기독교인들의 유대인 증오에 기반을 두고 있다. 또한 안토니오에 대한 샤일록의 반감에는 유대인으로서의 인종적 감정과 기독교에 대한 반감이 결부되어 있다. 안토니오와 샤일록 모두 상대 종족의 생활 방식과 종교적 신념을 받아들이지 않는다. 양자 모두 상대에 대해 배타적이다. 샤일록은 유대인으로서의 선민의식을 갖고 있고, 안토니오는 기독교인으로서 '사랑'과 '자비'를 실천한다는 자부심을 갖고 있다. 둘 다 오만하기는 마찬가지다. 그러나 이러한 배타성이 어느 편으로부터 먼저 시작되고 있는가? 먼저 시작한 쪽이 좀 더 비난받을 근거를 제공하고 있다고 할 것이다.

안토니오의 비난과 모욕은 유대인에 대한 '편견'에 근거를 두고 있지만, 샤일록의 비난은 유대인들에게 가해졌던 실제적인 모욕과 박해에 근거를 두고 있다. 양자 모두에게 나타난 배타성은 부정적이지만, 안토니오의 배타성이 좀 더 두드러진다 할 것이다. 안토니오는 대부분 기독교인들로 구성된 베니스 사회의 중심인물이며, 샤일록은 오랫동안 종교적 · 인종적 박해를 받아온 기독교 사회의 타자이다. 같은 잘못을 저지른 경우라면 힘이 있는 자가 먼저 화해의 제스처를 보이는 것이 순서일 것이다. 그러나 샤일록에 대한 안토니오의 자세는 대단히 독선적이고 위압적이며, 샤일록에 대한 그의 말은 경멸과 멸시로 가득 차있다. 이런 상황에서 샤일록의 자기방어는 자연스럽다고 해도 과언은 아니다.

샤일록이 야곱(Jacob)이 그의 외삼촌인 라반(Laban)의 양을 치면서 재산을 불린 이야기를 하면서 "도둑질이 아니라면 돈벌이는 축복 받는 일" (1.3.90)이라고 말한다. 그러나 안토니오는 돈을 빌려야 하는 입장에 있음에도 불구하고 야곱의 행위를 투기라고 말하면서 오만한 자세를 버리지 않고 다음과 같이 빈정댄다. "자신의 이익을 위해서 악마라도 성경을 인용할 수 있지. 사악한 인간이 성경을 들먹이는 것은 악당이 그 얼굴에 미소를 지어 보이는 것과 같아"(1.3.98-100). 안토니오는 성경을 들먹이는 사악한 인간은 얼굴에 미소를 띤 악당과 다를 바 없다고 말하면서 샤일록을 '악마'와 '악당'에 비유한다. 그러나 샤일록에 대한 그의 멸시는 이 시점에서 설득력을 지니지 못한다. 그는 지금 돈이 필요해서 샤일록의 도움을 청하러 온 입장이기 때문이다. 안토니오에게 샤일록은 다음과 같이 항의한다.

안토니오 나리, 너무나도 여러 차례
거래소에서 나를 보고 욕하셨지요.
내가 빌려준 돈과 내가 받은 이자를 두고 말입니다.
그래도 난 어깨를 움츠리고 꾹 참고 살아 왔어요.
참는다는 것은 우리 유대 민족의 상징이니까요.
당신은 날 이단자니 사람을 죽일 개라느니 하면서
우리 유대인의 웃옷에다 침을 뱉었소. (1.3.106-12)

샤일록은 안토니오가 고리대금업을 비난하면서 자신을 끊임없이 '이단자'나 '악마'나 '개'로 부르면서 자신을 경멸해 왔던 사실을 상기한다. 자신을 '사람을 죽일 개'라고 부르면서, 가래침을 뱉고, 발길질했던 안토니오에 대해 이제 샤일록은 "개에게 무슨 돈이 있겠느냐"고 빈정댄다.

나리께서, 제 수염에 가래침을 뱉었고,
마치 문지방에서 낯선 들개를 몰아내듯
날 발길질하던 나리께서 이제 내게 돈을 청하신다고?
뭐라고 말씀드릴까요? 이렇게 말씀드리면 안 될까요?
'개에게 무슨 돈이 있겠습니까? 그게 말이나 됩니까?
들개에게 3천 더컷이란 거금을 빌려 달라는 것이?' (1.3.117-22)

이 대사는 3막 1장에서 샤일록이 "유대인은 눈이 없느냐?"고 물으면서 자신도 기독교인과 다를 바 없는 인간이라고 항변했던 대사와 더불어 샤일록의 가장 강력한 항변 중의 하나라고 할 수 있다. 샤일록을 이단자, 개, 악마라고 불러왔던 안토니오는 앞으로도 여전히 샤일록에게 침을 뱉고 발길질을 할 것이며 돈을 빌지언정 앞으로도 원수로 생각하겠다고 하면서 오만한 자세를 바꾸지 않는다(1.3.130-37).

안토니오의 오만한 태도에도 불구하고 샤일록은 “저는 나리와 친구도 되고 싶고 정도 나누고 싶어서, 나리께서 내게 뒤집어씌운 온갖 모욕도 잊어버리고 이자는 한 푼도 받지 않고,” 선심을 쓰려고 한다고 말한다. 증서 한 장을 쓰고 위약할 경우 “장난으로(in a merry sport)” 안토니오의 몸에서 ‘살 1파운드’를 때내는 조건으로 계약을 체결하자고 샤일록이 제안하자(1.3.138-51), 안토니오는 “유대인에게도 상당히 친절한 면이 있다”고 비아냥거리면서 그 제안에 동의한다(1.3.153). 그리하여 샤일록과 안토니오 사이의 ‘인육계약’이 성립된다.

자신을 멸시해 왔던 인물에게 무이자로 돈을 빌려주는 샤일록의 의도는 무엇일까? 그의 말처럼 지금부터 안토니오와 친구가 되고 싶어서일까? 복수의 덫을 놓기 위해? 전자를 뒤받침 해주는 대사는 다음과 같다. “위약의 대가를 받아낸들 내게 무슨 이득이 있겠소? 사람의 몸에서 베어낸 인육 1파운드는 양고기나 쇠고기나 염소고기만큼도 가치가 없고 이득이 될 게 없죠. 난 그저 그 분의 호의를 얻기 위해 정을 베푸는 겁니다”(1.3.165-68). 샤일록이 정말 ‘장난으로’ 안토니오의 살 한 점을 요구하는 조항을 부가한 것인가? 아니면 농담처럼 말하지만 그를 살해할 의도를 가지고서 그러한 조항을 부가한 것인가? 일단 샤일록이 선의로 안토니오의 호의를 기대하여 담보로서는 아무런 가치도 없는 것을 담보로 잡고 돈을 빌려주었다고 가정해 볼 수 있다. ‘살 1파운드’의 계약을 체결하기 전에 안토니오의 배가 어떤 상황에 있는지를 샤일록이 알고 있다는 증거는 없기 때문이다. 그렇다면 안토니오에게 3달 동안 3천 더컷을 빌려주고, 기일 내에 갚지 못하면 그의 몸 어디에서건 살 1파운드를 베어 낼 수 있다는 내용의 차용증서에 안토니오에 대한 샤일록의 살해 의도가 포함된 것은 아니라고 할 수 있다.

샤일록의 ‘호의’에도 불구하고 그 ‘호의’는 제대로 받아들여지지 않는다. 샤일록은 ‘유대인’ 고리대금업자이기 때문에 멸시와 비난을 받는다. 그에게 주어진 멸시가 그 자신의 개인적인 특성보다는 유대인이라는 출신 성분에 기인한다는 말이다. 샤일록이 한 개인이 아니라 유대인으로 존재하듯 안토니오 또한 샤일록에게 한 개인이 아니라 유대 종족을 박해해 왔던 '기독교인'으로 존재한다. 안토니오에 대한 그의 증오는 한 개인을 향해 있는 것이 아니라 기독교인 전체에 향해 있다. 기독교인들의 경멸에도 불구하고 샤일록은 철저한 유대인이다. 샤일록은 바사니오가 그에게 식사 초대를 하자 "당신들과 사고, 팔고, 이야기도 하고, 산책도 하고, 다른 일은 같이 해도, 같이 먹고 마시고, 기도하는 것만은 못하겠다"고 거절한다(1.3.35-38). 샤일록은 나름대로 자신의 신조와 유대교의 계율에 철저하다.

안토니오는 샤일록을 수없이 '개' 혹은 '악마'라고 불렀고, 바사니오에게도 샤일록은 "잔인한 악마"(cruel devil, 4.1.217)로 불린다. 솔라니오(Solanio)는 "개 같은 유대 놈"(the dog Jew, 2.8.14), "유대 놈으로 둔갑한 악마"(3.1.78)라고 하면서 편견을 드러낸다. 심지어 하인인 론서럿 고보(Launcelot Gobbo)조차 자신의 주인인 샤일록을 "유대 놈 주인"이라고 부르면서, "악마(fiend)," "악마 같은 인간(a kind of devil)," "악마의 화신(devil incarnation)"으로 묘사한다(2.2.18-28).

이들 모두에게 샤일록이란 유대인은 "개" 아니면 "악마"로 존재하며 유대인이란 명칭은 악마와 동의어로 쓰이고 있다고 해도 무리가 아니다.[2)] 기독교인들의 입을 통해 표현된 이러한 말들이 물론 셰익스피어의 견해와 일치하는 것은 아니다. 작가의 인식과 등장인물의 인식과 관객의 인식에는 차이가 있다는

2) 『베니스의 상인』에서 샤일록은 자신의 이름보다는 주로 유대인으로 불리며 그를 멸시하기 위해 많은 동물의 이미지가 동원된다. '유대인(Jew)'이라는 단어가 58번이나 사용되고 있고, Jew의 변형인 Jewes', Jewes, Jewe's, Jewish 등으로 14번이나 사용되고 있는 반면, 샤일록이란 이름은 단지 17번밖에 사용되지 않는다(D. M. Cohen 58).

말이다. 당대의 역사적 상황은 분명 반유대주의가 팽배했던 시기였다. 기독교인들에 의해 반복적으로 제시되고 있는 "개" 혹은 "악마"라는 표현은 이들에게 반유대주의가 얼마나 뿌리 깊은지를 보여주며, 당대에 반유대적 공포와 증오와 편견이 얼마나 뿌리 깊었는지를 보여준다(Fiedler 107-108). 이를 두고 볼 때 기독교인들에 대한 샤일록의 악의는 그에 대한 부당한 대우가 계속됨에 따라 점차 강화되고 있다고 볼 수 있다.

샤일록은 유대인이며 기독교인이 멸시하는 고리대금업자이다. 그는 기독교 사회에서 소외된 타자 집단의 한 구성원이다. 그럼에도 불구하고 샤일록은 자신의 종족과 종교에 대해 자부심을 느끼며, 자신에게 주어진 환경을 거부하지 않고 검소한 생활을 하면서 유대인에 대한 경멸을 참고 견딘다. 작품의 전반부에는 기독교인에 대한 샤일록의 적대감이 그리 강하게 표출되어 있지 않다. 그러나 샤일록에게 애지중지하던 무남독녀 제시커가 도망간 사건은 참기 힘든 큰 충격이다. 그것도 샤일록이 그토록 아끼는 재산과 보석을 가지고 유대인을 비난하고 경멸해 왔던 기독교인 로렌조(Lolenzo)에게 도망간다. 이는 이후 사건의 전개에 박차를 가하는 중요한 동기로 작용한다. 우리는 딸의 도주 이후 샤일록의 말과 행동이 점점 더 거칠어지고 있다는 것과 기독교인에 대한 샤일록의 적대감이 극으로 치닫고 있음을 주시해야 한다.

도망치는 론서럿에게 자신의 도주 의사를 담은 편지를 로렌조에게 전달해 달라고 부탁하면서 제시커는 유대인 "아버지의 딸임을 부끄럽게 생각하는 자신이 얼마나 가증스런 죄를 범하고 있는가"를 고백한다(2.3.16-17). 그러나 제시커는 '지옥'같은 자신의 집을 떠나 기독교인인 로렌조에게 도망갈 결심을 굳힌다. 제시커가 기독교인과 결혼하기 위해 도망친 이후 샤일록은 극단적인 고립에 빠진다. 자식이 아버지의 자식임을 부끄러워한다는 것은 부모로서 최악의 불행이라 할 수 있을 것이다. 딸 제시커의 도주에 대한 샤일록의 반응은 다음과 같은 솔라니오의 말을 통해 전달된다. "난 지금까지 그 개 같은 유대인(the dog Jew)처럼 한길에서 그렇게 정신없이, 그렇게 이상하게, 성을 내면서, 그렇게 고래고래 고함을 지르는 걸 들어본 적이 없어. '나의 딸! 아, 내 돈! 아, 내 딸년! 예수쟁이와 도망치다니!'"(2.8.12-16).

딸도 하인도 샤일록을 배반하고 떠나감에 따라 베니스 사회에서 샤일록은 철저하게 고립된다. 하인과 딸 모두가 샤일록의 잔인성을 언급하고 있지만 그들의 도주는 그리 긍정적으로 인식될 수 없다. 딸은 아버지가 그렇게도 싫어하는 기독교인에게 도망가고, 하인은 샤일록을 그리도 멸시해 왔던 바사니오에게 도망쳐버렸기 때문이다. 이 둘 모두 샤일록이 모르는 사람이 아니라 샤일록이 너무나도 잘 알고 있고, 그에게 공개적으로 모욕을 가해 왔던 기독교인들이다. 딸이 재산과 보석을 가지고 도망친 것도 밉지만 더욱 더 받아들일 수 없는 사실은 기독교인과의 결혼이고 기독교도로의 개종이다. 그는 딸 제시카의 도주를 "나의 살과 피가 반역"을 도모했다고 받아들인다(3.1.34). 제시카의 도주로 인해 기독교인들의 희극은 시작되고 유대인 샤일록의 비극이 시작되고 있는 것처럼 보인다.

기독교인들에 대한 샤일록의 복수 의지는 이러한 상황 아래 생겨난 것이고, 3막 1장에서 샤일록은 안토니오의 배가 난파했다는 소식을 듣게 된다. 지금까지 대체로 감정의 균형을 유지하면서 기독교인들의 수모를 견뎌왔던 샤일록은 딸의 도주 이후 더 이상 참지 못한다. 그리하여 기독교인에 대한 샤일록의 울분은 마침내 극단적인 복수심으로 변모한다. 안토니오의 살점 1파운드로 무엇을 하려느냐고 묻는 샐러리오(Salerio)에게 샤일록은 "아무런 쓸모가 없다 해도 내 복수심만은 배불리 먹여줄 것"이라고 말한다(3.1.53-54). 나아가 기독교인들이 부당한 행위에 대해 복수심을 느끼는 것처럼 자신도 복수 욕망이 있는 인간임을 주장한다. 샤일록은 "나는 당신들이 내게 가르쳐 준 악행"을 배운 이상으로 잘 해낼 것이라고 말한다. 샤일록의 복수심이 그를 둘러싼 당대 기독교 문화의 집단적 억압의 소산이라는 것을 보여주는 대목이다. 샤일록의 악의는 극이 진행됨에 따라 강화된다. 그러나 안토니오에 대한 복수가 미리 계획된 것은 아니다.

기한 내에 돈을 갚지 못하게 된 안토니오가 법정에서 상환기일을 연기해달라고 사정하는 3막 3장에서, 샤일록은 거듭 계약문서에 명기된 대로 판결해 달라고 요구한다. 샤일록이 그의 부탁을 단호히 거절하는 이 장면을 두고 샤일록에 대한 부정적 평가 역시 만만치 않다. 이제 곧 '인육재판'이 진행될 것이다. 그런데 '인육재판'이란 장치는 무엇을 의미하는 것일까? 기독교인에 대한 샤일록의 적대감과 박해받는 자로서의 응어리진 울분은 4막 1장의 법정장면에서 여과 없이 표출된다. 또 한편으로 법정장면은 샤일록을 희생양으로 몰아가는 극적 장치이다. 유대인 타자 샤일록과 기독교인들의 갈등은 베니스의 법정에서 극단적으로 표출되며, 복수하려는 샤일록과 이를 저지하려는 기독교인들의 대립을 통해 서로 간의 생각들이 극명하게 표출된다.

재판이 시작될 무렵 베니스 사회에서 정의의 화신처럼 존재하는 것 같았던 공작도 편견을 드러낸다. 피고 안토니오를 동정하고 원고 샤일록에게는 "한 치의 자비심도 없고 인정머리라고는 털끝만큼도 없는 자"(4.1.5-6)라는 비난을 일방적으로 퍼붓기 때문이다. "기독교적 미덕인 자비"는 샤일록의 잔인성을 공격하는 가장 효과적인 무기이다. 기독교인들은 '자비'라는 단어를 반복함으로써 자비로운 행위를 하고 있다고 느낀다(Girard 100). 자비를 베풀라는 공작의 명령에도 불구하고 샤일록은 뜻을 굽히지 않는다. 그러나 샤일록은 베니스의 법이 유대인 타자에게 공평무사하게 적용되지 않을 수도 있다는 가능성을 감지하지 못한다. 그는 계속해서 자신의 요구가 합법적임을 강조하고 법의 시행을 요구한다. 공작이 샤일록에게 원금의 3배를 받고 더 이상 안토니오의 살

점을 요구하지 말고 자비를 베풀라고 호소하지만 샤일록은 다음과 같이 말하면서 완강히 부인한다. “증서에 정해진 대로 위약의 대가를 받겠소. 만일 공작께서 그것을 거부하신다면 이 나라의 헌법과 자유는 손상을 입게 될 거요”(4.1.37-39).

계속해서 공작이 샤일록에게 ‘자비’를 베풀라고 요청하지만 샤일록은 베니스의 법이 베니스인들에게는 노예를 소유할 권리를 주고 노예들에게는 베니스인들을 소유할 권리를 주지 않는 형평성이 어긋난 법이라고 항의한다(4.1.89-97). 자비를 역설하는 공작에게 그들 역시 자비롭지 못함을 지적하고 있는 것이다. 이는 당대 문화의 모순을 지적하는 전복적인 어조로 간주될 수 있다. 베니스가 형제와 타자 누구에게나 동등하게 적용되는 법의 정의가 실천되는 곳이 아니라고 할 경우, 베니스의 법은 ‘자비’에 기초를 둔 법률이 아니다. 우리는 3막 1장에서 “나는 당신들이 나에게 가르쳐준 악행”을 배운 이상으로 실천할 것이라는 샤일록의 대사를 기억하고 있다. 사실 기독교인들은 “그들이 인정하고 싶은 이상으로 유대인을 닮아 있다”(W. Cohen 773). 기독교인들은 유대인의 사악한 이미지와 자신들의 관대한 이미지를 대비시키려고 하지만, 유대인과 기독교인의 차이는 별로 드러나지 않는다. 법학박사로 변장한 포샤가 피고에게 자비를 베풀라고 요청하자 샤일록은 무슨 이유에서 자비를 베풀어야 하느냐고 다시 묻는다. 이에 법학박사로 변장한 포샤는 다음과 같이 말한다.

> 자비는 그 성질상 강요할 수 있는 게 아니오.
> 자비는 하늘에서 땅으로 내리는 부드러운 비와 같소.
> 자비는 이중의 축복을 내려 줄 수 있으니
> 자비를 베푸는 자와 받는 자를 동시에 축복해 줍니다.
> 자비는 강력한 힘을 가진 이에게 더욱 큰 미덕이요

왕좌에 앉은 왕에게는 왕관보다 더 멋진 미덕이지요.
왕의 홀은 현세에서의 권력을 나타내 줄 뿐
그것은 경외와 위엄의 상징으로
군왕을 두려움과 공포의 대상으로 보게 합니다.
그러나 자비는 이 위력을 훨씬 능가하는 것이오.
자비는 왕들의 가슴 속에 자리 잡고 앉아
하나님 자신을 드러내는 덕성이라고 할 수 있소.
지상의 권세는 자비로서 엄한 정의를 완화시킬 때
비로소 신의 권세와 가장 비슷한 모습을 보여줄 거요. (4.1.184-197)

'자비'는 그것을 베푸는 자와 받는 자 모두를 축복해 주고, 이 지상의 권세는 '자비'로서 엄한 정의를 완화시켜줄 수 있을 때 하느님의 권세와 가장 유사한 모습을 띨 것이라고 포샤는 역설한다. 정의를 따르다 보면 우리들 중 그 어느 누구도 구원받지 못하니 정의를 완화시켜 자비를 베풀라고 거듭 강조한다.

그러니 유대인,
그대가 요구하는 것이 정의이지만. 정의만을
고집하면 어느 누구도 구원받을 수 없다는 걸
명심하시오. 우린 자비를 베풀어달라고 기도하고,
하느님은 우리들 모두에게
자비를 베풀라고 가르치고 있소. (4.1.197-202)

포샤는 거듭 자비를 베풀라고 하지만, 자신의 말대로 '자비'란 강요될 수 없다. 샤일록은 자신의 행위를 책임지겠다고 말하면서 법대로 처리해 줄 것을 요청하고, 공작과 포샤는 샤일록에게 거듭 자비를 베풀라고 요청한다. 기독교인들은 샤일록이 요구하는 정의를 자비의 정신을 내세워 무력화시키려 한다. 만약 유대인이 같은 이유로 기소되었다고 해도 그들이 자비를 베풀라고 요구할까? 여기서 공작과 포샤가 강조하는 '자비'는 어떤 의미를 지니고 있는 것일까? 기독교인들은 자비와 형제애를 강조하면서, 사랑을 베풀지 않는 유대인을 비난한다. 그러나 그들의 사랑과 자비는 자신의 형제 기독교인들에게만 한정되어 있을 뿐 타자에게 열려 있는 것은 아니다. 안토니오는 친구를 사랑하여 그를 위해 자신을 희생하지만, 타자인 샤일록에게는 잔인하기 그지없는 인물이기 때문이다. 적어도 이 작품에서 기독교인들의 자비는 타자에게는 해당되지 않는 편협한 자비이다.

유대인의 탐욕과 기독교인의 '자비'가 동일한 이미지로 투사되고, 유대인의 복수 의지와 기독교인의 복수 의지 또한 동일한 이미지로 투사되면서 이 극은 복수와 자비의 차이가 사라져버린 세상을 제시한다. 샤일록은 '잔인'하긴 하나 법에 따라 말하고 행동한다. 적어도 그에게서 외양과 실재의 괴리는 발견되지 않는다. 그러나 기독교인들에게는 외양과 내실의 괴리가 존재하고 그로부터 아이러니가 발생한다. 타자에 대한 그들의 복수 의지는 샤일록의 그것만큼이나 강하고 어쩌면 샤일록보다 더 교활하지만 위선적인 기독교인들은 이를 숨긴다. 샤일록의 복수는 명시적이지만 기독교인들의 복수는 암묵적이며, 기독교인과 유대인의 '차이'는 존재하지 않는다. 또한 이 극에서 "기독교도와 유대인 사이에는 극복할 수 없는 차이점이 있다는 생각을 강화하는 텍스트상의 특질과 그러한 일반적인 생각을 무너뜨리는 특질" 사이의 존재하는 긴장 관계로부터 아이러니가 발생한다. 표면적으로는 샤일록이 기독교인들과는 대단히 '차이'가 있는 사악한 인물로 재현되고 있는 것처럼 보이지만, 심층적인 차원에서는 이 '사악한' 인물과 '관대한' 기독교인들 간의 '차이'는 존재하지 않기 때문이다. 이 작품에서 "모든 사람은 똑 같다. 특히 서로에게 복수를 할 때는 더욱 그러하다"는 지라드의 지적은 시사적이다(Girard 95-96).

유대인에 의해 생명을 위협받고 있는 형제를 구하기 위해 기독교인들은 연합한다. 그러나 기득권자인 다수의 기독교인과 베니스의 소수민족 유대인 한 사람의 대결에서 이미 그 승부는 결정이 나 있다. 다음 그래쉬아노(Gratiano)의 독설은 도저히 '자비'를 운운할 수 없는 기독교인의 잔인성을 부각시켜준다. 법정에서 계속해서 안토니오의 살 1파운드만을 요구하는 샤일록을 그래쉬아노는 4막 1장에서 "천벌을 받아 마땅한 개 같은 놈"이라고 부르면서 다음과 같은 독설을 퍼붓는다.

> 네 놈의 들개 같은 영혼은 원래 늑대 속에
> 들어 있던 것이지. 그런데 사람을 물어 죽인 죄로
> 교수형에 처해진 순간 몸뚱이에서 빠져나온
> 잔인한 혼이 더러운 어미 뱃속으로 들어갔다가
> 네 놈에게 흘러 들어간 게 분명해. 피에 굶주린 늑대처럼
> 잔인하고 탐욕스러운 네 놈의 욕망이 그 증거야. (4.1.133-38)

유대인이 여러 등장인물들에게 "개" 아니면 "악마"로 기술되고 있음은 이미 살펴본 바 있다. 샤일록이 늑대처럼 잔인한 '들개'이고 피에 굶주린 '늑대'처럼 잔인하다는 그래쉬아노의 말은 '자비'와는 거리가 먼 유대인에 대한 비방과 편견을 요약하고 있다. 모든 기독교인들은 '반유대적 합창'에 참여하고 이 합창의 "주악상(leimotif)"은 '개'와 '늑대'이다. 또한 여기서 "사람을 물어 죽인 죄로 교수형에 취해진 늑대" 속의 영혼이란 표현과 이 대사 조금 전의 안토니오의 언급, "늑대에게 무엇 때문에 새끼 양을 잡아먹어서 어미 양을 울리느냐고 묻는 것이 더 나을 것"(4.1.73-74)이라는 대사는 1594년 엘리자베스 여왕에 대한 시역음모죄로 사형 당한 포르투칼계 유대인 의사인 로페즈(Lopez)의 이름을 연상시킨다. '늑대(wolf)'는 라틴어로 'lupus'에 해당하는 단어이기 때문이

다. 따라서 당대의 관객들은 이 작품상의 '늑대'인 샤일록과 유대인 의사인 로페즈를 동일시했을 수도 있다(Fiedler 107-108). 여기에서 주시할 점은 '자비'를 부르짖는 기독교인들이 스스로 모순을 드러낸다는 점이다. 타자에 대한 그들의 태도는 도저히 '자비'를 운운할 수 있는 행동이 아니기 때문이다.

납상자를 고르면서 이에 대한 바사니오의 언급은 자신들의 문화에 내재한 부정적인 모습을 드러내면서 아이러니컬하게 반향한다. "사람들은 늘 그럴듯한 겉모습에 속곤 하지(The world is still deceiv'd with ornament). 아무리 추하고 썩어빠진 소송사건이라도,/ 재판에서 그럴듯한 변론으로 양념을 치면/ 그 사악한 외양이 가려져 보이지 않거든. 종교도 마찬가지"(3.2.74-77). 바사니오는 재판 과정에서 교묘한 말을 통해 "악행의 외관"이 가려지는 것을 지적하고 나아가 가장 비종교적인 행동도 적당한 말들로 포장되면 종교적으로 들릴 수 있음을 지적한다. 하지만 아이러니컬하게도 이 말은 이 극 전체에 적용될 수 있다. 독자들 또한 바사니오나 포샤의 "그럴듯한 겉모습"에 속을 수 있다. 바사니오는 계속해서 다음과 같이 말한다. "그 어떤 악덕도 그대로 드러나진 않아./ 그럴듯하게 포장해서 겉모습을 미덕처럼 보이게 하지 않는가?"(3.2.81-82). 외양과 실재의 괴리를 언급하는 말이다. "그럴싸한 외양은 현자를 함정에 빠뜨리기 위해(entrap the wisest) 교활한 세상이 뒤집어 쓴 그럴듯한 진실(seeming truth)이 아닌가?"(3.2.100-01)라고 반문하는 바사니오의 말은 너무나 이율배반적인 말로 들린다. 지라드에 따르면 바사니오는 "자신이 속한 기독교 문화가 바로 자신이 말한 이러한 모순을 내포"하고 있다는 것을 알지 못하는 인물이다(100-101). 바사니오뿐만 아니라 이 작품에 등장하는 모든 기독교인들이 "그럴싸한 외양"으로 "그럴듯한 진실"을 가장하는 인물들이다.

모든 사람들의 설득에도 불구하고 샤일록은 악착같이 "법대로" 처리해 줄 것을 요청한다. 샤일록은 "재판을 진행시키시오. 내 영혼을 걸고 맹세코 그 어떤 이도 내 마음을 바꿀 수 없고 나는 증서의 조건대로 이행할 것"이라면서 끝까지 증서의 이행을 주장한다(4.1.240-42). 이미 돈 문제를 떠난 샤일록의 요구는 단순한 법집행 이상의 의미를 지니고 있다. '1파운드의 살'이라는 "가상적인 주제"를 담고 있는 이 극은 동화적인 차원의 이야기이다. 그러나 샤일록이 안토니오의 살 1파운드를 잘라 내리라는 "가상적인 상황"은 사실적인 차원으로 대체된다. 현실적인 차원에서 안토니오가 살 1파운드를 베이고도 생명을 유지할 수 있다는 것은 불가능하다. 동시에 베니스의 법이 존재하는 곳에서 샤일록이 그와 같은 수술을 행하는 것이 불가능하리라는 것 또한 사실이다. 샤일록이 안토니오의 몸에서 살 1파운드를 잔인하게 잘라 내리라는 이 "가정된 잔인성"은 기독교인들이 유대인 타자에게 죄의식 없이 폭력을 행사하도록 만들고 자신들의 잔인한 행위를 정당화하는 근거로 작용한다(Girard 99).

샤일록의 행위는 그것이 가상적 차원이든 사실적 차원이든 기독교인의 육신을 파괴하려 한다. 그러나 다수의 기독교인들이 한 유대인의 영혼을 파괴하려고 집단적으로 움직인다. 샤일록의 기대와는 달리 재판은 전혀 엉뚱한 방향으로 진행된다. 포샤라는 기독교인이 법을 형제인 기독교인에게만 유리하게 적용하기 때문이다. 안토니오를 궁지에 몰아넣었던 계약서의 조문은 포샤의 '절묘한' 법 해석에 따라 도리어 샤일록에게 올가미를 씌운다. 포샤는 정확히 '살 1파운드'를 잘라내되 한 방울의 피도 흘리지 말아야 할 것이라고 경고한다(4.1.308-10). 이 지점에서 사건은 반전된다. 이에 대해 샤일록이 "그것도 법이냐?"(4.1.314)고 반문하지만 이미 화살은 시위를 떠나 버렸다.

이제 샤일록은 원금의 3배만 주면 기소를 취하하겠다고 하고, 이것이 받아들여지지 않자 샤일록은 원금만 돌려 달라고 요청한다. 그러나 그것마저도 거절당한다. 포샤는 살을 잘라내되 정확하게 1파운드를 잘라내고, 만약 그 무게가 조금이라도 가볍거나 무거우면 사형에 처할 것이고 샤일록의 재산 전체를 몰수할 것이라고 선언한다. "한 방울의 피도 흘리지 말고 정확히 살 1파운드를 잘라내라"는 판결에 이어, 포샤는 베니스 시민의 생명을 노리는 외국인은 그 재산을 몰수하여 그가 생명을 노리던 사람에게 반을 주고 나머지 반은 국고로 귀속시킬 수 있으며, 가해자의 생명은 공작의 마음대로 할 수 있다는 법조문을 끌어온다(4.1.348-56). 포샤는 계약서의 내용을 자의적으로 해석하고 법률을 자의적으로 적용한다. 샤일록이 좋아하는 말이 "법대로"란 말이지만, 자비를 호소하는 포샤 역시 "법대로"(By the law)라는 말을 반복하게 된다.

여기서 샤일록과 기독교인이 보여주는 표현의 유사성은 무엇을 의미하는가? 포샤는 자비로서 달궈지지 않는 법은 의롭지 못하다고 말하지만 자기 자신이 자비로서 달궈지지 못한 판결을 내리고 있음을 알지 못한다. 여기에서 자비는 기독교인만을 위한 자비일 뿐 유대인 타자에게는 허용되어 있지 않고, 기독교인들은 법을 자신들의 목적에 맞게 전유하면서 자신들을 합리화한다. 샤일록은 마침내 포샤의 모든 요구에 굴복한다. 기독교인들은 샤일록의 목숨만은 살려 준다고 말하면서, '관대'하게 '자비'의 정신을 실천하는 것처럼 행동한다. 포샤의 '기만적' 판결 덕에 목숨을 구한 안토니오는 자신에게 돌아올 재산을 샤일록의 딸과 사위에게 귀속시키겠다는 그럴듯한 자비를 베푼다. 그리고는 안토니오는 샤일록에게 개종을 종용한다.

이 재판 장면은 복수할 때는 기독교인들도 얼마나 무자비한가를 잘 보여준다. 재판은 샤일록을 원고로 안토니오를 피고로 하여 시작된다. 그러나 재판이 진행됨에 따라 역할은 전도되어 샤일록은 기독교인의 목숨을 노렸던 피고로 간주된다. 사실 그는 기독교인들에게 실제적인 해를 가한 적이 없다. 그의 돈이 없었더라면 바사니오와 포샤의 결합은 이루어지지 않았을 것이다. 교묘한 법 해석에 따라 원고에서 피고의 위치로 전락한 샤일록의 운명을 불공정하다고 느낀다면, 그는 희생자이다. 그러나 그를 희생자라고 말할 때 그가 "작가의 시각”에서 부당하게 취급되고 있는지, 아니면 평자의 관점에서 부당하게 취급되고 있는지를 고려해야 한다. 작가가 당대의 대부분의 관중과 마찬가지로 유대인 고리대금업자에 대한 고정관념과 편견을 공유하고 샤일록을 배척하는 일에 동참하고 있는가? 아니면 샤일록은 단지 “그가 속한 사회의 희생자”일 뿐인가? 청중의 다양한 요구를 잘 알고 있는 셰익스피어가 관중들을 만족시키기 위해 샤일록을 희생시키려고 했다고 생각할 수도 있다. 그러나 이 작품은 보는 사람의 관점에 따라 달리 보이는 “끊임없이 회전하는 물체”와 같다(Girard 97-98). 과연 이 작품이 당대의 반유대주의만을 반영한 텍스트일까?

텍스트는 반유대주의 신화를 강화하는데 전유될 수도 있고 그것을 비판하는데 사용될 수도 있다. 『베니스의 상인』이 독일에서 유대인 학살을 자행하고 나치 이데올로기를 전파하기 위해 히틀러 정부에 의해 수없이 상연되었던 작품이라는 점은 이 텍스트가 지배담론에 의해 얼마나 반유대주의를 강화하는데 전유되고 있는가를 잘 보여주고 있다(Smith 153). 『베니스의 상인』에서 유대인에 대한 기독교인들의 행위는 야만스런 동기를 합법성이란 이름 아래 가장하여 유대인 학살을 자행하였던 히틀러 시대의 나치들의 그것과 다르지 않다. 그러나 또 한편으로 유대인 샤일록을 관중의 동정을 받을 수 있는 ‘비극적 주인공’으로 만들어 무대에 올리는 최근의 연출은 이 텍스트가 반유대주의를 비판하는데 사용되고 있음을 보여준다(Perret 166-67). 이 작품이 당대의 지배담론을 반영하고 있음은 분명한 사실이다. 그러나 작가가 그 지배담론에 어떻게 반응하고 있는가를 밝히는 일은 그리 쉽지 않다. 이 작품은 당대를 비추는 ‘거울’로서 재현의 충실성을 보여주고 있는 것이 사실이지만, 작가가 이 작품의 상연을 통해 당대의 반유대주의 신화를 강화하고 있는지 그것을 의문시하고 전복시키고 있는지는 명확하지 않다(Moisan 197).

커모드는 이 극에는 구법과 신법, 정의와 자비, 복수와 사랑이라는 양극성이 반영되어 있다고 말한다(224). 코헌(W. Cohen)이 논평하고 있듯이 "자비가 정의를, 법정신이 법조문의 자구를, 신법이 구법"을 대치하는 이 재판 장면은 법체계의 공평성과 동시에 전체 플롯의 도덕적 전제를 드러내고 있다(776). 포샤의 판결이 "사법적으로나 논리적으로 명백한 난센스"임에도 불구하고 재판장면은 대단히 극적으로 처리된다. 엘리자베스 시대 관중의 취향을 잘 알고 있었던 극작가 셰익스피어는, 이 결정적인 순간에, 극의 갈등을 '샤일록의 희생'으로 끝맺는 것이 효과적이라는 사실을 잘 알고 있었을 것이다. 그러므로 표면적 수준에서는 샤일록을 옹호하는 소리를 명시적으로 드러내지 않는다. 당대 지배문화로 자리 잡았던 기독교 문화의 힘을 의식하고 있기 때문이다. 기독교인들은 베니스의 법정에서 샤일록이란 유대인 고리대금업자를 희생양으로 삼아 희생양 축제를 벌이고, 이 축제에 거의 모든 등장인물들이 동참한다. 엘리자베스 시대 관중들은 무대 위 법정의 기독교인들과 한 마음이 되어 포샤의 판결에 만족하고 샤일록의 패배를 그들 자신의 승리로 받아들인다. 그리하여 샤일록은의 패배는 당대 일반 관중들에게 카타르시스를 제공한다. 셰익스피어는 희생양 장치를 증오심에 불타는 유대인과 기독교인 사이의 절대적인 갈등을 종결지을 수 있는 해결책으로 삼고 있는 듯하다. 그러나 셰익스피어는 희생양 효과를 창출해내는 동시에 대단히 기술적으로 그 효과를 무너뜨리고 있다(Girard 99).

샤일록의 패배는 당대 대부분의 기독교 관중들에게 카타르시스를 제공해 주었던 것이 사실이지만 재판의 결말은 사려 깊은 관중들과 지적인 독자들에게는 아이러니를 제공한다. 지라드는 "아이러니는 논증될 수 있는 것이 아니고 논증되어서도 안 된다"고 주장한다. 그렇지 않으면 그것은 극을 즐기는 사람들의 카타르시스를 방해하는 것이 될 것이기 때문이다. 아이러니는 반 카타르시스적이고, 이는 독자가 사건을 교묘하게 다루는 "작가와 공범이 되는 순간" 경험할 수 있는 성질의 것이다. 그러므로 아이러니가 너무나 명백하고 모든 이에게 감지될 수 있다면 아이러니는 그 목적을 잃게 된다. 사실 아이러니는 소수의 지식인에게만 파악된다. 아이러니를 통한 셰익스피어의 간접적인 풍자는 극소수의 지식인들에게는 매우 효과적이었고 카타르시스를 갈망하는 무지한 다수에게는 파악되지 않는 성질의 것이다. 극에서 갈등의 양상이 강하면 강할수록 더 강한 대조가 존재하는 것이 보통이지만, 이 극에서는 아이러니컬하게도 대조적인 것처럼 보이는 유대인과 기독교인의 갈등 가운데 많은 부분이 동일하다. 셰익스피어는 반어적인 암시를 통해 유대인과 기독교인간의 '차이'보다는 '동질성'을 보여주면서 극적인 효과를 증대시키고 있는 것이다(Girard 102-04).

셰익스피어는 당대의 지배담론에 일정한 거리를 유지하면서 유대인과 기독교인의 유사성을 교묘하게 암시한다. 무대에서 벌어지는 희생양 만들기 제의에서 드러난 기독교인들의 편협성은 바로 당대의 유대인에 대한 편견을 단적으로 드러내면서 아이러니를 제공하고 있기 때문이다. 또한 잔인성을 억제하고 합리적인 해결을 모색해야하는 재판이 잔인한 행위와 유사함을 보여주고 있다. 샤일록의 잔인성을 핑계로 기독교인들은 '자비'로 사탕발림한 폭력을 행사하면서 그를 희생시키고 있기 때문이다. 자비를 통한 잔인성의 근절이 아니라 폭력을 통한 잔인성의 근절에서 우리는 폭력을 억제하는 방식 역시 폭력과 무관하지 않음을 알 수 있다.

"네 이웃을 네 몸과 같이 사랑하라"(*Matthew* 22: 39)는 계명은 모든 기독교인들이 따라야 할 으뜸가는 계명이다. 그러므로 이웃 사랑을 실천하지 않는 베니스의 기독교인들이 하느님 사랑을 실천하고 있다고 볼 수는 없다. 또한 성경은 "눈에 보이는 형제를 사랑하지 않는 자가 눈에 보이지 않는 하나님을 어찌 사랑할 수 있겠느냐?"고 반문한다(*1 John* 4: 20). 성경에 비추어 본다면 형제를 사랑하지 않는 자는 하나님을 사랑하지 않는 자이고, 하나님을 사랑하지 않는 자는 기독교인이 될 수 없다. 예수님이 말한 형제는 인류 전체일 것이지만, 안토니오와 그의 주변 인물들에게 샤일록은 형제가 아니라 타자이다. 안토니오와 그 주변 인물들은 엄밀한 의미에서 진정한 기독교인이 아니다. 그들은 샤일록이 살 1파운드의 계약을 취하하고 돈을 되돌려 받기를 원할 때 재산을 몰수해 버렸고, 더욱 곤욕스러운 것은 유대인 샤일록에게 개종을 명한다. 이는 타자에 대한 복수이다. 그들이 복수의 칼날을 갈았던 샤일록과 무엇이 다른가?

법정에서 샤일록에게 가해진 기독교인들의 행위는 기독교의 사랑과 자비의 정신과는 거리가 먼 행동이다. 자비라는 대의명분에 가리어진 집단적 기만이다. 따라서 재판에서 샤일록의 패배와 희생은 기독교 중심문화에 내재한 타자에 대한 집단적 '폭력'을 드러내는 장치이다. 편파적인 법 적용으로 안토니오라는 죄인 대신 '법'적으로는 무고한 존재인 샤일록이 도리어 '죄'의 대가를 치른다. 베니스의 '법'은 안토니오란 기독교인에게 정의롭고 자비로운 법으로 존재하지만, 샤일록에게는 편파적이고 잔인한 법으로 존재한다. 그리하여 자비와 폭력은 동일하게 나타난다. 샤일록의 패배는 기독교 문화라는 지배문화와의 대립에서 몰락하는 소수 민족 타자의 패배이다. 샤일록의 비극은 그를 타자화한 기독교 사회의 편견에만 기인하는 것은 아니다. 또한 그가 결함을 드러내는 인물이라는 점도 부정할 수 없다. 그러나 유대인을 억압하고 배제하는 기독교 중심문화가 샤일록의 비극에 가장 크게 작용하고 있다고 보아도 무리가 없을 것이다. 비극의 책임을 한 개인이라기보다는 베니스의 기독교 사회라고 보는 것이 타당할 것이다. 기득권자인 기독교인과 그 문화에서 배제된 소수민족 유대인에게 주어진 멸시를 고려해 볼 때 샤일록은 충분히 동정을 받을 수 있는 인물이다.

샤일록이 재산 몰수라는 판결이 내려지자 차라리 자신의 목숨을 가져가라고 절규하는 가운데, 안토니오는 그의 재산을 압류하는 대신 그가 기독교로 개종할 것과 딸과 베니스의 기독교도 사위인 로렌조에게 유산을 상속시키도록 제안한다.

> 조건이 두 가지 더 있습니다. 하나는 이 호의에 대한
> 보답으로 그가 당장 기독교인으로 개종하는 것입니다.
> 다른 하나는 여기 이 법정에서 양도증서를 쓰는 일이죠.
> 즉 임종 시, 그의 재산 전부를 사위 로렌조와 딸에게
> 물려준다는 양도증서를 지금 이 법정에서 쓰는 일입니다. (4.1.386-90)

샤일록은 이 제안을 수락하고 개종할 것을 약속한다. 유대인 타자에게 개종하라고 명령함으로써 타자에 대한 기독교인들의 '복수'는 마침내 완성된다. 다수의 기독교인들은 고립된 한 사람의 유대인 타자를 희생양으로 삼아 그의 등 뒤에서 자신들의 문화의 동질성을 과시한다. 샤일록은 "나는 몸이 좋지 않아"(4.1.392)라는 말을 남기고 법정을 떠난다. 그의 마지막 대사이다. 샤일록은 생명은 보존할 수 있었지만 모든 재산을 잃게 되고, 개종해야 했으며, 딸마저 기독교인에게 달아나 베니스 사회에서 철저히 고립된 타자로 존재한다. 이제 그에게 남은 것은 아무 것도 없다. 타자의 희생을 통하여 베니스 사회에서 복수와 폭력과 인간의 잔인성이 사라질 것일까? 인종적 편견이 가미된 집단적 폭력의 순환적 고리가 해제될 수 있는 것일까? 샤일록의 퇴장으로 베니스 사회에 존재하던 문제와 갈등이 모두 해소되었을까? 문제는 해결된 것이 아니라 잠시 잊혔을 뿐이고, 지배문화의 폭력이 은폐되어 있을 뿐 사라지지는 않는다.

셰익스피어는 항상 그의 작품을 관람하는 관중의 반응을 의식하는 극작가이다. 그러나 그는 또한 자신이 속한 문화의 부정적 측면을 간파하고 이를 비판하는 예술가이다. 찰톤(H. B. Charlton)은 셰익스피어에게 예술가로서의 감

수성과 인식이 관중들의 비난을 받을만한 인물을 창조하는 과정에서 장애로 작용했고, 결과적으로는 그가 복수 동기를 가질 수 있는 동정적 인물을 창조했기 때문에 극작가로서 실패했다고 지적한다(128-29). 그러나 셰익스피어는 극작가로서 실패한 것이 아니다. 이 극은 아이러니를 파악하지 못하는 서민층 관객의 '입 맛'에 만족스러운 결말을 제공하고 있고, 당대의 일반 관중들의 눈에 샤일록이 동정적으로 비칠 가능성은 희박하기 때문이다. 작품에 내재한 아이러니를 파악하고 유대인 타자에게 동정적인 시선을 보낼 수 있는 관중은 당대의 기독교 중심문화와 어느 정도 거리를 유지할 수 있었던 소수의 지적인 관중에게 제한되어 있었기 때문이다.

표면적으로는 이 작품은 자비를 강조하는 기독교 정신의 승리로 종결되고 있다. 그러나 타자를 배제하고 '자비로운' 법 적용으로 축제 분위기에 휩싸인 기독교인들 모두는 정말 즐거울까? 샤일록은 인종적 편견과 멸시에 묶여 있고, 안토니오는 차용증서에 묶여 있고, 포샤는 세 상자로 표상되는 아버지의 유언에 묶여 있다. 이들 어느 누구에게도 완전한 자유는 보장되어 있지 않다.

II

포샤는 『베니스의 상인』에서 납 상자를 고르는 남성과 결혼하라는 아버지의 유언에 묶여 있는 인물이다. 가부장제의 틀에 제한된 인물이라는 말이다. 1막 2장에서 포샤는 "살아있는 딸의 의지가 돌아가신 아버지의 유언에 묶여 있는" 처지를 한탄하고, "자신이 원하는 사람을 선택할 수도, 싫어하는 사람을 거절할 수도 없는" 상황을 부당하다고 생각한다(1.2.23-25). 아버지의 유언에 따라 납 상자를 고르는 남자와 결혼해야 하는 포샤에게 어떤 선택의 가능성도 주어져 있지 않다. 자신의 뜻에 따라 배우자를 고르지 못하는 포샤는 가부장제의 희생자처럼 보인다. 선택의 여지가 없는 자신의 처지를 불만스럽게 생각하고 있음에도 불구하고 포샤는 그런대로 아버지의 뜻을 따르는 유순한 인물로 제시되고 있기 때문이다. 바사니오가 납 상자를 택해 포샤의 남편으로 결정되었을 때, 그녀는 바사니오에게 다음과 같이 말한다.

> 그 무엇보다 다행스러운 건, 제 천성이 온순하여
> 저의 주인이시고, 지배자이시며, 왕이신
> 당신이 지시하시는 대로 순종하리라는 점입니다.
> 제 자신과 제가 소유한 것 모두 이제 당신 것입니다.
> 지금까진 제가 이 집의 주인이고, 하인들의 주인이고,
> 제 자신의 여왕이었죠. 하지만 지금부터는
> 이 집과 하인들 그리고 제 자신까지도
> 저의 주인이신 당신의 것입니다.
> 이 모든 것을 이 반지와 함께 당신께 드립니다.
> 혹시 이걸 버리시거나, 잃어버리시거나, 남에게 주신다면
> 이는 바로 당신의 사랑이 식어버린 것을 뜻하니
> 저의 심한 질책을 들으실 것입니다. (3.2.163-74)

이 인용문에 드러난 포샤는 당대 가부장제가 요구하는 소위 '이상적' 여성의 모습이다. 포샤는 자신이 무엇을 결정할 수 있는 주체가 아니라, 가부장제의 가치와 권위를 강화하는데 기여하고 있는 유순하고 순종적인 여성처럼 보인다. 그녀는 아버지에게 뿐만 아니라 남편에게도 순종적이다. 그러나 그녀가 표면에 드러나는 것만큼 순종적인 인물은 아니다. 상자를 선택하는 과정에서 그녀가 선호하는 바사니오가 적절한 상자를 선택할 수 있도록 특별히 배려하고 있고 결혼 이후 점점 자신의 의지를 드러내고 있기 때문이다.

위의 인용문은 또한 후에 검토하게 될 '반지 트릭'의 윤곽을 드러낸다. 포샤는 공식적으로 자신의 저택과 하인들, 그리고 그녀 자신에 대한 지배권을 바사니오에게 넘겨주면서 그에게 반지를 준다. 그녀는 바사니오를 주인으로, 지배자로, 임금으로 모시고 그가 지시하는 대로 따르겠다고 선언한다. 포샤는 남편에게 무조건적 헌신을 맹세하고 있는 것처럼 보이고, 바사니오에게 주는 반지는 "남편에 대한 복종의 징표"처럼 보인다(Parten 150). 그러나 포샤는 모든 것을 주는 대가로 바사니오가 반지를 항상 간직해 달라고 부탁하면서, 반지를 잃어버리면 이는 사랑이 없어진 증거이니 질책 받게 될 것이라고 경고한다. 엄밀한 의미에서 바사니오에게 주어지는 포샤의 헌신은 무조건적이 아니다. 그녀의 복종과 헌신은 남편이 반지를 간직하고 있을 때만 가능하리라는 것을 예고하기 때문이다. 포샤의 조건적 사랑은 자신의 몸뿐만 아니라 자신의 모든 것을 바사니오에게 바치겠다는 대사에 의해 미화되고 있을 뿐이다.

포샤는 그리 유순하지도 순진하지도 않은 인물이다. 바사니오와의 첫 대면에서 가부장적 권위에 순종하는 유순한 여성의 모습을 보여주었던 포샤는 극이 진행되면서 점점 가부장적 질서를 위협하는 인물로 부각된다(Parten 147). 특히 포샤가 남편의 친구를 구하기 위해 남장을 하고 법정을 들어 설 때, 연약한 여성의 모습은 권력을 전유하는 영리하고 능력 있는 인물의 모습으로 대체된다. 그녀는 남장을 통해 남성의 권위를 전유하며 나아가 반지 트릭을 통해 남성들을 무력화시킨다.

이 작품에서 포샤가 여성의 한계를 벗어나 남성의 권위를 획득하는 것은 두 가지 장치를 통해서이다. 샤일록과 안토니오에 대한 재판을 진행하기 위해 남성의 복장을 하고 법정에 들어서는 것과 재판이 끝난 후 '반지'를 통해 남편인 바사니오의 정절을 시험하고 그를 길들이는 것이 바로 그것이다. 단순해 보이는 복장전도(transvestism)와 반지 플롯은 이 작품에서 희극적 상황을 연출하는 이상의 함의를 지니고 있다. 복장전도는 남성과 여성이라는 이분법적인 구도가 얼마나 가변적인가를 잘 보여주고 있으며, 반지 트릭은 남성의 정절과 권위에 치명적인 손상을 가하면서 남성에 대한 여성의 우위를 확보하는 장치로 이용되고 있기 때문이다. 르네상스 시대에 남성의 복장을 착용한 여성은 그 사회의 위계질서를 붕괴시키는 심각한 위협으로 간주되었다(Howard 434). 복장전도가 남성과 여성의 경계를 흐리게 하여 전통적 위계질서를 교란시키고 성별 구분체계의 당위성을 희석시킬 가능성을 내포하고 있기 때문이다(Newman 31).

남편의 친구인 안토니오를 구하기 위해 베니스의 법정에 가기로 결심한 포샤는 3막 4장에서 사촌 오빠인 벨라리오(Bellario) 박사의 법복을 빌리기로 하고 하인을 파두아(Padua)로 보낸다. 그러고는 너릿서(Nerissa)에게 자신의 변장에 대해 다음과 같이 말한다.

> 그래, 너릿서. 하지만 우리가 남장을 하면
> 그들은 우리가 가지고 있지 않은 거시기를
> 갖고 있는 것처럼 생각할 거야. 뭐든 걸고 내기해도 좋아.
> 우리 둘 다 청년들처럼 옷을 입으면,
> 너보단 내가 더 멋진 남자로 보일 거야.
> 난 당당한 모습으로 칼을 찰 것이고,
> 소년과 어른 사이의 변성기에 처한 사람처럼
> 갈대피리 소리처럼 말을 하고, 여자 같은 종종걸음을
> 대장부의 당당한 걸음걸이로 바꾸고, 허풍을 치는
> 멋진 청년처럼 싸움 얘길 하고, 그럴듯한 거짓말을
> 하는 거야. 지체 높은 숙녀들이 사랑을 고백했지만
> 나는 거절했다. 그랬더니 그들이 상사병에 걸려 죽었다.
> 나로선 어쩔 수 없었다. 그러면 후회할 거야,

나 때문에 죽을 것까지는 없었는데 등등. (3.4.60-73)

포샤의 변장은 대단히 계산적이다. 남성의 복장을 착용할 뿐만 아니라 청년처럼 행동하여 주위의 남성들을 속이려고 한다. 그녀는 남성의 세계에 진입하기 위해 단도를 찬 멋진 청년의 역할과 걸음걸이가 당당한 대장부 역할을 수행하고자 한다. 또한 포샤는 수많은 귀부인들이 상사병에 걸려 죽게 된 대상으로 가장하려고 한다. 마침내 포샤는 사촌이 보내준 법복을 입고 재판관인 발사자(Balthazar)로 가장하여 법정에 들어서면서 힘 있는 남성으로 변모한다. 남성의 선택만을 기다리던 포샤가 남장을 통해 이제 주위의 상황을 장악할 수 있는 힘을 가지게 된 것이다.

법정에서 샤일록과 안토니오의 송사에 대한 재판을 진행하는 포샤는 법복의 힘을 빌려 상황을 완전히 장악한다. 법조문을 영리하게 해석하여 샤일록을 긴장시키는가 하면, 샤일록에게 유리할 것 같은 말로 안토니오와 바사니오를 긴장시킨다. 재판관의 정체를 모르는 바사니오는 안토니오에게 "아내도 이 세상의 모든 것도 자네의 생명보다 귀중하지는 않다"(4.1.284-85)고 말한다. 이 말을 남장 법관으로 변장한 포샤가 듣게 되는데, 이는 바사니오의 돌이킬 수 없는 결정적인 실수라고 할 수 있다. 이 말에 포샤는 "만약 당신 아내가 당신 말을 듣는다면 별로 달가워하지 않을 것"(4.1.288-89)이라고 말하며, 이어서 "저 상인(안토니오)의 살 1파운드는 샤일록 당신 것"(299)이란 판결로 안토니오와 바사니오를 긴장시킨다. 포샤는 재판에서 먼저 안토니오와 바사니오를 긴장시키고, 다음으로 가장 효과적인 시점을 택해 "극적인 승리"를 얻어내면서 남편 길들이기의 기반을 조성하고 있는 것이다(Goddard 158).

복장전도를 통한 변장은 상황을 파악하지 못하는 극중 인물들과 그것을 알고 있는 관객 사이에서 희극적 효과를 창출한다. 또한 포샤가 남장을 통해 남성 법관으로 인정받는 상황은 극적 허구의 틀 밖에서 이를 지켜보는 관객에게 남성과 여성의 이분법적 구도가 얼마나 가변적이고 임의적인가를 드러내 보여준다. 젠더가 불변의 본질이 아니라 복장의 문제이며 연기의 문제라는 것을 보게 되기 때문이다. 착용한 복장에 따라 이렇게 가변적인 권력의 향배를 어떻게 보아야 할 것인가? 복장전도와 역할 연기에 따라 사실상 동일인인 포샤/재판관에게 바사니오가 달리 반응한다는 것은 성정체성이 의상과 역할 연기에 따라 구분되고 있다는 것을 보여준다. 이는 또한 젠더의 경계가 고정된 것이 아니라, 사회·문화적으로 형성된 가변적인 것임을 드러낸다(Orgel 57). 포샤의 변장은 성적 구분의 임의성을 드러냄으로써 가부장제 위계질서를 위협한다.

근대 초 영국 사회는 복장전도를 가부장제 사회를 위협하는 현상으로 파악한다. 영국 정부는 복장 착용에 관련된 엄격한 규약을 제정했고, 모든 사람이 이를 따르도록 지시했다. 복장을 계급과 지위를 드러내는 가시적인 지표로 간주했기 때문이고, 복장의 규칙을 위반하는 것을 사회의 질서를 어지럽히는 행위로 간주했기 때문이다(Howard 421). 남녀의 구분이 분명하고 성차가 본질적인 것으로 간주되던 르네상스 시대에 여성의 남장은 물론 남성의 여장도 부자연스런 것으로 간주되었다. 특히 여성의 남장은 기존의 성적, 사회적 가치와 체계에 도전하는 심각한 위협으로 간주되었다. 남장이 양성간의 성적 차이와 경계를 흐리게 함으로써 가부장제 사회의 위계질서에 치명적인 손상을 가할 위험성이 있기 때문이다(Rose 224, Herrmann 136). 그럼에도 불구하고 복장전도는 르네상스 시대 영국의 극장에서 광범위하게 실천되던 하나의 양상이었고, 당대의 도덕주의자들은 복장전도를 현실에 있어서건 무대 위에서건 성정체성을 교란시키고 동성애적 욕망을 자극하는 행위라고 공격했다(Bullough 90).[3)]

포샤의 남장은 젠더 경계를 흐리게 하면서 그녀의 젠더를 모호하게 한다.

무대 위에서 소년 배우가 연기하는 포샤라는 등장인물이 남장을 하면서 성정체성은 모호해지고 성의 경계는 더욱 흐려진다. 즉 연극적 재현에서뿐만 아니라 무대에서 상연되는 허구 안에서도 역할연기와 복장이 창출하는 가변적 젠더가 제시되는 것이다(Rackin 29). 포샤는 모호한 젠더 정체성을 통해 복잡한 상황을 조장하고 그것을 다시 해결하면서 남성들의 불안감을 증폭시킨다. 표면적으로는 포샤의 남장이 가부장제를 재확인하고 있다고 생각할 수도 있다. 포샤의 힘과 권위는 남성의 복장을 착용함으로 비로소 가능하기 때문이다. 그럼에도 불구하고 포샤의 복장 위반은 불변하는 것으로 보이던 성의 경계를 깨뜨리면서 가부장제를 위협하고 나아가 여성이 남성중심의 사회에 도전할 수 있는 가능성을 제공한다(Belsey, "Disrupting" 180). 뉴먼의 주장에 따르면 포샤는 복장전도와 반지에 연루된 트릭을 통해 가부장제의 권위를 위반하고 조롱하며 남성이 제어하기 힘든 존재로 부상한다(Newman 29).

포샤의 남장은 또한 남녀 간의 사랑과 남성들의 우정이 갈등 관계에 있음을 조명할 수 있는 장치로 활용된다. 안토니오는 바사니오의 사랑을 두고 포샤가 경쟁해야 할 상대이며, 바사니오는 두 가지 의무, 즉 친구로서의 의무와 남편으로서의 의무 사이에서 갈등한다(Belsey, "Love" 49). 남녀 간의 사랑과 남성들 사이의 우정은 갈등 관계에 있다. "아내도 이 세상의 모든 것"도 친구인 안토니오의 생명보다 귀중하지는 않다는 바사니오의 말은 우정과 사랑의 대립에서 우정이 우위에 있는 것 같은 인상을 풍긴다. 또한 바사니오는 안토니오를 구할 수만 있다면 "모든 것을 잃고 모든 것을 희생해도 좋다"고 공언한다(4.1.278-83). 바사니오의 이 대사를 두고 볼 때 우리는 바사니오와 안토니오

3) 반면 하워드(Jean Howard)는 복장전도를 보여주는 극장은 여성의 성욕을 통제하여 "정숙하고 침묵하는 순종적인 여성 주체"를 생산하는 이데올로기적 강령을 실천했다고 주장한다(422, 418).

사이의 우정이 동성애적 유대 관계에 있음을 의심하지 않을 수 없다. 바사니오에게 안토니오는 아내보다 소중하고 자신의 생명보다 소중한 존재로 기술되고 있기 때문이다. 그러므로 이 작품에서 우정과 사랑은 서로 배타적이다. 바사니오를 두고 포샤와 안토니오는 라이벌 관계이며, 바사니오는 우정과 사랑 즉 안토니오와 포샤 양자 중 택일해야 하는 상황에 처하게 된다.

남장을 통해 남성의 세계에 진입하여 남성들의 관계를 더욱 절실하게 파악한 포샤는 남장을 통해 이들을 무장 해제시킬 방책을 찾아내게 되는데, 그것은 바로 반지 트릭이다. 3막 2장에서 포샤는 모든 것을 남편인 바사니오에게 주면서 그 대가로 그녀가 준 반지를 잘 간직하라고 부탁한다. 나아가 만약 "반지를 잃어버리거나 다른 사람에게 주어 버린다면 이는 사랑이 없어진 증거"라고 경고한다. 포샤의 말대로 바사니오가 반지를 간직하고 있을 때만 포샤가 헌신할 수 있다면 반지는 사랑의 결합을 표상하기보다는 포샤의 재산을 자신의 것으로 하기 위하여 바사니오가 항상 간직해야하는 '구속'의 상징이다(Kahn 108-109).

특히 반지에 연루된 사건이 좀 더 구체적으로 드러나는 4막 1장 이후 반지는 사랑의 '계약'내지 '구속'을 상징한다. 베니스의 법정에서 재판이 끝난 후 법학박사로 변장한 포샤에게 바사니오가 사례를 하겠다고 했을 때, 포샤는 바사니오의 반지를 요구하고 이에 바사니오가 응함으로써, 이후 반지 플롯은 본격적으로 전개된다. 재판이 끝난 후 바사니오, 안토니오, 그래쉬아노(Gratiano), 포샤, 그리고 너릿서(Nerissa)가 벨몬트에 있는 포샤의 저택으로 돌아와서 전개되는 5막 1장은 반지 사건이 중심 내용을 구성한다. 이렇듯 법정 장면 이후 본격적으로 대두되고 있는 포샤의 반지 트릭은 포샤의 남장 아래 그 효과를 극대화하면서 남성의 권위를 약화시키는 장치로 작용한다.

반지 사건은 포샤의 사랑이 남편의 또 다른 방향의 애정인 우정과 대립적인 관계에 있음을 부각시킨다. 또한 포샤의 반지는 남성들에 대한 여성의 우위를 가능하게 하는 매개물로 작용한다. 재판이 안토니오의 승리로 끝난 후 재판관으로 변장한 포샤가 친구의 목숨을 구해준 사례를 하겠다는 바사니오에게 반지를 요구하자, 처음에는 바사니오가 반지를 절대로 주지 않을 것처럼 말하면서 요구를 거절한다. 바사니오가 반지 외에는 어떤 것이라도 줄 수 있다고 하지만, 포샤/재판관은 반지 외에는 아무 것도 원치 않는다. 그러자 안토니오는 "저분의 공과 나의 우정을 합친 것을 자네 아내의 명령과 비교해 가치를 평가" 해 보고 반지를 재판관에게 주라고 재촉한다(4.1.450-51). 이 지점에서 남편의 '정절'을 가늠하는 시험은 곧 친구의 '우정'을 가늠하는 시험과 동일하다 (Tennenhouse 62). 친구인 안토니오의 말을 따르게 되면 이는 아내와의 약속을 저버리는 것을 의미하기 때문이다. 안토니오의 재촉으로 바사니오는 더 이상 버티지 못하고 그래쉬아노에게 재판관을 찾아 반지를 전해 주라고 말한다 (4.1.453). 그리하여 바사니오는 친구를 위해 마침내 아내와의 약속을 저버리게 된다.

반지의 소유를 통해 남성에 대한 우위권을 확보한 포샤와 너릿서는 벨몬트로 돌아온다(5막 1장). 바사니오, 안토니오, 그래쉬아노도 베니스 법정에서의 승리를 만끽하면서 벨몬트로 돌아온다. 포샤가 베니스에서 돌아 온 남편 바사니오의 정절을 확인할 수 있는 방법은 그의 손가락에 반지를 끼고 있는지를 확인하는 일이다. 처음에는 정절의 상징이던 반지가 극이 진행됨에 따라 구속의 상징으로 작용하기도 하고, 다른 한편으로 사랑과 우정의 갈등을 야기하는 장치로 작용하기도 한다. 남편과 재회한 포샤는 정절의 증거로 남편에게 반지를 요구한다. 포샤는 안간힘을 쓰면서 자신을 변호하려는 바사니오를 오쟁이 진 남편으로 만들면서 위협한다. 이는 물론 포샤가 꾸며낸 가상적 상황이지만, 포샤는 남편이 정절의 징표인 반지를 베니스의 여성에게 주었다고 믿고 있는 것처럼 행동한다. 포샤는 재판관과의 가상적 부정을 통해 바사니오를 오쟁이 진 남편으로 만들면서 위협한다. 여성의 정절에 의존적인 남성의 명예는 여성이 정절을 유지해 주지 않고 남성을 오쟁이진 남편으로 만들 때 여지없이 사라지기 때문이다. 반지트릭으로 인해 바사니오는 남성으로서의 힘과 권위를 상실하게 되지만 포샤는 남편을 마음대로 다룰 수 있는 힘을 얻게 된다.

반지 사건은 또한 바사니오와 안토니오 사이의 동성애적 관계를 검증하는 장치로 작용한다. 그들의 우정은 강력한 남성적 유대에 기반을 둔 동성애적 욕망을 드러내고 있다. 그러나 법정장면 이후 안토니오는 바사니오를 두고 더 이상 포샤의 경쟁자가 되지 못한다. 남성 간의 우정보다 남녀 간의 애정이 우위에 서기 시작하기 때문이다(Novy 149). 5막 1장의 후반부에 이르러 반지가 점점 노골적인 성적 이미지를 포함하고 있다는 단서를 여러 곳에서 발견할 수 있다. 법정에서 돌아온 바사니오, 안토니오, 그래쉬아노 앞에서 포샤는 "아내의 첫 선물"(wife's first gift)이고 "맹세를 하고 몸에 낀 것"을 재판관의 서기에게 주고 온 그래쉬아노를 탓하는데(5.1.167-69), 이는 또한 반지를 재판관에게 빼주고 온 바사니오를 비난하는 내용이다. 여기서 "아내의 첫 선물"인 반지는 단순한 금가락지가 아니라 정절과 관련을 맺고 있는 상징이며, 반지를 뺀다는 것은 아내외의 다른 여자와 관계를 가진다는 것을 의미한다(Belsey, "Love" 48). 포샤의 질책을 듣게 된 그래쉬아노가 포샤의 남편 역시 반지를 다른 사람에게 주었다고 털어놓자, 포샤는 "그 반지를 보기 전에는 결코 동침하지 않을 것"(5.1.190-91)이라고 화를 낸다. 난감해진 바사니오는 다음과 같이 변명한다.

> 내가 누구에게 그 반지를 주었는지 안다면,
> 내가 누구를 위해 그 반지를 주었는지 안다면,
> 내가 왜 그 반지를 주었는지 당신이 안다면

그리고 그 반지 외에는 아무 것도 받지 않으려고 해서
정말 꺼림칙하게 생각하면서도 그걸 준가를 안다면
당신의 노여움을 가라앉힐 수 있을 거요. (5.1.193-98)

바사니오는 누구에게 왜 그 반지를 주었는지 포샤가 알게 되면 노여움이 풀어질 수 있을 것이라고 말한다. 그러나 포샤는 바사니오의 변명에도 아랑곳없이 그를 몰아붙인다. 포샤는 먼저 반지에 담긴 참 뜻을 모르는 바사니오를 질책하고, 반지를 준 여인인 자신을 평가 절하한 그의 행위를 비난하면서 반지를 타인에게 준 행위가 바사니오 자신의 명예를 손상시키는 행위라는 걸 주지시킨다(5.1.199-202). 포샤는 반지를 받은 상대가 누구인지를 잘 알고 있으면서도 "그 반지를 받은 것은 어떤 여성"일 것이라고 비난한다(5.1.208). 궁지에 몰린 바사니오는 변명을 늘어놓는데, 먼저 자신의 '명예'와 '영혼'을 걸고 반지를 받아간 사람이 여성이 아니라 법학박사라는 점을 밝힌다. 그러고는 자신의 '명예'(honour)가 배은망덕이란 오명으로 더럽혀질까 두려워 반지를 줄 수밖에 없었다고 변명한다(5.1.209-19). 바사니오가 여성이 아닌 남성에게 반지를 주었어도 문제는 크게 달라지지 않는다. 이 지점에서 바사니오 자신의 '명예'와 친구를 지키기 위해 반지로 대변되는 여성의 '명예' 즉 정조(honour)는 희생된 셈이다. 포샤는 자신을 희생하여 남편의 친구를 구하지만, 바사니오는 아내를 희생하여 친구를 구하기 때문이다(Berger 161).

포샤의 손에 들어온 반지는 이제 남편에 대한 아내의 우위를 확보하는 결정적인 증거로 활용되고, 가상적이긴 하지만 '부정한' 남편을 공격하는 수단으로 사용된다. 포샤에게 재정적인 채무자와도 같은 바사니오는 이제 도덕적으로도 채무자의 위치로 전락한다(Boose 147-48). 기선을 제압한 포샤는 바사니오의 변명에도 아랑곳하지 않고 다음과 같이 그를 궁지로 몰아넣는다.

그 박사라는 분이 절대 제 집 가까이 오지 못하도록 하세요.
저를 위해 반드시 간직하겠다고 맹세했고,
저도 소중하게 생각했던 보석을 그분이 갖고 있는 이상,
저도 당신처럼 마음대로 선심을 쓰겠어요.
제가 가진 것은 무엇이든 드리겠어요.
내 몸, 아니 남편의 침대까지도 드리겠어요.
그분과 뭔가 통할 것 같아요. 분명 그럴 것 같아요.
하룻밤이라도 집을 비워서는 안돼요. 눈이 백 개 달린
아르고스처럼 절 감시하세요. 그러지 않고 혼자 두시면,
아직도 순결한 제 정조를 두고 말씀드리는데,
저는 그 박사님과 동침할 것입니다. (5.1.223-33)

포샤가 바사니오에게 준 반지를 갖고 있는 사람이라면 그가 누구이던 동침을 하고 정조를 바칠 수 있다는 포샤의 말은 가상적 수준이긴 하지만 부정한 남편에 대한 경고이다. 이는 나아가 남성에게는 관대하고 여성에게는 관대하지 못했던 가부장제 전통의 "이중기준"을 거부하고, 남성과 대등한 성적 자유를 확보하려는 의지의 표현으로 간주될 수 있다(Kahn 109). 포샤가 자신도 남성들처럼 자유분방하게 성적유희를 즐길 수도 있으니 잘 감시하라고 남편을 조롱하고 있기 때문이다.

포샤가 바사니오에게 준 "첫 선물"인 반지는 여성에게 가장 소중한 '보석'이고 이는 곧 여성의 정조이다. 반지로 상징되는 정절은 포샤가 바사니오에 대한 사랑의 소유권을 주장할 수 있는 근거로 작용하고, 남편과 안토니오와의 우정에 위협적인 힘의 상징으로 작용한다. 그리하여 반지는 이제 본격적으로 남편을 통제하고 길들이는 장치가 된다. 안토니오에 대한 바사니오의 우정에 대해 아내로서의 우위권을 확보하기 위해, 포샤는 반지라는 '차용증서'에 명시된

내용을 위반한 대가로 남성들이 '오쟁이진 남편'이 될 것이라고 위협하면서 남성을 길들이기 시작한다(Kahn 106-107).

자신도 남성과 마찬가지로 성적 유희를 즐길지도 모르니 잘 감시하라는 포샤의 말은 협박치고는 대단히 강력한 협박이다. 이 지점에서 바사니오는 완전히 백기를 든 사람처럼 보인다. 바사니오는 자신의 행위를 "어쩔 수 없이 저지른 잘못"이라고 변명하면서, 다시는 그런 일이 없을 것이라고 맹세한다(5.1.240). 그러나 포샤의 공격은 여기에서 멈추지 않고 남편의 이중성을 맹렬히 공격한다. 포샤는 바사니오에게 "당신의 이중적인 자아" 즉 위선적 자아를 두고 맹세하는 것이 의미 없다고 질책하자, 바사니오는 거듭 용서를 빌고 자신의 영혼을 걸고 다시는 서약을 깨뜨리지 않겠다고 맹세한다(5.1.243-48). 그리고 포샤는 바사니오의 친구인 안토니오의 입을 통해 다음과 같은 맹세를 받아낸다. "다시는 [바사니오가] 고의로 맹세를 깨뜨리지는 않을 것입니다"(5.1.252-53). 바사니오를 위해 샤일록에게 자신의 '살 1파운드'를 담보로 잡혔던 안토니오는, 이제 다시 바사니오를 위해 자신의 영혼을 담보로 삼겠다고 포샤에게 맹세한다. 이 말을 들은 포샤는 남성들의 우정에 대해 여성의 사랑이 우위를 확보했다는 것과 반지 사건을 통한 남편 길들이기가 성공했다는 것을 느끼고 안토니오에게 반지를 돌려준다.

일차적으로 반지는 사랑의 결합과 정절의 상징으로 작용한다. 한편으로 반지는 결혼이란 제도 속에 사랑이란 이름으로 상대를 속박하는 또 다른 형태의 계약 관계를 명시한다(Parten 151). 5막의 마무리 부분에서 포샤는 재판관의 자격으로 바사니오에게 받은 반지를 이제 아내의 입장에서 다시 돌려주면서 "이 반지에 대한 대가로 전 그 박사님하고 같이 잤다"고 말한다(5.1.259). 포샤는 바사니오를 가상의 오쟁이진 남편으로 만들면서 협박하고 있는데, 여기서 "성적 정체성에 관한 수수께끼"를 형성하고 주도권을 잡은 것은 여성인 포샤이다(Belsey, "Love" 46). 반지 플롯은 허구에서 절정에 이른다. 허구의 수준에서 바사니오는 다른 여자와 자고 안토니오를 사랑함으로써 아내인 포샤를 배반한다. 다음으로 포샤는 바사니오를 속이고 그를 '오쟁이진 남편'으로 만듦으로써 앙갚음을 한다. 가상의 수준에서 결혼 후에도 남성간의 우정은 계속 남녀간의 사랑과 경쟁한다(Kahn 110). 마침내 포샤는 자신이 베니스 법정에서 판결했던 그 법학박사였고, 너릿서가 법학박사의 서기였다는 사실을 밝힌다(5.1.268-72).

반지를 남에게 준 남편을 비난하면서 포샤가 법학박사에 대해 이야기하는 부분에서 우리는 의미의 빠른 변화를 따라가야 한다. 여기서 먼저 그 박사는 여성이다. 다음으로 그 박사는 남자이다. 그리고 마지막으로 그 박사는 포샤이다. 반지와 관련된 이 수수께끼의 해답은 포샤가 하나 이상의 정체성을 가지고 있다는 점에서 도출된다(Belsey, "Love" 46-48). 먼저 포샤는 부유한 상속녀였고, 하인과 아름다운 대저택의 주인이었고, 아버지의 유언과 세 개의 상자에 갇힌 동화 속의 공주였다. 여기서 포샤는 아버지의 유언에 묶인 희생양이다. 낭만적인 사랑의 기사 바사니오가 아버지에 의해 제시된 상자 선택의 수수께끼를 풀고 포샤를 구해내고, 포샤는 자신을 구해준 기사에게 반지를 바친다(3막 2장). 결혼 후에도 순결을 유지하고 있는 이 처녀는 법학박사로 남장을 하고 베니스 재판정으로 들어가 "살 1파운드를 잘라내되 피는 흘리지 말게 하라"는 수수께끼와 같은 판결로 남편의 친구를 구한다. 여기서 박사는 여성이고, 그 여성은 바사니오가 포샤를 생각하며 간직하겠다고 맹세했던 그 반지를 바사니오에게서 받는다(4막 1장). 5막 1장에서 포샤가 그 박사와 잠자리를 같이 하겠다고 남편을 위협하고, 반지에 대한 대가로 그 박사와 동침했다고 하면서 남편을 가상의 '오쟁이진 남편'으로 만들 때, 박사는 남자이다. 마침내 포샤의 정체가 드러나고 바사니오가 자신이 집을 비울 때 아내가 박사와 동침해도 좋다고 했을 때, '그 박사'는 포샤이다. 따라서 '그 박사'는 남성이고 여성이고 포샤이며, 가상적 수준에서 포샤는 남성인 동시에 여성이다. 포샤는 이중 정체성을 유지하며 베니스와 벨몬트에서 이중의 목소리로, 즉 한 번은 남성으로 또 한 번은 여성으로 말한다(Burckhardt 221). 포샤는 성에 관련된 수수께끼를 제출하고 스스로 그 해답을 제시함으로써 남성을 제압한다. 결말에서 포샤 앞에 재정적, 도덕적 채무자로 서있는 바사니오는 무력하기 짝이 없다. 마침내 포샤는 남장과 반지 트릭을 통해 남편 길들이기에 성공한다.

포샤의 남장은 등장인물의 실제 젠더와 그 역을 맡은 연기자의 젠더를 이미 인지하고 있는 관객에게 즐거움을 선사한다. 그러나 무대 위에서 소년 배우가 연기하는 여성 등장인물 포샤가 다시 남장을 하면서 남성과 여성의 경계는 더욱 흐려지고 성차의 경계가 얼마나 임의적인가를 드러내 보여준다. 나아가 남성성이 일종의 연기라는 인식은 가부장제 아래 성차에 따른 전통적인 위계질서에 치명적인 손상을 가하게 되고 남성중심 사회에 불안감을 조장한다(Belsey, "Disrupting" 167). 반지 트릭 역시 남장한 포샤의 정체를 알고 있는 관객에게 웃음을 선사한다. 그럼에도 불구하고 반지 플롯이 단순히 희극적 결말을 위해 부가된 것만은 아니다. 반지는 '살 1파운드'를 위약의 대가로 명시한 샤일록의 차용증서처럼 바사니오에게 주어진 또 다른 형태의 '계약'내지 '구속'으로 작용하고 있으며, 사랑과 정절을 영원히 지키겠다는 약속이 담긴 반지는 샤일록과 안토니오 사이에 맺은 계약의 이미지와 연결되고 있다. 계약을 위반하여 살 1파운드를 강요당하면서 샤일록 앞에 서게 된 안토니오와 사랑의 정절을 추궁 받으며 포샤 앞에 서게 된 바사니오는 비슷한 입장에 있다고 할 수 있기 때문이다.

『베니스의 상인』에서 반지 플롯은 먼저 바사니오와 안토니오의 우정과, 바사니오와 포샤의 사랑 간의 갈등을 부각시키는 장치로 이용된다. 차용증서를 통해 샤일록과 안토니오 사이의 갈등이 부각되었던 것처럼, 반지 사건을 중심으로 남녀 간의 사랑과 남성간의 우정이 대립한다. 다음으로 반지 플롯은 포샤의 반지가 함축하는 바와 같이 남녀 간의 성적 이해관계를 검증하는 장치로 이용된다. 그러므로 반지로 대변되는 사랑의 맹세는 '사적인 구속'으로 존재하며, 반지는 일종의 "변형된 차용증서"이다(Burckhadt 221-22). 즉 반지는 변형된 차용증서의 형태로 계속 바사니오를 구속하고 있다. 반지 트릭을 통해 여성인물인 포샤는 남성의 위선을 노출시키고 위협하면서 바사니오를 그녀의 손아귀에 계속 묶어 두기 때문이다.

복장전도는 단순히 특정한 시대의 무대 관례가 아니라 젠더에 관련된 문화적 갈등을 구체적으로 읽어낼 수 있는 관행이다. 단순히 극장 안에서만 진행되었던 르네상스 시대의 허구적 환상이 아니라 영국 사회 곳곳에서 실제로 행해졌던 문화적 현상 중의 하나라는 말이다. 반지 트릭은 단순한 희극적 효과를 유발하기 위한 장치가 아니라 남성과 여성의 관계를 검증하는 장치이다. 포샤는 남장을 통해 힘과 권위를 획득하고 반지 트릭을 통해 가부장제의 위계질서에 균열을 가하고 남성을 무력화시키는 힘 있는 여성이다.

남성으로 변장해 법정에 등장하는 포샤는 극의 갈등을 해결하는 중심인물이다. 포샤는 겉으로 보기엔 가부장제의 이익에 기여하고 있는 것 같은 인상을 주고 있지만, 그녀의 복장전도에 따른 일련의 행위는 젠더 정체성이 의복이라는 기표에 의존하고 있고 임의적인 구분에 의한 것이라는 점을 드러낸다. 또한 포샤는 남성이 독점한 권력을 변장을 통해 여성도 '전유'할 수 있음을 드러낸다. 포샤는 변장을 통해 반지에 대한 정보를 전유함으로써 여성의 입지를 강화하고 후에 부부관계에서도 주도권을 행사한다.

III

셰익스피어가 유대인에 대한 편견의 ‘재현’을 통해 ‘타자’에 대한 편견을 강화하고 있는가? 아니면 그러한 편견을 무대 위에 올려놓고 비판하고 있는가? 셰익스피어는 이 작품에서 자신의 입장을 결코 명시적으로 드러내지 않는다. 텍스트에 유대인 샤일록에게 아로새겨진 당대의 고정관념이 드러나고 있는 것이 사실이지만, 이것이 바로 셰익스피어 자신의 고정관념과 연결되고 있는 것은 아니다. 그는 유대인을 옹호하는 명시적인 자세를 취하지 않지만, 그렇다고 백인을 옹호하는 것도 아니다. 셰익스피어의 공격은 양날이 선 칼날과도 같다. 한 날로는 편협한 기독교인들을 치면서, 또 다른 날로는 물질주의적 사고에 함몰되어 있고 복수심으로 가득 찬 유대인을 치고 있다. 등장인물 그 어느 누구도 셰익스피어의 칼날을 피할 수 없다. 안토니오 주위의 친구들은 모두 할 일 없이 빈둥거리는 한량들이고, 바사니오의 구혼에는 물질적인 동기가 개입되어 있으며, 포샤는 공정하지 못한 상자 고르기 게임을 진행하여 무어인인 모로코 영주를 배제하고 기독교인인 바사니오만이 성공하도록 편협한 ‘자비’를 실천한다.

셰익스피어는 기독교인의 ‘자비’를 높이 평가하고 샤일록의 잔인성을 일방적으로 비난하면서 유대인에 대한 편견을 강화하고 있는 반유대주의자는 결코 아니다. 유대인을 일방적으로 비난하는 것이 아니라 기독교인들의 외양과 내실의 괴리를 아이러니를 통해 드러내면서 이들의 ‘애매한’ 자비를 의문시하고 있기 때문이다. 실제로 희생되는 유대인과 유대인의 먹이가 될 것 같았던 기독교인 사이에는 차별성이 아니라 동질성이 존재한다는 것을 보여주고 있기 때문이다. 뿐만 아니라 기독교인의 암묵적 복수와 유대인의 명시적 복수가 크게 다를 바 없다는 것을 보여주기 때문이다.

셰익스피어가 유대인에 대한 편견을 여과 없이 '재현'하는 것은 아니지만, 이 작품에서 인종담론은 성담론에 비해 한층 심각하다. 작품의 초반부에서 포샤를 둘러싼 성담론이 작용하고 있음을 보여주긴 해도 후반부로 가면 갈수록 포샤는 가부장제의 통제를 벗어나 힘 있는 여성으로 부각된다. 그리고 그녀의 남장은 단순히 특정한 시대의 무대 관례가 아니라 젠더에 관련된 문화적 갈등을 구체적으로 읽어낼 수 있는 관행이다. 단순히 극장 안에서만 진행되었던 르네상스 시대의 허구적 환상이 아니라 영국 사회 곳곳에서 실제로 행해졌던 문화적 현상 중의 하나라는 말이다. 포샤는 남장을 통해 힘과 권위를 획득하고 남성들 사이의 분쟁을 판결하면서 가부장제의 위계질서에 균열을 가하고, 반지 트릭을 통해 마침내 남성을 무력화시킨다. 그녀의 복장전도에 따른 일련의 행위는 젠더 정체성이 의복이라는 기표에 의존하고 있고 임의적인 구분에 의한 것이라는 점을 드러낸다. 또한 포샤는 남성이 독점한 권력을 변장을 통해 여성도 '전유'할 수 있음을 드러낸다. 포샤는 변장을 통해 반지에 대한 정보를 전유함으로써 여성의 입지를 강화하고 후에 부부관계에서도 주도권을 행사한다. 그러므로 『베니스의 상인』은 당대의 가부장제를 이의 없이 승인하는 텍스트는 아니다.

■ 인용문헌

Auden, W. H. "Brothers and Others." *Shakespeare: The Merchant of Venice*. A Casebook. Ed. John Wilders. London: Macmillan, 1969. 224-40.

Baber, C. L. *Shakespeare's Festive Comedy: A Study of Dramatic Form and its Relation to Social Custom*. Princeton: Princeton UP, 1959.

Barker, Kenneth, ed. *The NIV Study Bible*. Grand Rapids: Zondervan Pub., 1985.

Belsey, Catherine. "Disrupting Sexual Difference: Meaning and Gender in the Comedies." *Alternative Shakespeare*. Ed. John Drakakis. London: Methuen, 1985. 166-90.

_____. "Love in Venice." *Shakespeare Survey* 44 (1992): 41-53.

Berger, Harry. "Marriage and Mercifixion in *The Merchant of Venice*: The Casket Scene Revisited." *Shakespeare Quarterly* 32 (1981): 155-62.

Boose, Lynda. "The Comic Contract and Portia's Golden Ring." *Shakespeare Studies* 20 (1988): 241-54.

Brown, John Russel. "Introduction." *The Merchant of Venice*. Ed. J. R. Brown. London: Methuen, 1979.

Bullough, Vern L., and Bonni Bullough. *Crossdressing, Sex, and Gender*. Philadelphia: U of Pennsylvania P, 1993.

Burckhardt, Sigurd. "*The Merchant of Venice*: The Gentle Bond." *Shakespeare: The Merchant of Venice*. Ed. John Wilders. London: Macmillan, 1969. 208-23.

Charlton, H. B. *Shakespearian Comedy*. 1938. London: Methuen, 1984 Rpt.

Cohen, D. M. "The Jew and Shylock." *SQ* 31 (1980): 53-63.

Cohen, Walter. "*The Merchant of Venice* and the Possibilities of Historical Criticism." *ELH* 49 (1982): 765-89.

Fiedler, Leslie A. *The Stranger in Shakespeare*. New York: Stein and Day, 1972.

Friedlander, G. *Shakespeare and the Jew*. London: Routledge & Kegan Paul, 1921.

Girard, René. "To Entrap the Wisest." *William Shakespeare's* The Merchant of Venice. Ed. Harold Bloom. New York: Chelsea House, 1986. 91-105.

Goddard, Harold C. "The Three Caskets." *Shakespeare*: *The Merchant of Venice*. A Casebook. Ed. John Wilders. London: Macmillan, 1969. 142-63.

Grebanier, Bernard. *The Truth about Shylock.* New York: Random House, 1962.

Herrmann, Anne. "Travesty and Transgression: Transvestism in Shakespeare, Brecht, and Churchill." *Theatre Journal* 41.2 (1989): 133-54.

Howard, Jean. "Cross-dressing, The Theatre, and Gender Struggle in Early Modern England." *Shakespeare Quarterly* 39 (1988): 418-40.

Kahn, Coppelia. "The Cuckoo's Note: Male Friendship and Cuckoldry in *The Merchant of Venice*." *Shakespeare's "Rough Magic."* Ed. Peter Erickson and Coppelia Kahn, Newark: U of Delaware P, 1985. 104-12.

Kermode, Frank. "The Mature Comedies." *Early Shakespeare.* Ed. John R. Brown and Benard Harris. New York: St Martin's P, 1961. 220-24.

Luborsky, R. S. "The Pictorial Image of the Jew in Elizabethan Secular Books." *SQ* 46 (1995): 449-53.

Mahood, M. M. ed. "Introduction." *The Merchant of Venice*. New Cambridge Shakespeare. Cambridge: Cambridge UP, 1987. 1-53.

Moisan, Thomas. "Which is the merchant here? and which the Jew?": subversion and recuperation in *The Merchant of Venice." Shakespeare Reproduced: The Text in History and Ideology*. Eds. Jean E. Howard and Marion F. O'Connor. London: Methuen, 1987. 188-206.

Moody, A. D. *Shakespeare*: *The Merchant of Venice*. New York: Barron's Educational Series, 1964.

Newman, Karen. "Portia's Ring: Unruly Women and Structures of Exchange in *The Merchant of Venice*." *Shakespeare Quarterly* 38.1 (1987): 19-33.

Novy, Marianne L. "Giving, Taking, and the Role of Portia in *The Merchant of Venice*." *PQ* 58 (1979): 137-54.

Orgel, Stephen. *Impersonations: The Performance of Gender in Shakespeare`s England*. New York: Cambridge UP, 1996.

Parten, Anne. "Re-establish Sexual Order: The ring episode in *The Merchant of Venice*." *Women's Studies* 9 (1982): 145-55.

Perret, Marion D. "Shakespeare's Jew: Preconception and Performance." *Shakespeare Studies* 20 (1988): 261-68.

Rackin, Phyllis. "Androgyny, Mimesis, and the Marriage of the Boy Heroine on the English Renaissance Stage." *PMLA* 102 (1987): 29-41.

Rose, Mary Beth. "*Women in Men's Clothing: Apparel and Social Stability in* The Roaring Girl." *ELR* 14 (1984): 223-47.

Sission, C. J. "A Colony of Jew in Shakespeare's London." *Essays and Studies* 23 (1937): 38-51.

Smith, Peter J. *Social Shakespeare: Aspects of Renaissance Dramaturgy and Contemporary Society*. London: Macmillan, 1995.

Stoll, Elmer Edgar. "Shylock." *JEGP* 10 (1911): 236-79.

Tennenhouse, Leonard. "The Counterfeit Order of *The Merchant of Venice*." *Representing Shakespeare: New Psychoanalytic Essays*. Ed. M.M. Schwartz and C. Kahn. Baltimore: Johns Hopkins UP, 1980. 54-69.

■ 작품인용 원문

(3.1.58-73) I am a Jew. Hath not a Jew eyes? Hath not a Jew hands, organs, dimensions, senses, affections, passions; fed with the same food, hurt with the same weapons, subject to the same diseases, heal'd by the same means, warm'd and cool'd by the same winter and summer as a Christian is? If you pick us do we not bleed? If you tickle us do we not laugh? If you poison us, do we not die? And if you wrong us, shall we not revenge? If we are like you in the rest, we will resemble you in that. If a Jew wrong a Christian, what is his humility? Revenge. If a Christian wrong a Jew, what should his sufferance be by Christian example? Why, revenge. The villainy you teach me, I will execute, and it shall go hard but I will better the instruction.

(1.3.106-12) Signor Antonio, many a time and oft/ In the Rialto you have rated me/ About my moneys and my usances./ Still have I borne it with a patient shrug/ (For suff'rance is the badge of all our tribe)./ You call me misbeliever, cut-throat dog,/ And spit upon my Jewish gaberdine.

(1.3.117-22) You, that did void your rheum upon my beard,/ And foot me as you spurn a stranger cur/ Over your threshold: monies is your suit./ What should I say to you? Should I not say/ 'Hath a dog money? is it possible/ A cur can lend three thousand ducats?'

(4.1.184-197) The quality of mercy is not strain'd,/ It droppeth as the gentle rain from heaven/ Upon the place beneath. It is twice blest:/ It blesseth him that gives and him that takes./ 'Tis mightiest in the mightiest, it becomes/ The throned monarch better than his crown./ His sceptre shows the force of temporal power,/ The attribute to awe and majesty,/ Wherein doth sit the dread and fear of kings;/ But mercy is above this sceptred sway,/ It is enthroned in the hearts of kings,/ It is an attribute to God himself;/ And earthly power doth then show likest God's/ When mercy seasons justice.

(4.1.197-202) Therefore, Jew,/ Though justice be thy plea, consider this,/ That, in the course of justice, none of us/ Should see salvation. We do pray for mercy;/ And that same prayer doth teach us all to render/ The deeds of mercy.

(4.1.133-38) Thy currish spirit/ Govern''d a wolf, who hang'd for human slaughter,/ Even from the gallows did his fell soul fleet,/ And whilst thou layest in thy unhallowed dam,/ Infus'd itself in thee; for thy desires/ Are wolvish, bloody, starv'd, and ravenous.

(4.1.386-90) Two things provided more, that for this favour/ He presently become a Christian;/ The other, that he do record a gift,/ Here in the court, of all he dies possess'd/ Unto his son Lorenzo and his daughter.

(3.2.163-74) Happiest of all, is that her gentle spirit/ Commits itself to yours to be directed,/ As from her lord, her governor, her king./ Myself, and what is mine, to you and yours/ Is now converted. But now I was the lord/ Of this fair mansion, master of my servants,/ Queen o'er myself; and even now, but now,/ This house, these servants, and this same myself/ Are yours—my lord's!—I give them with this ring,/ Which when you part from, lose, or give away,/ Let it presage the ruin of love,/ And be my vantage to exclaim on you.

(3.4.60-73) They shall, Nerissa, but in such a habit/ That they shall think we are accomplished/ With that we lack. I'll hold thee any wager,/ When we are both accoutered like young men,/ I'll prove the prettier fellow of the two,/ And wear my dagger with the brave grace,/ And speak between the change of man and boy/ With a reed voice, and turn two mincing steps/ Into a manly stride; and speak of frays/ Like a fine bragging youth, and tell quaint lies,/ How honorable ladies sought my love,/ Which I denying, they fell sick and died./ I could not do withal. Then I'll repent,/ And wish, for all that, that I had not kill'd them.

(5.1.193-98) If you did know to whom I gave the ring,/ If you did know for whom I gave the ring,/ And would conceive for what I gave the ring,/ And how unwillingly I left the ring,/ When nought would be accepted but the ring,/ You would abate the strength of your displeasure.

(5.1.223-33) Let not that doctor e'er come near my house./ Since he hath got the jewel that I loved,/ And that which you did swear to keep for me, / I will become as liberal as you,/ I'll not deny him anything I have,/ No, not my body, nor my husband's bed./ Know him I shall, I am well sure of it./ Lie not a night from home; watch me like Argus;/ If you do not, if I be left alone,/ Now by mine honour, which is yet mine own,/ I'll have that doctor for [my] bedfellow.

8. 『안토니와 클레오파트라』: 이집트 여성과 차별 담론

『안토니와 클레오파트라』는 인종담론의 문제와 성담론의 문제가 클레오파트라를 둘러싸고 동시에 드러나고 있는 흥미로운 작품이다. 클레오파트라의 몸은 제국주의의 욕망과 백인 남성의 욕망이 동시에 아로새겨진 몸이다. 이집트 여성 클레오파트라를 둘러싸고 식민화하고 성적 대상으로 삼으려는 욕망이 함께 작용하기 때문이다. 네겔(Nagel)의 말을 빌자면 클레오파트라는 서구 백인 남성들에게 정복 대상으로 존재하는 처녀지요 식민화하여 문명으로 이끌어야하는 야만의 땅인 동시에 섹슈얼리티를 발산하여 남성을 불안하게 하는 위험한 여성이다(65).

르네상스 시대 탐험가들은 이종족의 관습이 유럽의 문명화된 관습에 반하는 야만적 문화라는 점을 강조했고, 대부분의 여행담은 유색인종들이 성적으로 방탕한 음란한 인종이라는 편견을 드러내고 있다(Vaughan 52). 『안토니와 클레오파트라』에서 이집트 여성인 클레오파트라가 위험한 섹슈얼리티의 소유자라는 관점은 여러 등장인물들을 통해 거듭 나타나고 있다. 그러나 클레오파트라에 대한 기록은 대부분 줄리어스 시저나 안토니를 기술하는 역사서에 간헐적으로 드러나 있어 그녀에 관한 역사적 진실을 파악하는 것은 쉽지 않다.

호라티우스(Horatius)는 클레오파트라를 "미친 여왕"으로, "더러운 남자들에 둘러싸여 끊임없이 발작을 해대는 괴물"로 기술했다. 루카누스(Lucanus)는 "근친상간으로 태어난 프톨레마이오스의 후예 … 이 불경한 여자는 자신의 형제와 결혼했다"고 언급했다(플라마리옹 115-117). 이들은 클레오파트라를 "미친 여왕"으로, "괴물"로, 근친상간을 범한 "불경스런" 존재로 기술하고 있는 것이다. 또한 남성을 유혹하는 창녀로, 거짓을 일삼는 "간교한" 여성으로 언급한다. 클레오파트라에 주어진 왜곡된 이미지는 개인적 차원을 넘어 그녀가 속한 인종과 문화 전반에 대한 이미지로 작용했음을 부인할 수 없다. 이런 부정적인 기록에도 불구하고 고대의 작가들은 클레오파트라가 매력적인 여성이라는 점을 의심하지 않았다. 그러나 그녀의 매력이 구체적으로 무엇인지를 기술하는 내용은 플루타크(Plutarch)의 묘사 외에는 별로 찾아 볼 수가 없다. 플루타크는 클레오파트라가 상대를 홀리게 하여 "넋을 빼앗을 수 있었던 이유"를 그녀의 뛰어난 화술과 달콤한 목소리에서 찾는다(Plutarch 384).

이 작품이 집필된 시대는 문명과 야만의 차이를 통해 제국주의의 지배를 정당화하려는 제국주의 팽창의 시대였다. 문명과의 차이가 곧 야만에 대한 차별로 이어졌던 시기에 타자의 야만성은 항상 문명의 우월성을 드러내기 위해 지배담론에 의해 전유되었고, 이는 무대의 재현을 통해 대중들에게 자연스럽게 유포되었다. 클레오파트라는 통제되지 않는 성욕을 소유한 위험한 타자로 재현되어 당대의 관객들로 하여금 유색인들을 경계하도록 했을 것이다. 많은 평자들이 클레오파트라를 “역사상 최악의 여성” 또는 남성의 판단을 흐리게 하는 “치명적인 여성”으로 평가함으로써 여성혐오적인 반응을 드러냈다(Madelaine 10, 6). 또한 외국인 공포증과 가부장제 담론을 통해 클레오파트라를 로마의 가장 위험한 적으로, 위험한 욕정을 발산하는 강력한 여성으로 악마화하기를 주저하지 않았다(Kahn 111). 그러나 클레오파트라에 대한 이런 부정적 평가의 정당성에는 문제가 있다. 백인 남성중심의 시각에서 기술되고 있기 때문이다.

이 글의 초점은 다음 세 가지이다. 작품의 등장인물들이 이집트 여성인 클레오파트라를 어떻게 형상화하고 있는가? 이는 등장인물들이 클레오파트라를 두고 구사하는 인종담론과 성담론의 정당성을 묻는 질문이다. 셰익스피어는 어느 정도 당대의 인종차별담론과 성차별담론에 동조하고 있는가? 이는 백인 남성 등장인물들의 차별 담론과 셰익스피어가 얼마나 거리를 유지하고 있는가에 대한 물음이다. 그럼 클레오파트라는 인종담론과 성담론의 희생자로 존재하는가, 아니면 백인 남성들을 불안하게 만들고 위협하는 여성인가? 이는 클레오파트라가 백인 남성중심 담론에 균열을 가하는 어떤 전복적인 면모를 드러내고 있는가에 대한 물음이다.

I

『안토니와 클레오파트라』에서 클레오파트라는 이집트의 여왕임에도 불구하고 로마 백인 남성중심 사회의 인종적 타자인 동시에 성적 타자로 존재한다. 그녀는 두 가지 두드러진 부정적 이미지를 통해 재현되고 있는데, 첫째는 자신의 목적을 위해 위험한 성욕을 이용하는 음란한 창녀의 이미지요, 둘째는 건전한 로마인의 이성을 마비시키는 사악한 마녀의 이미지이다. 악티움 해전 패배 이후 4막 12장에서 안토니는 다음과 같은 극단적인 여성 혐오적인 발언을 통해 클레오파트라를 창녀인 동시에 마녀로 재현한다.

> 모든 것은 끝났어.
> 이 더러운 이집트 년이 나를 배반했어.
> 우리 함대는 모두 적에게 항복했고
> 저 놈들은 모자를 높이 던지며 오래 만에 만난 친구들처럼
> 즐거워하면서 함께 축배를 들고 있어. 세 번이나 변절한 창녀,
> 이 애송이에게 날 팔아넘긴 것은 바로 네 년이다.
> 내 마음속에서 싸우고 싶은 자는 바로 네 년이다. 도망치게 둬라.
> 이 마녀에게 복수하기만 하면 내 일은 끝난다. (4.12.9-17)

안토니는 자신의 패배를 "더러운 이집트 년"(foul Egyptian)의 배반으로 돌리고, 클레오파트라가 "세 번이나 변절한 창녀"(triple-turn'd whore)라는 점을 강조한다. 이는 클레오파트라가 줄리어스 시저, 폼페이, 그리고 안토니와 놀아나다가 변절한 더러운 창녀라는 말이다. 여기서 안토니가 비난하는 내용의 핵심은 클레오파트라가 자신을 배반한 더러운 이집트 창녀라는 점이고, 로마인의 건전한 이성을 흐리게 하는 마녀라는 점이다. 자신의 패배를 클레오파트라의 탓으로 돌리고 자신과 놀아난 그녀를 창녀인 동시에 마녀라고 부르는 안토니의 발언이 설득력이 있는 것은 아니다. 그럼에도 불구하고 마녀의 이미지는 이 작품에서 창녀라는 이미지와 함께 클레오파트라에게 주어진 부정적 이미지이며, 안토니뿐만 아니라 다른 등장인물들의 입을 통해 계속 반복되면서 이집트의 유색인종 여성의 모습을 형상화한다.

심각한 문제는 클레오파트라에 대한 등장인물들의 부정적 언급이 당대의

인종담론과 성담론을 반영하고 있다는 점이다. 관객들은 처음부터 인종차별담론과 여성혐오담론을 거침없이 구사하는 로마의 장군 파일로(Philo)의 묘사에 의존해 클레오파트라가 어떤 인물인가를 짐작한다.

> 아니, 우리 장군의 사랑노름이 도가 지나친 것 같소.
> 갑옷을 입은 마아즈의 눈동자처럼 이글거리는 시선으로
> 군대를 굽어보시던 그 분의 그 부리부리한 두 눈은
> 이제 그 본래의 임무를 저버리고
> 까무잡잡한 한 여인의 얼굴을 보는데 혼이 빠져 있소.
> 큰 전투의 와중에서 가슴의 죔쇠를 터뜨렸던
> 장군의 기백이 넘치는 심장도 이제 자제력을 다 잃어버리고
> 일개 집시의 음탕한 욕정이나 식혀주는
> 풀무와 부채가 되어 버렸소. (1.1.1-10)

파일로는 먼저 클레오파트라를 만나기 전에는 안토니의 두 눈이 군신 마아즈의 눈동자처럼 빛났다고 회상한다. 그러나 이러한 군신으로서의 이미지는 "집시의 음탕한 욕정이나 식혀주는 풀무와 부채"의 이미지로 전락한다. 파일로는 안토니를 로마 장군으로서의 의무와 명예를 팽개친 인물로 설정하고, 클레오파트라를 안토니로 대변되는 로마의 이상에 균열을 가하는 마녀 또는 요부로 설정하고 있는 것이다(De Sousa 144). 안토니를 두고 파일로는 계속해서 "천하의 세 기둥 중 하나이던 인물이 한 갈보의 어릿광대로 전락"(1.12-13)했다고 비난한다. 그리하여 클레오파트라의 위험한 성욕은 안토니의 도덕적 타락으로 이어지는 악의 중대한 기표로 작용한다.

극의 전반적인 분위기 형성에 결정적인 역할을 하게 되는 시작 부분이 파일로가 클레오파트라를 "집시"로 폄하하고 "까무잡잡한 한 여인의 얼굴을 보는

데 혼이 빠진” 안토니를 비난하는 대사로 시작되고 있다는 것은 의미심장하다. 그의 대사가 건전한 로마 남성을 파멸로 이끄는 클레오파트라의 부정적인 이미지를 드러내고 있고, 한 로마 장군 개인의 견해가 아니라 당대의 인종차별담론과 여성혐오담론을 여과 없이 반영하고 있기 때문이다. 더군다나 클레오파트라를 “집시”라고 부르는 파일로의 말에는 클레오파트라의 위험한 성욕이 한 개인이 아니라 이집트인 전체의 집단적 성향이라는 편견이 드러나고 있어 인종차별의 위험성을 드러내고 있다.[1] 그러므로 이 작품은 이집트 여성을 둘러싼 “인종의 성화(sexualization of race)”를 보여주는 작품이다(Habib 170). 여기에서 클레오파트라의 까무잡잡한 피부는 ‘타자성’을 부각시켜는 시각적 기표로 작용한다.

파일로의 말이 끝나자마자 무대에 등장한 안토니는 전령이 그에게 로마에 대한 의무를 상기시키자 “로마는 타이버 강에 녹아 없어지고, 광활한 제국의 거대한 아취도 허물어져 버려라!”(1.1.33-34)라고 외치는데, 이는 이미 안토니가 클레오파트라에게 홀려 로마 장군으로서의 의무를 포기했다는 것을 드러낸다. 즉 안토니가 로마적 가치를 포기하고 클레오파트라가 진행하는 카니발에 기꺼이 동참하려고 한다는 것을 시사한다. 클레오파트라에게 빠진 안토니에게 정치적 야심이나 군사적 정복은 더 이상 의미가 없다. 그리하여 자신을 얼마나 사랑하는지를 말하라는 클레오파트라의 물음에 안토니는 “헤아릴 수 있는 사랑은 이미 사랑이라고 말할 수 없다”고 말하면서, 클레오파트라로 대변되는 쾌락의 “새로운 하늘과 새로운 땅”을 찾아 나서며, “벌을 받더라도 세상 그 무엇

1) 당대의 영국인들은 집시들을 교활하고 도둑질에 능하고 매춘을 일삼는 존재로 간주했다(Yoors 1-12). 집시들은 주로 인도 북서부에 살고 있던 인종이었지만 위험한 성욕을 발산하는 존재라는 면에서 이집트 여성들은 그들과 동일한 존재로 간주되었다.

과도 견줄 수 없는 연인"으로 남겠다고 선언한다(1.1.15-39). 클레오파트라에 대한 파일로의 부정적 대사 직후 제시되고 있는 1막 1장 초반부의 이 장면은 안토니의 타락의 원인과 책임이 요부인 클레오파트라에게 있다는 것을 강조한다.

안토니는 로마에 두고 온 아내 풀비아의 죽음을 접하고, 클레오파트라의 마력에 홀려 사랑노름에 빠진 자신의 상황을 개탄하면서 다음과 같이 말한다. "사람을 홀리는 이 여왕과는 손을 끊어야 해. 지금까지 내가 알고 있는 죄악보다 훨씬 더 많은 수천수만의 해악이 하릴없는 내 사랑노름에서 부화할 거니까"(1.2.128-30). 이집트의 정복자인 안토니가 정복지 여성의 마력에 홀려 꼼짝하지 못하게 된 자신을 질책하는 이 대사에 사랑노름을 그만두겠다는 안토니의 의지를 드러내고 있는 것 같지만, 안토니는 사랑노름을 그만 두지 못한다. 그의 의지보다 클레오파트라의 마력이 훨씬 더 강하기 작용하기 때문이다. 클레오파트라는 안토니에게 저항할 수 없는 마력이고 그를 묶어두는 "족쇄"(1.2.116)이다.

클레오파트라가 마녀라는 여성혐오담론을 구사하는 것이 안토니만은 아니다. 2막 1장에서 폼페이는 클레오파트라의 마녀성을 다음과 같이 지적한다.

> 음탕한 클레오파트라, 온갖 사랑의 마력을 동원해서
> 시든 그대의 입술을 부드럽게 하라!
> 마법이 미모와 손잡고, 마법과 미모가 다시 욕정과 결합해
> 그 방탕아를 환락의 들판에 매어두고,
> 그의 두뇌를 몽롱하게 만들어라. (2.1.20-24)

폼페이의 묘사에 따르면 클레오파트라는 음탕하지만 또한 치명적인 성적 매력과 마력을 갖고 있는 인물이다. 그녀는 마력을 동원해 안토니의 이성을 흐리게 하고 "그의 두뇌를 몽롱하게 한다." 그리하여 클레오파트라는 통제되지

않은 위험한 성적 매력과 마력으로 남성을 홀리고 안토니의 남성성에 치명적인 손상을 가한다.

안토니는 아내 풀비아가 죽은 후 로마에 돌아가 미덕을 갖춘 아름다운 로마 여인 옥테비아와 결혼하지만 "이 결혼은 평화를 위한 것일 뿐 내 즐거움은 동방에 있다"(2.3.40-41)고 말하면서 이집트의 클레오파트라에게 되돌아간다. 클레오파트라의 마력에 홀렸기 때문이다. 『내란』을 집필한 루카누스는 "클레오파트라는 마술을 걸어 노인마저 매료시킬 수 있었다"고 기술했으며, 디온 카시우스는 『로마의 역사』에서 클레오파트라가 "마법을 써서" 안토니를 유혹했다고 기록했는데(플라마리옹 116), 사실 이 작품에서 안토니는 클레오파트라의 마력에 홀려 그녀가 채운 "족쇄"에 묶인 남성처럼 보인다.

로마 남성들이 거의 모두 클레오파트라를 창녀라고 하면서 관능적 매력을 비난하고 있지만, 아이러니컬하게도 이는 클레오파트라가 드러내게 될 전복성의 기반이 되고 있다. 남성들을 그녀의 올가미에 묶어두고 조종하는 클레오파트라의 힘은 그녀의 성적 매력에서 나오기 때문이다. 클레오파트라는 그녀만이 보여줄 수 있는 "무한한 다양성"(infinite variety)과 연기를 통해 성적 매력을 유지하고 저항할 수 없는 마력으로 남성들을 자신의 족쇄에 묶어둔다. 연기력과 다양성이 남성을 무장해제하는 힘으로 작용하면서 전복성의 기반이 되고 있는 것이다.

클레오파트라의 탁월한 연기력은 안토니 앞에서 숨넘어가는 시늉을 하면서 안토니의 심리를 조종하는 1막 2장에 잘 드러난다. 안토니는 로마에 두고 온 아내 풀비아의 사망 소식을 접했을 때 "이 요부 같은 여왕과 손을 끊어야 할 것"(1.2.128)이라고 말하지만, 클레오파트라의 숨넘어가는 연기에 홀려 그녀를 벗어날 수 없다. 안토니는 그녀의 연기에 속아 오락가락한다. 클레오파트라가 "무한한 다양성"을 보여주는 연기를 통해 안토니의 눈을 멀게 하기 때문이다.

안토니는 이집트를 떠나야겠다고 생각하면서도 이집트에 영원히 머물고 싶다. 클레오파트라는 1막 3장에서 시녀인 차미언(Charmian)에게 다음과 같이 지시한다.

> 어디서 누구와 같이 있고 뭘 하시는지 알아보아라.
> 내가 널 보냈다고 하지는 마라. 그 분이 우울한 것 같으면
> 내가 흥겹게 춤추고 있다고 말하고,
> 즐거운 것 같으면 내가 몸이 아프다고 전해라. (1.3.2-5)

이러한 지시를 두고 차미언이 안토니를 사랑한다면 “매사에 그분의 뜻을 따르고, 어떤 일도 거역하지 말라고”(1.3.9) 하자, 클레오파트라는 이를 바보 같은 짓이라고 일축하고, 항상 그의 뜻을 따르는 일은 “안토니를 잃는 길”이라고 말한다(1.3.10). 차미언이 안토니를 “도에 넘치게 시험하지마라”(1.3.11)고 권하지만 클레오파트라는 곧바로 연기를 통해 안토니를 심리적으로 통제하고 지배한다.

클레오파트라는 아내에게 진실하지 못했다고 안토니를 질책하면서 그를 무장 해제시킨다. 그녀는 먼저 자신이 배신 당했고, 처음부터 그 “배신의 씨앗이 자라고 있음”을 알았다고 안토니를 비난하고, 풀비아에게 성실하지 않았던 안토니이니 자신에게도 성실하지 않을 것이며, 그의 사랑 맹세도 곧 깨어질 거짓 맹세일 것이라고 몰아붙인다(1.3.24-31). 안절부절못하는 안토니를 질책하는 것은 여기서 끝나지 않는다. 클레오파트라는 안토니를 두고 “세계에서 가장 위대한 장군이 가장 뛰어난 거짓말쟁이가 되었다”(1.3.38-39)고 말하면서 공격의 고삐를 멈추지 않는다. 클레오파트라는 자신의 각본에 따라 상황을 설정하고 즉흥연기를 통해 안토니를 마음대로 주무른다. 클레오파트라는 변덕스런 즉흥

연기를 통해 안정되고 통일된 남성이라는 가치에 균열을 가하고, 로마의 가치가 확고부동한 것이 아니라 임의적이라는 것을 드러내고 있는 것이다(Singh 113).

안토니는 내란의 조짐이 있고 풀비아가 죽었으니 로마에 갔다 다시 이집트에 오겠다고 클레오파트라를 달래지만, 그녀는 안토니의 사랑을 "지독한 거짓 사랑"(1.3.62)으로 폄하하고 풀비아에 대한 그의 태도를 비아냥거리면서 질책한다. 이에 안토니는 "그대의 용사로 하인으로 그대가 원하는 바에 따라 화친도 할 것이고 전쟁도 할 것"(1.3.70-71)이라고 말하는데, 이는 사랑의 전쟁에서 마치 무장해제를 당한 사람의 모습과도 같다. 연기하는 클레오파트라가 안토니를 보고 "진실을 가장한 아주 그럴듯한 연극 한 장면을 연출"한다는 다음 질책은 대단히 아이러니컬한 반향을 불러일으키면서 안토니의 명예에 균열을 가한다.

> 제발 얼굴을 돌리시고 풀비아를 위해 우세요.
> 그리고 내게 작별인사를 하고, 이집트 여왕을 위해
> 눈물을 흘렸다고 말하세요. 자 이제
> 진실을 가장한 아주 그럴듯한 연극 한 장면을 연출하고
> 그것을 완벽한 명예처럼 보이도록 하세요. (1.3.76-80)

이미 언급한 것처럼 안토니가 자신을 배반했고 스스로의 맹세를 깨는 "가장 뛰어난 거짓말쟁이"라는 클레오파트라의 비난은 "진실을 가장한 아주 그럴듯한 연극 한 장면을 연출"한다는 조롱으로 완결된다. 자신이 연기를 하면서 안토니의 사랑을 연극이고 가장이고 거짓이라고 몰아붙이는 클레오파트라는 상대의 심리를 꿰뚫어 보는 탁월한 능력을 소유하고 있다. 안토니가 자신과 상대를 잘 파악하지 못하고 있는 반면, 클레오파트라는 자신은 물론 상대의 심리까

지 간파하고 상대를 조종하고 있는 것이다. 안토니와의 사랑노름에서 클레오파트라는 능력 있는 연출자인 동시에 연기자이다. 그녀는 안토니의 육신을 정복했을 뿐만 아니라 심리적으로도 우위에 있다. 이처럼 이 극에서 연극성은 클레오파트라에게 힘을 부여하고 전복의 가능성을 확보해주는 전략으로 작용하여 남성중심의 가부장제에 균열을 가한다(Singh 116-17).

자신을 과시하고 드러내는 클레오파트라의 탁월한 연기력은 로마에서 다시 이집트에 돌아온 안토니를 맞이하는 유람선 장면에서 유감없이 드러난다. 여기서 클레오파트라는 자신을 미의 여신 비너스로 재현한다. 이노바버스(Enobarbus)는 시드너스 강을 화려한 행렬을 갖추어 항해하는 클레오파트라의 배를 두고 "옥좌처럼 물위에 찬란한 빛을 던졌고, 고물은 두들겨 편 황금 판이오, 돛은 온통 자주 빛이고, 향기가 진동하여 바람마저 반해버릴"것 같다고 묘사한다(2.2.191-94). 그러고는 이어서 다음과 같이 말한다.

> 여왕을 두고 말하자면
> 필설로는 다 묘사할 수 없었지.
> 금실을 섞어 짠 비단 차일 밑에 누운 여왕의 모습은
> 화가의 상상력이 자연의 조화를 압도한다는
> 저 비너스 여신상도 무색하게 했지. (2.2.197-201)

이노바버스는 여왕이 탄 배는 말로 묘사할 수 있지만, 그녀의 모습은 "필설로는 다 묘사할 수 없다"(It beggar'd all description)고 말하는데, 빛나는 옥좌에 앉아 항해하는 클레오파트라의 모습이 너무나 아름답게 보여 말로 표현하기 불가능하다는 말이다. 클레오파트라는 여기서 자신을 전설적인 비너스의 모습으로 분장하여 남성의 상상력을 자극한다. 클레오파트라는 비너스의 가장 뛰어난 초상화보다도 더 경이로운 예술 작품으로 또한 사랑의 여신으로 자신

을 재현한다. 클레오파트라는 로마인들에게 신기한 장관과 볼거리를 제공하고 그들의 호기심을 자극한다. 이노바버스가 묘사하고 있는 클레오파트라의 유람선은 "성애적 환상"이 극화된 곳이다(Belsey 44) 유람선의 고물은 금으로 도금되어 있고, 은으로 만들어진 노가 피리소리에 맞춰 물결을 때린다(2.2.209-211). 클레오파트라는 "성애적 환상"을 연출하며, 유람선에서 흘러나오는 기묘한 향내는 부근의 선창가까지 넘실대어 사람들의 호기심을 자극한다. 이 장면은 극적으로 자신을 재현하고 장관을 연출하는 클레오파트라의 능력을 돋보이게 한다.

장관으로 사람들을 놀라게 하는 클레오파트라의 연출력은 여기서 그치지 않는다. 그녀는 장관을 만들어내는 연출자인 동시에 다양한 연기를 잘 소화해내는 능력 있는 배우이다. 클레오파트라는 끊임없이 변화하면서 안토니가 자신에 대해 욕망을 갖게 하고, 그 욕망의 충족을 기대하면 이를 지연시켜 안토니를 안달나게 한다. 이노바버스의 지적처럼 "다른 여인들은 자신들이 채워주는 욕망을 물리게 하지만" 클레오파트라는 욕망을 채워준 순간 허기를 느끼게 하는 그런 여성이다.

> 나이가 들어도 시들지 않고, 무한한 다양성 때문에
> 언제 보아도 지루하지 않지요. 다른 여인들은
> 자신들이 채워주는 욕망을 물리게 하지만, 그녀는
> 만족을 느낀 그 순간 도리어 허기를 느끼게 만들지요.
> 그녀에게는 가장 부도덕한 일조차도 잘 어울려
> 그녀가 방종할 때도 거룩한 성직자들은 축복을 해주지요. (2.2.234-39)

클레오파트라는 "무한한 다양성"을 통해 남성이 갈구하는 성애적 욕망을 일깨우고 자신의 의지에 따라 혹은 연기에 따라 그 욕망을 충족시키기도 좌절시키기도 하면서 남성을 요리하는 힘 있는 여성이다. 클레오파트라는 끊임없이 변화하면서 한 곳에 머무르지 않는다. 클레오파트라는 일국의 여왕으로 여신처럼 행세하는가 하면 한편으로 요부와 같은 모습을 보여준다. 그녀는 충족을 결핍으로 느끼게 하고 소유하는 순간 달아나는 변화무쌍한 여성이다. 안토니를 묶어두는 클레오파트라의 "족쇄"(1.2.116)는 바로 그녀만의 "무한한 다양성"이고 자신을 환상적인 존재로 재현하는 연기이다. 여기서 연극성은 타인의 시각을 통제하는 장치로 작용하며 클레오파트라에게 남성중심의 가부장제를 전복시킬 수 있는 힘을 부여해 준다(Jankowski 107).

사실 클레오파트라에게 주어진 창녀와 마녀의 이미지는 서구 백인 남성중심의 담론이 만들어낸 극단적 이미지이다. 클레오파트라는 어릴 때부터 총명했고 재치가 있었으며, 그리스 고전문학, 수사학, 역사학 등 인문학은 물론 기하학, 천문학, 의학 등 과학 분야에도 많은 관심을 보였다고 알려진 인물이다. 그녀는 음악과 미술, 그리고 춤과 승마에도 남다른 재능이 있었고, 그리스어, 라틴어, 히브리어, 아랍어, 에티오피아어, 시리아어 등 여러 언어를 능숙하게 구사할 수 있는 능력을 지녔던 인물로 알려져 왔다. 또한 당시 왕가의 자손으로서는 드물게 이집트 토착어를 스스로 익힌 인물이었으며, 이집트인들을 누구보다도 사랑했고 이집트를 지키려고 했던 군주로 알려졌던 인물이다(플라마리옹 32-34). 클레오파트라에게 이러한 긍정적인 자질들이 있었음에도 불구하고 창녀나 마녀로서의 부정적 이미지만 강조되어 왔고 긍정적인 모습은 축소되어 온 실정이다. 클레오파트라가 이집트의 여성이 아니라 로마의 여성이었다면 클레오파트라에 대한 역사적 평가와 재현은 달리 진행되었을 것이다.

클레오파트라의 부정적 이미지는 극에서 이상적 로마 여성으로 등장하는 옥테비아와의 비교를 통해 더욱 선명하게 부각된다. 클레오파트라가 창녀 또는 마녀로 재현되고 있는 반면 옥테비아는 정숙한 여성의 전형으로 제시되고 있기 때문이다. 로마로 돌아온 안토니에게 아그리파(Agrippa)는 옥테비아의 아름다움과 "부덕과 우아함은 어떤 여성과도 견주어 말할 수 없다"고 칭찬하고(2.2.127-30), 이노바버스는 그녀를 "성스럽고 침착하며 조용한 분"(2.6.122-23)으로 묘사한다. 옥테비아는 로마의 남성 문화가 여성에게 기대하는 덕성과 우아함과 미덕의 총체로, 그리고 로마 남성을 이집트 창녀의 욕망에서 해방시켜줄 수 있는 로마 여성으로 재현되고 있는데(Hooks 40), 이는 클레오파트라의 인종적 타자성을 옥타비아의 미덕을 부각시키는 장치로 이용하고 있는 경우이다. 지배문화는 항상 그 문화 외부의 비정상적인 것을 드러내어 자신의 내적 기준을 설정한다. 서양의 정체성이 동양의 '타자성'과 대립되는 요소를 통해 형성되고, 항상 타자의 부정적 재현을 통해 확립된다는 에드워드 사이드(Edward Said)의 지적은 이 작품의 경우에도 여전히 유효하다(3).

II

클레오파트라의 위험한 성적 매력과 마력에 홀린 안토니는 이집트에 머물면서 옥테비어스 시저와의 전쟁을 준비한다. 시저는 클레오파트라의 아이들에게 로마의 영토를 할당해 준 안토니를 "자신의 제국을 창녀에게 넘겨준" 인물이라고 비난하고(3.6.66-67), 미시나스(Maecenas)는 안토니가 "자신의 강력한 통치권을 음탕한 계집에게 내주었다"고 비난한다(3.6.95). 옥테비어스 시저는 로마의 적이 안토니가 아니라 안토니라는 로마의 장군을 이집트의 용병대장으로 만든 이집트 여왕 클레오파트라라고 사람들이 믿게 한다. 그리하여 클레오파트라는 동방의 야만 종족 이집트인의 타자성을 대표하는 인물로 또한 로마의 건전한 이성을 흐리게 하는 마녀로 재현되기에 이른다.

로마의 장군인 안토니가 자신의 조국인 로마에 대항하여 싸우는 악티움(Actium) 해전은 클레오파트라에게 매혹되어 이성적 판단이 마비된 안토니를 보여준다. 전투 중인 병졸들을 버리고 클레오파트라의 뒤를 따라 도망치는 안토니를 보고 스케이러스(Scarus)는 3막 10장에서 "우매한 탓에 천하의 절반을 잃어버리고 말았어. 그 계집의 키스로 왕국들과 영토들을 한꺼번에 날려버리고 말았다"고 하면서 "그 이집트의 창녀 계집이 문둥병이나 걸렸으면 좋겠다"고 분노한다(6-11). 그러고는 클레오파트라를 따라 도망치는 안토니를 "계집의 마력에 홀려" 명예를 저버리고 "암놈에게 환장한 수오리"로 전락한 인물이라고 비난한다.

> 그 계집년이 뱃머리를 돌리자
> 그 계집의 마력에 홀린 안토니 장군은
> 배의 돛을 활짝 펼치고, (암놈에게 환장한 수오리처럼)
> 한창인 전투를 내버려두고 그 계집년을 따라 도망쳤어.
> 내 평생 그런 치욕스런 행동을 본적이 없어.
> 그 어느 누구도 경험과 대장부의 기개와 명예를
> 이렇게 함부로 포기한 적은 없었어. (3.10.17-23)

스케이러스의 이 대사는 클레오파트라의 마력에 홀려 자신의 군사들을 남겨두고 달아난 안토니의 치욕스런 행동을 비난하는 대사지만, 또 한편으로 안토니의 불명예스런 행동의 원인이 클레오파트라에게 있다는 것을 드러내는 대사이다. 이노바버스도 이를 예견하고 3막 7장에서 악티움 해전에 대한 클레오파트라의 간섭을 배제해야 한다고 주장한 바 있다. "수말이 암말들과 함께 전쟁에 참여하면 수말은 완전히 넋을 잃을 것이고 암말들이 군졸과 그의 수말을 모두 태울 것"이기 때문이고(3.7.7-9), "여왕의 참전이 장군을 혼란스럽게 만들어 그의 용기와 지력을 빼앗아 버리게 될 것"이기 때문이다(3.7.10-11).

이노바버스는 암말인 클레오파트라가 안토니를 혼란스럽게 만들 것이라고 경고하고, 스케이러스는 클레오파트라를 "이집트의 창녀"로 간주하면서 수오리를 호리는 암컷으로 지칭하고, 안토니는 "더러운 이집트 년"이라고 지칭하면서 패배의 책임을 그녀의 배반 탓으로 돌린다. 즉 로마인들 모두는 이집트의 더럽고 사악한 창녀 때문에 악티움 해전에서 패배했다는 인종적 · 성적 차별 담론을 구사하고 있는 것이다. 그러나 패배의 책임이 정말 클레오파트라에게 있었을까? 역사적 기록을 따르면 클레오파트라의 도주가 아니더라도 이미 안토니의 패배는 자명한 것이었다.[2)] 악티움 해전의 패전 책임이 극중의 로마인들이 말하듯이 전적으로 클레오파트라의 책임만은 아니었지만, 플루타크도 패배의 책임을 클레오파트라 탓으로 돌린다. "이집트 여인은 도망치기 시작했고 … 안토니는 그를 망쳐 놓은 여인을 위해 자신에게 목숨을 바친 자들을 버리고 배신했다"(Plutarch 415).

그러나 패배의 책임은 안토니에게 있다. 안토니는 해전이 불리하다는 부하들의 반대에도 불구하고 해전을 감행해 치명적인 전략적 실수를 범했기 때문이다. 어쨌든 로마의 장군인 안토니가 로마를 버리고 이집트의 여왕을 위해 싸우는 악티움 해전은 클레오파트라의 전복성이 얼마나 큰가를 실감나게 한다.

---

2) 악티움에서의 첫 교전에서 옥테비어스 시저의 장군 아그리파(Agrippa)가 주변의 섬을 모두 점령하자 안토니의 군대에 보급품이 끊기게 된다. 설사가상으로 주변 국가의 왕들이 옥테비어스 시저 측에 가담함으로써 안토니의 군사력은 열세에 놓이게 되었고, 아그리파의 함대에 포위되기에 이르러 이미 싸움을 하기 어려운 상황으로 되었다. 물론 클레오파트라라는 존재가 그 자리에 없었다면 안토니가 도망치지 않고 악티움 해전에서 장렬하게 전사했을지도 모를 일이다.

악티움 해전 이후 클레오파트라의 행동은 다소 의문의 여지를 남겨두고 있다. 셰익스피어의 텍스트에는 클레오파트라가 전투 중에 갑자기 달아나는 이유가 제시되어 있지 않고, 종묘에 숨어 자신이 죽었다는 거짓 정보를 안토니에게 전하는 클레오파트라의 동기가 무엇인지 그리 선명하게 제시되어 있지 않다.

셰익스피어는 클레오파트라가 자신이 죽었다는 사실을 내시를 통해 전달하도록 한 것으로 재현하고 있지만, 역사적 기록은 안토니가 클레오파트라가 종묘에서 죽었다는 소문을 듣고 자신도 자결했다고 전하고 있다. 악티움 해전에서 패한 안토니는 자신의 "명석한 판단력"을 마비시킨 클레오파트라에게 다음과 같은 극단적인 언어적 폭력을 자행한다.

> 그대는 죽은 시저가 먹다 남긴 접시 위의
> 식어버린 고기조각이었어. 아니 그대는
> 내이어스 폼페이가 남긴 음식 찌꺼기였지.
> 그밖에도 사람들에게 들키진 않았지만
> 얼마나 더 음탕한 시간을 보냈는지도 알 수 없어. (3.13.116-20)

나이든 클레오파트라의 육체를 줄리어스 시저가 먹다 남긴 "식어버린 고기조각"과 폼페이(Pompey)가 먹다 남긴 "음식 찌꺼기"로 비유하는 안토니의 언어적 폭력 속에는 로마제국이 그간 자행했던 이집트와 클레오파트라에 대한 폭력의 역사가 드러나고 있다. 나이 든 클레오파트라는 이미 식은 음식이지만 안토니가 마음대로 먹기에 그리 쉽지 않은 음식이다. 클레오파트라도 자신의 육체를 어느 "제왕이라도 군침이 돌게 하는 음식"(1.5.30-31)으로 언급한 바 있으며, 이러한 음식과 육체, 욕정의 관련성은 2막 6장에서 안토니와 대화하는 폼페이의 대사에도 잘 나타나 있다. "당신의 훌륭한 이집트 요리가 명성을 떨치게 될 것이오. 줄리어스 시저 장군도 이집트에서 연회를 즐기다가 체중이 늘었다는 말을 들었소"(2.6.63-66). 여기서 훌륭한 이집트 요리는 사랑노름이란 연회에 차려진 클레오파트라의 육신이고, 시저는 그 요리를 포식하여 비대해 졌다는 말이다. 안토니의 말과는 달리 클레오파트라의 육체는 "식어버린 고기 조각"이나 "음식 찌꺼기"가 아니라 보기만 하면 먹고 싶은 욕망을 자극하는 성찬이고, 이러한 성찬에의 유혹에 로마 역사에서 가장 위대했던 세 영웅 중 어느 누구도 저항하지 못했다.

파일로를 위시한 로마인들이 안토니의 타락을 전적으로 클레오파트라에게 돌리고 있지만, 이는 무리가 있는 주장이다. 안토니의 타락은 로마제국의 이집트 점령 과정에서 생겨난 부도덕한 방탕과 부패의 산물이라고 볼 수 있기 때문이다. 안토니는 줄리어스 시저와 폼페이에 이어 이집트의 영토뿐만 아니라 클레오파트라의 육체를 점령한다. 4막 12장에서 안토니는 클레오파트라를 "세 번이나 변절한 창녀"(4.12.13)라고 비난하는데, 이는 도리어 줄리어스 시저, 폼페이, 안토니로 이어지는 로마제국의 이집트 강점이란 부도덕한 역사를 폭로한다.

클레오파트라에게 주어진 창녀라는 비난과 동시에 자주 반복되는 비난은 그녀가 마녀라는 점이다. 클레오파트라를 음탕한 집시라고 폄하했던 파일로와 마찬가지로, 안토니는 클레오파트라를 집시처럼 사람을 속이는 본성을 드러내어 자신을 속이고 파멸로 이끈 "무서운 마력"을 지닌 이집트의 마녀라고 비난한다.

> 그년이 날 배반했어.
> 아, 이 더러운 이집트의 마녀! 이 무서운 마력, 눈짓으로
> 날 전쟁터로 끌어내기도 집으로 끌어들이기도 하는 마력.
> 그녀 품은 내 면류관이었고, 내 행동의 주요한 목적이었건만.

그녀은 바로 집시처럼 사람을 속이는 본성을 드러내고
나를 속여 파멸에 이르게 했어. (4.12.24-29)

이 대사 이후 클레오파트라가 등장하자 안토니는 클레오파트라에게 “이 마녀는 죽어야 해. 그년은 로마의 애송이 놈에게 날 팔아먹었어. 난 이 년의 음모에 걸려 파멸한 거야”라고 외치면서(4.12.47-49), 자신의 파멸을 그녀의 탓으로 돌린다. 클레오파트라의 극적 재현에 반영된 가부장적 편견과 인종적 편견을 간파하고 있는 룸바는 방탕한 창녀라는 클레오파트라의 이미지가 오랜 기간 축적된 서구의 유색인종 여성에 대한 환상과 여성에 대한 가부장적 이해가 결합되어 나타난 것이라고 주장한다(Loomba 75). 그녀의 말처럼 『안토니와 클레오파트라』는 유색인종에 대한 서구의 왜곡된 인식과 환상이 반영된 작품이다. 클레오파트라는 로마가 지배해야 할 동방 미개국의 야만성을 구현하는 동시에, 남성이 지배해야 할 여성의 타자성을 구현하는 인물로 제시되고 있음을 부인할 수 없기 때문이다.

『안토니와 클레오파트라』의 극중 인물들은 클레오파트라의 부정적 재현을 통해 인종적 · 문화적 타자성을 강조하고 타자의 전복성을 봉쇄하려는 의지를 드러낸다. 클레오파트라를 위험한 성적 매력으로 로마 남성을 홀리게 하여 지배 권력에 위해를 가하는 인물로 간주하기 때문이다. 셰익스피어의 텍스트에서도 서구의 ‘정상성’을 이탈한 클레오파트라의 부정적 이미지가 개인적 차원에 머무르는 것이 아니라, 그녀가 속한 인종과 문화 전반을 대표하는 이미지로 작용하고 있고, 이집트 문화가 로마와는 다른 ‘비정상적인’ 문화로 재현되고 있음을 부인할 수 없다.

그러나 지금까지 많은 서구의 문헌과 작품들을 통해 재현된 클레오파트라의 이미지는 역사적 고증을 통해 입증된 실체가 아니다. 우리에게 알려진 클레오파트라에 대한 대부분의 부정적 이미지는 로마 제국주의 시각을 반영한 기록을 통해 형성된 것이고, 클레오파트라가 이집트의 호색성과 야만성을 구현하는 인물로 재현된 것은 타자에 대한 자신들의 지배를 정당화하기 위한 제국주의 전략에 기인한다(Madelaine 10).

음탕한 "이집트의 집시"라는 인종담론에 내포된 부정적 이미지는 남성을 호리는 창녀인 동시에 마녀라는 성적 담론과 겹쳐서 나타난다. 인종담론과 성차별담론이 클레오파트라에게 동시에 적용되면서 그녀는 서구 백인중심의 가부장적 질서에 반하는 위험한 인물로 재현된다. 앞서 살펴보았듯이 사실 클레오파트라는 서구 백인중심의 가부장적 질서에 균열을 가할 수 있는 힘을 가진 여성이다. 『안토니와 클레오파트라』는 셰익스피어의 다른 어떤 작품보다도 한층 더 강력한 여성의 전복성을 보여 준다. 클레오파트라는 로마 남성들이 비난하는 바로 그 자질을 통해 전복성을 드러낸다. 로마 남성들이 그녀의 성적 매력과 마력을 비난하지만, 클레오파트라는 성적인 매력과 연기를 통해 남성들을 올가미에 묶어두고 조종하기 때문이다.

성적으로 자유분방하고 도전적이며 '연극적'인 클레오파트라의 행동은 백인 남성중심 문화에 대한 '전복'의 가능성을 내포한다. 그녀는 가부장제가 규정한 여성의 미덕과는 거리가 먼 인물이고, 남성의 통제 대상이 되기를 거부하며, 연기를 통해 도리어 그녀를 통제하려는 남성을 통제하고 있기 때문이다. 클레오파트라는 자신의 성적 매력을 이용하여 로마의 장군을 사로잡고 권력을 획득하며 이 힘으로 로마의 지배 이데올로기에 균열을 가한다.

변화무쌍하게 자신의 성적인 매력을 드러내어 남성의 성애적 욕망을 일깨우고, 연기를 통해 그 욕망을 통제하면서 남성을 요리하고, 연극성과 가장(假裝)을 통해 남성의 심리를 조정하는 클레오파트라의 면모를 살펴보았다. 그러므로 연극성과 다양성은 클레오파트라가 보여주는 전복성의 강력한 도구로 작용한다. 안토니와의 사랑노름에서 클레오파트라는 능력 있는 연출자인 동시에 연기자이다. 상대의 심리를 간파하고 자신의 뜻대로 조종하기 때문이다. 클레오파트라는 "무한한 다양성"을 보여주는 연기를 통해 안토니의 눈을 멀게 하고, 자신의 각본에 따른 즉흥연기를 통해 안토니를 마음대로 주무르면서 로마 남성의 가부장제적 가치에 균열을 가한다.

클레오파트라는 안토니가 갈구하는 욕망을 충족시키기도 좌절시키기도 하면서 자신의 뜻에 따라 남성을 요리하는 영리한 여성이다. 그녀가 지닌 전복성은 안토니에게 술을 먹인 뒤 여자의 옷을 입히고 안토니의 검을 허리에 차보는 2막 5장에서 대단히 효과적으로 드러난다. 클레오파트라는 "내 머리장식과 겉옷을 그분에게 입히고 필립파이 전투에서 사용한 그의 명검을 내가 차 보았다"(2.5.22-23)고 말한다. 여기서 클레오파트라가 자신의 옷을 안토니에게 입히고 술에 취해 잠든 안토니의 검을 차는 행위는 은유적으로 안토니의 남성성이 클레오파트라에 의해 거세되고 있다는 것을 드러낸다. 이런 행동이 성의 경계와 남성성에 균열을 가하는 전복적인 행동임은 말할 나위가 없다. 진 하워드(Jean Howard)가 지적하듯 복장전환은 성의 경계를 희석시키면서 젠더 형성의 임의성을 드러내어 젠더 시스템의 "위반"을 가능하게 하는 장치이다(418-19). 여기서 여장을 한 안토니와 검을 찬 클레오파트라 사이에서 벌어지는 성역할 전도는 로마의 영웅 안토니의 권위를 실추시키면서 남성중심의 로마 군사문화를 조롱한다.

안토니의 낚시 바늘에 말린 물고기를 매달아 놓으면 안토니가 신이 나서 그걸 낚아 올렸다고 말하는 차미언에게 클레오파트라는 다음과 같이 말한다. "내가 웃었더니 그분은 화를 내셨지. 그러고는 그날 밤에 내가 웃어드려 그분을 다독거렸지. 다음날 아침에는 아홉시도 되기 전에 술에 취해 잠들게 했지"(2.5.19-21). 안토니는 클레오파트라가 드리운 낚싯바늘을 문 고기와 흡사하다. 안토니는 화를 냈다가 다시 노기를 풀고 웃는 등 클레오파트라의 각본에 따라 행동하기 때문이다. 옥테비어스 시저는 이집트에서 낚시질과 음주로 시간을 낭비하면서 욕정에 탐닉하는 안토니를 두고 "클레오파트라가 더 사나이다운 건지, 안토니가 더 여자다운 건지 도무지 알 수가 없다"(1.4.4-7)고 비난한다. 사적 쾌락에 빠져 로마 장군으로서의 공적의무를 망각하고 있는 안토니를 두고 하는 말이다.

안토니는 이집트를 정복했지만 욕망의 관계에서는 클레오파트라의 유혹에 걸려든 물고기 같은 존재이다. 하루는 클레오파트라와 안토니가 낚시를 갔는데, 안토니의 낚싯대에는 고기가 한 마리도 걸리지 않았다. 체면을 구긴 안토니는 어부가 잠수하여 자신의 낚싯바늘에 미리 잡은 고기를 걸어두도록 했다. 안토니는 이 고기를 낚아채면서 즐거워했고, 클레오파트라는 안토니의 장난기를 모른 체하며 안토니의 솜씨를 감탄하는 능청스런 연기를 펼친다. 다음날 안토니는 낚시 솜씨를 보여주겠다고 손님들을 청했고 낚시를 시작한다.

2막 5장에서 클레오파트라는 다시 재치 있는 연출을 보여준다. 그녀는 말린 생선을 안토니의 낚시 바늘에 걸게 했고, 이것을 모르는 안토니는 낚싯대를 힘껏 들어 올린다. 안토니가 들어 올린 낚싯대에 걸린 마른 생선을 보고 사람들은 모두 웃어대며 재미있어 했다. 안토니의 트릭에 대한 클레오파트라의 멋진 응수다. 클레오파트라는 자신의 관능적 매력을 미끼삼아 안토니라는 고기를 낚는 영리한 배우이다. 안토니는 클레오파트라라는 낚싯바늘에 물린 자신의 상태를 다음과 같이 말한다.

이집트 여왕이여, 그대는 잘 알고 있질 않소.
나의 마음은 그대의 키에 끈으로 묶여 있어서
그대 떠나면 나 또한 끌려간다는 것을. 내 영혼 또한

그대가 완전히 지배하고 있다는 걸 잘 알고 있지 않소.
그대가 손짓하면 신의 명령을 어기고서라도
그대를 따를 수밖에 없다는 것도 알고 있지 않소. (3.11.56-61)

안토니는 자신이 정복했던 식민지의 여왕에게 성적으로 정복당한다. 그의 몸과 영혼은 클레오파트라에게 완전히 묶여 있다. 그리하여 이 "대단한 정복자"에게 애정으로 약해진 자신의 검이 "그 애정에 복종할 것"임을 천명한다(3.11.67-68). 이 고백처럼 안토니는 은유적으로 클레오파트라의 성적 매력에 거세를 당한 채 그녀의 올가미에 묶여 지배당하고 있다. 클레오파트라는 자신을 너무나도 다양한 모습으로 재현하여 욕망을 일깨우고 욕망을 거침없이 분출하는 생명력이 넘치는 여성이다(Cixous 126).

4막 14장에서 클레오파트라는 시녀를 통해 안토니에게 자신이 자살했다는 거짓 소식을 전하는데, 이는 결국 안토니의 자결을 재촉한다. 그녀의 연기는 여기서 그치지 않는다. 클레오파트라의 연기는 옥테비어스 시저와 벌이는 협상과 5막 2장에서 자살을 통해 자신을 불멸의 아이리스 여신으로 재현하는 장면을 통해 마무리된다. 승리한 옥테비어스 시저는 클레오파트라의 요구조건을 들어 주겠다고 구슬린다. 그러나 클레오파트라는 승리를 기념하는 전리품으로 자신을 로마에 전시하려는 시저의 의도를 간파하고 다음과 같이 말한다. "무뢰한 형리들이 우리를 창녀처럼 체포할 것이고, 상스런 엉터리 시인은 음조도 맞지 않는 곡을 지을 것이다. …… 클레오파트라 역을 맡은 빽빽거리는 소년배우는 위대한 나를 일개 창녀의 모습으로 연기하게 될 것이다"(5.2.214-21). 이는 곧 클레오파트라가 옥테비어스 시저의 의도를 간파하고 있음을 보여준다.

자신이 "창녀의 모습"으로 로마 군중 앞에 전시될 것을 알고 있는 클레오파트라는 마침내 자살하기로 결심한다. 그럼에도 불구하고 클레오파트라는 표면적으로는 시저에 대한 복종을 다짐하고 그의 제안을 받아들일 것 같은 자세를 취한다. 클레오파트라는 자신의 의도를 숨기고 시간을 벌기 위해 다시 연기를 하는데, 시저는 이 연기에 속는다. 클레오파트라의 자살과 옥테비어스 시저의 승리로 끝나는 이 작품이 표면적으로는 이집트의 야만성이 문명화된 서구 백인중심의 가부장적 질서 아래 성공적으로 통제되고 있는 것 같은 인상을 줄 수도 있다. 그러나 과연 그럴까?

클레오파트라는 복종할 것 같은 자세를 취하다가 갑자기 자살하는 방법을 통해 그녀를 로마 군중에게 전시하려는 옥테비어스 시저의 의도를 좌절시키고 그를 조롱하면서 방탕한 집시 여성을 순종적 여성으로 길들이려는 가부장적 로마제국의 승리에 균열을 가한다. 클레오파트라는 자살을 결심하고 다음과 같이 죽음의 의식을 재현한다. "나에게 여왕의 옷을 입히고 왕관을 씌워다오. 영원불멸의 경지가 그립구나"(5.2.280-81). 시드너스 강의 선상에서 안토니를 처음 만났을 때 자신을 마치 미의 여신 비너스처럼 장관을 연출했던 클레오파트라는 이제 죽음의 문턱에서 자신을 "불과 공기"가 되어 "영원불멸"의 경지로 나아가는 아이리스(Iris) 여신으로 승화시킨다(5.2.279-90).

클레오파트라는 자살을 통해 로마 문화의 정점에 서 있는 옥테비어스 시저를 조롱한다. 그러므로 클레오파트라에게 주어지는 도덕적 비난의 근거로 작용했던 연극성과 변덕은 "무한한 다양성"으로 압축되는 매력의 근거이자, 로마 남성중심의 지배담론에 균열을 가할 수 있는 전복적인 힘의 원천으로 작용한다(Singh 100, Jankowski 107). 이집트의 창녀이며 마녀라는 비난을 받았던 클레오파트라는 마지막 장면에서 여왕으로서의 위엄을 유지한 채, 독사에게 물려죽는 신비한 죽음을 재현함으로써 최종적인 연극을 마무리한다. 자살은 자신만이 자신의 주인이라는 사실을 각인시켜주는 의식이고, 자신을 영원불멸의 경지로 승화시키는 또 하나의 연기이기 때문이다.

안토니는 클레오파트라를 "세 번이나 변절한 창녀"라고 비난한 바 있다. 그러나 이 비난은 도리어 식민강점의 역사에 내포된 지배문화의 잔인성을 드러낸다. 이집트를 점령한 줄리어스 시저, 폼페이, 안토니는 로마인들이 창녀라고 부르는 클레오파트라의 몸에 차례차례 식민수탈의 역사를 아로새기기 때문이다. 뿐만 아니라 셰익스피어는 가부장제가 규정한 정상성의 경계 안에 머무르지 않고 남성중심 문화를 위협하는 자유분방한 클레오파트라의 전복성을 은밀하게 드러낸다. 로마의 영웅들 모두가 자신들이 사악한 마력을 지닌 창녀라고 불렀던 클레오파트라에게 홀렸기 때문이다. 클레오파트라에 대한 로마 남성들의 부정적 재현에도 불구하고 클레오파트라는 여전히 매력적인 인물이다.

III

필자는 클레오파트라에 대한 백인 남성 등장인물들의 차별 담론과 셰익스피어가 얼마나 거리를 유지하고 있는가라는 물음과 백인 남성중심 담론에 균열을 가하는 클레오파트라의 전복성이 무엇인가라는 물음으로 글을 시작했다. 결론적으로 말하자면, 셰익스피어는 클레오파트라를 재현하면서 당대의 인종차별담론과 성차별담론으로부터 어느 정도 거리를 유지하고 있다. 클레오파트라를 자신의 섹슈얼리티를 통해 로마의 백인 남성들을 위협하고, 연극성을 통해 백인 남성중심 담론에 균열을 가하는 전복적인 인물로 재현하기 때문이다.

클레오파트라의 재현에 있어 셰익스피어 역시 자신이 속했던 당대 영국의 사회, 문화적 전통으로부터 자유롭지 못했을 것이다. 이미 유색인종의 호색성과 야만성과 비정상을 언급하는 많은 담론들이 유포된 상태에 있었고, 클레오파트라가 유색인종의 위험한 성욕을 대변한다는 인종적 가정이 셰익스피어 당대에 그리 부자연스럽지 않은 가정이었기 때문이다.

등장인물들을 통해 클레오파트라는 모든 사악한 이미지의 총체로서 로마의 건전한 이성을 마비시키는 마녀의 모습으로 재현되어 왔고, 위험한 이집트 창녀인 동시에 남성을 호리는 마녀로 '전유'되어 왔다. 클레오파트라가 건강한 로마정신을 대변하는 안토니를 타락으로 몰고 가는 사악하고 부정한 여성으로 재현되고 있다면, 이 극은 다른 인종과 문화에 대한 편견과 서구 중심의 시각을 반영한 텍스트로 간주될 수 있다. 서구 백인남성의 시각에서 볼 때, 성적으로 자유분방하고 도전적인 클레오파트라는 로마 중심의 질서에 대항하는 인물이다. 가부장제가 규정한 여성의 미덕과는 거리가 먼 인물이고 로마의 지배 이데올로기에 순종적으로 반응하지 않기 때문이다.

표면적으로는 셰익스피어가 『안토니와 클레오파트라』에서 당대 백인남성중심의 담론을 재현하고 있는 것 같이 보인다. 이 극은 클레오파트라라는 이집트 "갈보의 어릿광대"로, "일개 집시의 음탕한 욕정이나 식혀주는 풀무와 부채"로 전락한 로마의 장군을 비난하는 파일로의 대사로 시작하고 있으며, 그녀가 위험한 성적 매력을 이용하는 유색인종 창녀라는 이미지가 등장인물들을 통해 반복적으로 전달되고 있기 때문이다. 그러나 셰익스피어가 이를 자신의 텍스트에 여과 없이 반영하고 있는 것은 아니다. 즉 셰익스피어의 시각이 등장인물들의 시각과 완전히 일치하는 것은 아니라는 말이다. 왜냐하면 안토니로 대변되는 로마의 가치가 이집트에 비해 더 우월한 것만으로 재현되고 있지는 않기 때문이다. 안토니의 타락은 클레오파트라 때문이라기보다는 정복자로서의 방탕한 생활과 그 자신의 성향에 기인한다. 그는 개인이 아니라, 식민지를 통치하는 점령자로서 이집트에 와 있기 때문이다.

클레오파트라가 음탕한 성욕을 발산하는 창녀이고 사악한 마력으로 남성을 호리는 마녀라는 비난은 역으로 그러한 담론을 유포하는 로마 남성의 이미지를 흐리게 한다. 식민지 정복자가 정복지의 여왕을 음탕한 창녀라고 부르고 남성의 혼을 빼는 마녀라고 부르면서도 그 창녀의 매력에 홀려 자신을 잃어버리는 것을 보여주는 이 극은 서구 문화의 타자인 클레오파트라의 부정성만을 드러내는 극은 아니다. 도리어 이 극은 로마의 이집트 강점이라는 지배문화의 잔인성을 드러내고 있으며, 연기를 통해 "결점도 장점같이 만들어 버리는" 영리한 이집트 여성의 전복성을 드러낸다.

그러므로 『안토니와 클레오파트라』는 인종차별담론과 성차별담론을 여과없이 반영하고 있는 텍스트가 아니다. 인종과 여성에 대한 셰익스피어의 견해가 당대의 지배담론과 무관하지는 않지만, 그는 당대의 지배담론을 이의 없이 수용하여 이를 작품에 그대로 반영하지는 않았다. 도리어 그는 창녀라고 비난하면서도 그 창녀의 족쇄에서 벗어나지 못하는 로마 영웅을 통해 지배담론의 모순을 드러내고, 소위 '고결한' 로마 남성에서 우둔한 '탕아'로 전락한 안토니를 재현함으로써 남성중심의 가치에 의문을 표한다. 뿐만 아니라 이 '고결한' 로마 남성을 통제하는 영리한 클레오파트라를 통해 백인 남성중심 문화의 균열을 은밀하게 드러낸다.

■ 인용문헌

플라마리옹. 『클레오파트라: 파라오의 사랑과 야망』. 지현 역. 서울: 시공사, 2002.

Belsey, Catherine. "Cleopatra's Seduction." *Alternative Shakespeare.* Vol 2. Ed. Terence Hawkes. London: Routledge, 1996. 38-62.

Cixous, Helene. "Sorties: Out and Out: Attacks/Ways Out Forrays." *The Newly Born Woman.* 1975. By Helene Cixous and Catherine Clement. Trans. Betsy Wing. Minneapolis: U of Minnesota P, 1986. 63-132.

De Sousa, Geraldo U. *Shakespeare's Cross-Cultural Encounters.* London: Macmillan, 1999.

Habib, Imtiaz. *Shakespeare and Race.* New York: UP of America, 2000.

Hooks, Roberta M. "Shakespeare's *Antony & Cleopatra." American Imago* 44.1 (1987): 37-49.

Howard, Jean. "Cross-dressing, The Theatre, and Gender Struggle in Early Modern England." *Shakespeare Quarterly* 39 (1988): 418-40.

Jankowski, Theodora A. "'As I am Egypt's Queen': Cleopatra, Elizabeth I, and the Female Body Politic." *Essays: Critical Approaches to Medieval and Renaissance Texts 5.* Ed. Peggy A Knapp. Pittsburgh: U of Pittsburgh P, 1989. 91-110.

Kahn, Coppelia. "Anthony's Wound." *Roman Shakespeare: Warriors, Wounds and Women.* London: Routledge, 1997. 110-43.

Loomba, Ania. *Gender, Race, Renaissance Drama.* Manchester: Manchester UP, 1989.

Madelaine, Richad. ed. *Shakespeare in Production*: Antony and Cleopatra. Cambridge: Cambridge UP, 1998.

Nagel, Joane. *Race, Ethnicity, and Sexuality.* Oxford: Oxford UP, 2003.

Plutarch. *Plutarch Roman Lives.* Trans. Robin Waterfield. Oxford: Oxford UP, 1999.

Said, Edward. *Orientalism.* New York: Vintage Books, 1979.

Singh Jyotsna. "Renaissance Anti-theatricality, Anti-feminism, and Shakespeare's *Antony and Cleopatra." Renaissance Drama* 20 (1989): 99-121.

Vaughan, V. M. Othello: *A Contextual History.* New York: Cambridge UP, 1994.

Yoors, Jan. *The Gypsies.* New York: Simon & Schuster, 1976.

■ 작품인용 원문

(4.12.9-17) All is lost!/ This foul Egyptian hath betrayed me./ My fleet hath yielded to the foe; and yonder/ They cast their caps up, and carouse together/ Like friends long lost. Triple-turn'd whore! 'tis thou/ Hast sold me to this novice, and my heart/ Makes only wars on thee. Bid them all fly;/ For when I am reveng'd upon my charm,/ I have done all.

(1.1.1-10) Nay, but this dotage of our general's/ O'erflows the measure. Those his goodly eyes,/ That o'er the files and musters of the war/ Have glow'd like plated Mars, now bend, now turn/ The office and devotion of their view/ Upon a tawny front; his captain's heart,/ Which in the scuffles of great fights hath burst/ The buckles on his breast, reneges all temper,/ And is become the bellows and the fan/ To cool a gipsy's lust.

(2.1.20-24) But all the charms of love,/ Salt Cleopatra, soften thy wan'd lip!/ Let witchcraft join with beauty, lust with both,/ Tie up the libertine in a field of feasts,/ Keep his brain fuming.

(1.3.2-5) See where he is, who's with him, what he does./ I did not send you. If you find him sad,/ Say I am dancing; if in mirth, report/ That I am sudden sick.

(1.3.76-80) I prithee, turn aside and weep for her,/ Then bid adieu to me, and say the tears/ Belong to Egypt. Good now, play one scene/ Of excellent dissembling, and let it look/ Like perfect honor.

(2.2.197-201) For her own person,/ It beggar'd all description: she did lie/ In her pavilion—cloth of gold of tissue—/ O'er-picturing that Venus where we see/ The fancy outwork nature.

(2.2.234-39) Age cannot wither her, nor custom stale/ Her infinite variety. Other women cloy/ The appetites they feed, but she makes hungry/ Where most she satisfies; for vilest things/ Become themselves in her, that the holy priests/ Bless her when she is riggish.

(3.10.17-23) She once being loof'd,/ The noble ruin of her magic, Antony,/ Claps on his sea-wing, and (like a doting mallard),/ Leaving the fight in heighth, flies after her./ I never saw an action of such shame;/ Experience, manhood, honour, ne'er before/ Did violate so itself.

(3.13.116-20) I found you as a morsel, cold upon/ Dead Caesar's trencher; nay, you were a fragment/ Of Gnaeus Pompey's—besides what hotter hours,/ Unregist'red in vulgar fame, you have/ Luxuriously pick'd out

(4.12.24-29) Betray'd I am./ O this false soul of Egypt! this grave charm,/ Whose eye beck'd forth my wars, and call'd them home,/ Whose bosom was my crownet, my chief end,/ Like a right gipsy, hath at fast and loose/ Beguil'd me, to the very heart of loss.

(3.11.56-61) Egypt, thou knew'st too well/ My heart was to thy rudder tied by the strings,/ And thou shouldst [tow] me after. O'er my spirit/ [Thy] full supremacy thou knew'st, and that/ Thy beck might from the bidding of the gods/ Command me.

9. 인종담론과 성담론에 대한 셰익스피어의 입장

셰익스피어 텍스트의 경우 인종담론과 성담론에 내포된 문제는 서로 분리되어 있지 않다. 그러므로 이를 분리하여 고찰하는 것이 아니라, 총체적으로 고찰해야 텍스트의 보다 온전한 의미가 드러날 수 있을 것이라는 것은 자명하다. 인종적 타자의 재현과 타자화 담론은 성적 타자의 그것과 서로 동떨어진 것이 아니기 때문이다. 지배담론을 통해 인종적 타자가 형성되고 텍스트에 재현되는 방식은 성적 타자가 남성중심적인 담론을 통해 형성되고 텍스트에 재현되는 방식과 그리 큰 차이가 없기 때문이다.

본 연구는 다음 네 가지 가설을 설정하고 연구 작업을 진행했다. 첫째, 인종의 '차이'와 성의 '차이'에 관련된 타자화 담론과 타자의 재현 방식은 서로 연관성을 갖고 작용하고 있다. 둘째, 한 텍스트에서 인종담론과 성담론이 갈등

관계에 있을 경우 인종담론이 성담론보다 우세하게 작용하며, 성담론은 인종담론을 강화하는데 기여한다. 셋째, 타자의 재현 방식에는 유사성이 있으나, 인종적 타자와 성적 타자의 '전복성'에는 차이가 있다. 넷째, 셰익스피어가 당대의 백인남성중심의 담론을 자신의 텍스트에 여과 없이 반영하고 있는 것은 아니다. 본 연구는 『오셀로』에서 데스데모나와 무어인 오셀로, 『타이터스 앤드로니커스』에서 타모라와 무어인 아론, 『태풍』에서 미란다와 인디언인 캘리밴, 『베니스의 상인』에서 포샤와 유대인 샤일록, 『안토니와 클레오파트라』에서 인종적 타자인 동시에 성적 타자로 재현되고 있는 클레오파트라를 논의의 초점으로 삼아 위의 가설에 무리가 없음을 확인했다.

셰익스피어가 활동했던 근대 초기는 인종담론이 광범위하게 유포되었던 시기였고 문명과 야만의 차이를 통해 제국주의의 지배를 정당화하려는 시기였다. 또한 남성중심의 가부장제가 여전히 광범위하게 실천되었던 시기였다. 당대의 지배담론은 항상 차이의 개념을 통해 정상과 비정상의 경계를 설정하고 타자를 억압해 왔다. 지배문화는 항상 그 문화 외부의 비정상적인 것을 드러내어 자신의 내적 기준을 설정하고, 서양의 정체성은 동양의 타자성과 대립되는 요소를 통해 형성된다는 사이드의 지적과, "자기 미화는 낯설고, 이상하거나, 적대감을 유발시키는 어떤 것과의 관계를 통해 작동"하며 서구중심 담론은 항상 타자의 부정적 재현을 통해 자신을 미화시킨다는 그린블랫의 지적은 셰익스피어의 경우에도 유효하다(Said 3, Greenblatt 9). 작가의 재현이든 역사적 기록이든 비평가의 반응이든 무대 위의 공연이든 "재현은 객관적 진실에 대한 중립적인 경험의 기록이 아니라 특정한 이해관계에 의해 형성된 구조물"이기 때문이다(Callaghan 50).

아피아(K. A. Appiah)는 "애초부터 인종이란 것은 이 세상에 존재하지 않았다"(35)고 주장한다. 하지만 인종이란 개념이 없다면 공통의 혈통과 언어와 역사와 전통을 가진 인간 집단을 무엇으로 규정할 것인가? 그의 지적은 인종개념을 부정하는 것이 아니라 임의적 구분과 차이에 의한 인종차별담론의 허구성을 지적하는 말일 것이다. 데리다는 "언어가 없다면 인종차별주의도 없다"고 주장한 바 있다(Derrida 292). 인간의 사회적 정체성의 형성에 언어의 중요성을 환기시키는 말이다. 사실 인종담론이 없다면 인종차별로부터 발생한 타자는 존재하지 않았을 것이다. 성적 타자 또한 마찬가지이다. 성차별담론이 없다면 애초에 성차별로부터 발생한 타자는 존재하지 않았을 것이다. 그러나 현대에도 인간들은 여전히 차이를 통해 자신을 규정하고, 차이를 통해 자신의 문화적 정체성을 규정한다. 부정적인 양상으로 진행되는 경우 차이는 타인에 대한 배제와 차별로 이어진다.

셰익스피어의 텍스트에서 남성과 여성의 차이를 희석시키려는 성적 타자의 시도는 어느 정도 성공하는 경우를 볼 수 있지만, 인종의 차이와 경계를 넘으려는 인종적 타자의 시도는 모두 실패한다. 이는 성적인 경계는 어느 정도 희석될 수 있지만 인종적 경계는 쉽게 희석될 수 없음을 시사한다. 이 책에서 다루는 여성인물들 중 포샤, 클레오파트라, 타모라는 어느 정도 전복성을 드러내면서 가부장제에 도전한다. 포샤는 남장을 통해, 클레오파트라는 성적 매력과 연극성을 통해, 타모라는 섹슈얼리티를 통해 남성중심 사회의 지배담론에 균열을 가한다. 여기서 균열을 가한다는 것은 그들의 시도가 어느 정도 남성중심의 사회의 위협으로 작용하지만 지배담론을 완전히 전복할 수준은 아니라는 말이다. 여성인물들이 남성들을 불안하게 만들고 위협적인 존재로 재현되고 있긴 하지만, 남성중심의 가부장제를 뒤집어엎고 새로운 세상을 만들 수 있을 만큼 강력한 것은 아니다.

셰익스피어의 텍스트에서 백인의 인종담론에 대한 유색인종의 저항과 전복적인 목소리가 들리지 않는 것은 아니지만, 이는 가부장제를 위협하는 여성의 전복성만큼 명시적인 것이 아니다. 인종적 타자인 샤일록, 캘리밴, 아론은 백인중심 사회에 저항하지만, 이들의 시도는 모두 실패한다. 여성의 저항이 제한된 범주에서 어느 정도 성공하고 있는 것과는 다른 상황이다. 그럼 인종담론과 성담론에 관한 셰익스피어의 태도는 어떠한가? 결론적으로 말하자면 그는 표면적으로 당대의 인종차별담론과 성차별담론 재현하고 있는 것 같으나, 암묵적으로는 도리어 이를 조롱하고 비판한다. 셰익스피어 역시 자신이 속했던 근대 초 영국의 사회적·문화적 전통으로부터 자유롭지 못했을 것이다. 이미 유색인종의 호색성과 야만성을 언급하는 많은 담론들이 유포된 상태에 있었고, 오랫동안 지배담론으로 군림해 온 가부장제가 당연시되었기 때문이다. 그럼에도 불구하고 셰익스피어는 여성의 종속과 인종적 차별을 무비판적으로 받아들이지는 않았다.

타자의 저항이 대부분 실패로 끝나고 있음에도 불구하고, 셰익스피어는 그들이 무대 전면에서 자신의 목소리를 낼 수 있도록 허용하고, 지배문화에 대한 그들의 불만과 저항이 근거가 있음을 드러낸다. 셰익스피어는 자신의 작품에서 인종차별담론과 성차별담론이 타자의 절대적 열등성과 야만성에 근거를 두고 있는 것이 아니라, '차이'와 그 차이의 소멸에 대한 지배 집단의 두려움에 근거를 두고 있다는 점을 끊임없이 상기시킨다. 예를 들어 『베니스의 상인』에서 여성의 남장은 남성과 여성이 차이와 경계를 무너뜨린다. 법복을 입은 포샤는 복장전도를 통해 '남성적' 힘을 전유하고, 남장한 포샤는 반지 트릭을 통해 남성들을 불안하게 하고 무력화시킨다. 셰익스피어는 이처럼 남장한 포샤의 행동과 반지를 둘러싼 남녀의 반응을 통해 여성의 남장에 관한 당대의 긴장과 불안감을 재현할 뿐만 아니라, 고정된 것으로 간주되었던 남성과 여성의 이분법적 경계와 차이에 의문을 표한다. 그러므로 『베니스의 상인』은 당대 가부장제를 여과 없이 받아들이고 이를 승인하는 텍스트가 아니다.

『안토니와 클레오파트라』 또한 가부장제를 승인하는 텍스트가 아니다. 클레오파트라와 안토니의 관계를 재현하면서 셰익스피어는 가부장제가 당연시하는 남녀 사이의 지배 종속의 틀을 허물고 있다. 클레오파트라를 자신의 섹슈얼리티를 통해 로마의 백인 남성들을 위협하고, 연극성을 통해 백인 남성중심 담론에 균열을 가하는 전복적인 인물로 재현하기 때문이다. 클레오파트라를 두고 창녀라는 이미지가 백인 등장인물들을 통해 반복적으로 전달되고 있지만, 셰익스피어의 시각이 등장인물들의 시각과 일치하는 것은 아니다. 왜냐하면 클레오파트라가 창녀라는 비난은 역으로 그러한 담론을 유포하는 로마 남성의 이미지를 흐리게 하기 때문이다. 셰익스피어는 창녀라고 비난하면서도 그 창녀의 족쇄에서 벗어나지 못하는 안토니의 우둔한 행동을 통해 남성중심의 가치에 의문을 표한다. 뿐만 아니라 로마 남성을 통제하는 영리한 클레오파트라를 통해 여성의 전복성과 백인 남성중심 문화의 균열을 은밀하게 드러낸다. 『타이터스 안드로니커스』의 타모라 또한 대단히 전복적인 인물이다. 타모라는 남편인 로마황제를 배반하고 자신의 노예인 아론과 놀아나면서 섹슈얼리티를 강력하게 드러내는데, 셰익스피어는 타모라를 혼외정사를 통해 부계로 이어지는 가부장제의 근간을 흔드는 위협적인 인물로 제시한다.

근대 초 영국에서 남성들은 남성의 권위에 도전하는 여성들을 가부장제 사회를 위협하는 존재로 규정하고 여성혐오담론을 구사하며 억압했다. 마녀의 개념을 억세고 말이 많은 여성과 결부시켜 마녀사냥을 자행했던 것도 사실이다. 셰익스피어 텍스트에서 여성에 대한 남성인물들의 묘사가 작가인 셰익스피어의 인식과 일치하는 것은 아니지만, 셰익스피어라는 남성 작가의 정체성 역시 당대 가부장제와 무관하지만 않았을 것이다. 셰익스피어 역시 식민팽창주의가 시작되었던 근대 초 영국이란 가부장적 사회의 백인 남성작가였기 때문이다. 하지만 셰익스피어가 가부장제를 비판 없이 수용했던 당대의 다른 남성 작가에 비해 비교적 진보적 태도를 취하고 있다는 점은 부인할 수 없다. 셰익스피어가 이 시대의 가부장적 사고에 전적으로 공감하고 작품을 통해 이를 강화하고 있다고 볼 수는 없다는 말이다. 도리어 셰익스피어는 이런 억압적인 가부장제 사회에서도 자의식이 발달한 여성들이 활발하게 움직이고 있다는 것을 제시한다.

인종의 차이에 대한 셰익스피어의 시각 역시 당대의 고정관념을 여과 없이 반복하는 것은 아니다. 예를 들어 유럽과 신대륙의 대치라는 심각한 문제를 다루고 있는 『태풍』은 인종적 차이에 따른 문명과 야만의 경계와 원주민 통제의 정당성을 의문시하는 텍스트로 간주할 수 있다. 셰익스피어는 캘리밴에 대한 프로스테로의 지배를 당연시하지 않는다. 그리하여 캘리밴의 예속을 그가 본질적으로 열등하기 때문이 아니라 제국주의의 표상인 프로스페로가 구축한 공간에서 살아야만 하는 상황에 기인한 것으로 재현한다. 또한 캘리밴에 대한 프로스페로의 행위가 인도주의라는 명분 아래 은폐되어 있는 억압과 착취에 다름 아님을 강조한다. 프로스페로에 의해 문명 부재의 섬으로 규정된 캘리밴의 섬과 프로스페로가 식민담론의 정당성을 강화시키는 방편으로 전유된 '야만인'으로서의 캘리밴의 존재는 도리어 서구문명 속에 은폐되어 있는 식민담론의 부정성과 야만성을 드러낸다. 『태풍』은 지배담론에 저항하는 캘리밴의 목소리를 확대하여 들려주면서 지배의 정당성을 의문시하고, 캘리밴이 무대 위에서 자신을 억압하는 식민지배자에게 항의하도록 허용하고 있는 텍스트이다.

그럼 『오셀로』의 경우는 어떠한가? 무어인인 오셀로는 베니스의 장군임에도 불구하고 수많은 인종차별담론의 대상이다. 오셀로에게 투사된 인종담론이 당대 백인 사회의 지배적 담론이라는 점에는 별 이견이 없지만, 셰익스피어가 무어인에 대한 당대의 인종차별담론을 여과 없이 반영했던 것은 아니다. 그는 오셀로를 멸시하는 인종차별의 주범인 이아고를 가장 부정적인 인물로 그리고 있고, 오셀로를 관객의 연민을 자아내는 인물로 재현하고 있기 때문이다. 인종의 차이에 대한 셰익스피어의 입장이 이아고라는 인물을 통해 전달되고 있는 것은 아니다. 즉 인종에 대한 작가의 관점과 극중 인물인 이아고의 관점은 일치하지 않는다. 도리어 셰익스피어는 이러한 인종차별담론을 거침없이 구사하는 이아고를 이 극에서 가장 악한 인물로 형상화한다. 셰익스피어는 인종적 타자를 멸시하는 이아고를 그가 야만인이라고 하는 오셀로보다 더 야만적이고 악마적인 인물로 재현한다. 인종적 차이와 인종적 재현에 관한 셰익스피어의 입장이 아이러니를 통해 드러나기도 한다. 『베니스의 상인』이 그런 경우다.

『베니스의 상인』에 유대인 고리대금업자에게 아로새겨진 당대의 고정관념이 드러나고 있는 것이 사실이다. 그러나 그 고정관념이 셰익스피어 자신의 고정관념은 아니며, 자비를 설파하는 공작과 포샤의 목소리가 셰익스피어의 입장을 대변하는 것도 아니다. 이 작품에서도 셰익스피어는 자신의 입장을 명시적으로 드러내지 않는다. 그러나 텍스트에 내재한 아이러니를 읽어낼 수 있다면, 셰익스피어가 기독교인의 도덕성과 자비심에 의문을 제기하고 있다는 것을 알 수 있다. 셰익스피어는 기독교인의 '자비'를 높이 평가하고 샤일록의 잔인성을 일방적으로 비난하면서 유대인에 대한 편견을 강화하고 있는 반유대주의자가 아니다. 그는 다만 반유대주의가 팽배했던 엘리자베스 시대의 극장에서 흥행을 염두에 두지 않을 수 없었던 극작가인 동시에 자신의 문화에 내재한 치부를 아이러니를 통해 드러내지 않을 수 없었던 예술가였다. 당대 관중을 의식하는 셰익스피어의 극작가적 의식은 유대인을 희생양으로 삼게 하지만, 당대 지배문화의 모순을 감지한 셰익스피어의 예술가적 의식은 유대인의 희생을 둘러싼 기독교인들의 외양과 내실의 괴리를 드러내고, 이를 아이러니라는 장치를 통해 드러낸다.

유대인과 기독교인 사이에는 차별성이 아니라 도리어 동질성이 존재한다는 것은『베니스의 상인』이 제공하는 주요한 아이러니이다. 재판에 패한 샤일록에게 기독교인으로 개종하라고 종용하는 기독교인들의 행위는 육체적 폭력 이상의 정신적 폭력이다. 유대인 나름의 고유한 영혼을 파괴하려고 하기 때문이다. 셰익스피어는 샤일록의 복수가 명시적이라면 기독교인의 복수는 암묵적이라는 것을, 기독교인의 기만적 자비와 샤일록이 대변하는 잔인한 폭력이 서로 크게 다를 바 없다는 것을 보여주면서, 타자를 억압하는 당대 기독교 문화의 부정적 면모를 드러낸다. 3막 1장에 등장하는 샤일록의 대사는 종교적 타자뿐만 아니라 모든 인종적 타자의 강력한 항변일 것이다. "유대인은 눈이 없소? 유대인은 손과 오장육부도, 사지와 감각도, 욕구와 감정도 없단 말이요? 우리 유대인도 당신네 기독교인들처럼 같은 음식을 먹고, 같은 무기에 상처를 입고, 같은 병은 같은 약으로 치료되고, 당신들처럼 여름이면 덥고 겨울이면 같은 추위를 느끼죠." 이처럼 셰익스피어는 무대 위에서 타자가 항변할 수 있는 여지를 남겨두고, 억압되고 지워진 목소리를 내게 한다. 그러므로『베니스의 상인』은 유대인에 관한 당대의 인종담론을 일방적으로 승인하지 않을 뿐만 아니라 인종차별을 강화하고 있는 텍스트는 더더욱 아니다. 이는 다른 작품에서도 마찬가지이다.

남성과 여성의 관계에서 동질 문화 가운데 발생하는 '타자화'의 문제를 볼 수 있다면, 유색인종과 이교도에게 주어진 배제와 멸시에서 이질 문화 사이에 발생하는 '타자화'의 문제가 부각되고 있음을 볼 수 있다. 그러나 동질 문화 내의 타자화의 문제는 이질 문화 사이에 발생하는 타자화의 문제만큼 심각한 것은 아니다. 동질 집단 내의 젠더의 문제가 이질 집단 사이의 인종문제에 비해 상대적으로 심각하지 않다는 말이다. 셰익스피어 텍스트에서 인종적 타자의 저항은 대부분 실패하지만 여성의 저항과 전복은 어느 정도 성공하는 경우를 볼 수 있기 때문이다. 셰익스피어가 자신 작품을 통해 보여주는 것은 인종차별주의가 아니라 인종담론에 내포된 문제이고 성차별주의가 아니라 이에 내포된 문제이다.

■ 인용문헌

Alexander, Catherine M. S. and Stanley Wells, eds. *Shakespeare and Race.* Cambridge: Cambridge UP, 2000.

Appiah, K. A. "The Uncompleted Argument: Du Bois and the Illusion of Race." *'Race,' Writing, and Difference.* Ed. H. L. Gates Jr. Chicago: U of Chicago P, 1985. 21-37.

Callaghan, Dympna.. "Representing Cleopatra in the Post-colonial Moment." *Antony and Cleopatra.* Ed. Nigel Wood. Buckingham: Open UP, 1985. 40-65.

Derrida, Jacques. "Racism's Last Word." Trans. Peggy Kamuf. *Critical Inquiry* 2 (1985): 290-99.

Greenblatt, Stephen Jay. *Renaissance Self-Fashioning: From More to Shakespeare.* Chicago: Chicago UP, 1980.Said, Edward. *Orientalism.* New York: Vintage Books, 1979.

Said, Edward. *Orientalism.* New York: Vintage Books, 1979.

맺음말

셰익스피어 작품에 반영된 인종담론과 성(性)담론을 논의하는 과정에서 아쉬운 점은 인종의 차이이든 젠더의 차이이든 그 '차이'가 다름과 다양성으로 인식되지 않고 차별로 이어지고 있다는 점이다. 인간이 동질성을 통하여 자신의 정체성을 드러내고 이질성을 통하여 자신의 정체성을 강화하는 현상은 비단 문학적 재현에 국한된 현상만은 아니다. 인간 투쟁의 역사에서 이질성은 항상 갈등의 단초로 작용해 왔고, 힘을 가진 쪽은 항상 자신과 다른 문화를 야만의 이름으로 억압해 왔다. 그리하여 벤야민은 "문명의 기록치고 야만의 기록이 아닌 것은 없다"고 주장하면서 문명의 야만성을 지적한 바 있다.

담론과 문학적 재현은 항상 정치성을 띠고 있고, '타자화'의 주요한 도구이다. 인종담론과 성담론을 통해 자신과 '차이'가 있는 인종과 젠더에 권력 관계를 명시한다는 말이다. 그러므로 인종과 성에 관련된 재현에는 항상 정당성의 문제가 내포되어 있다. 남성중심의 성담론이든 백인중심의 인종담론이든 정당성을 확보하기 위해서는 자신만을 중심으로 인식하는 배타성을 떨치고 개방성을 확보해야 할 것이다. 그러나 이는 문학적 재현에서도 현실에서도 쉽지 않다.

'여성'이란 존재가 가부장제 사회 속에서 형성된 일종의 문화적 기호라면 순종과 침묵을 강요하면서 '여성다움'을 규정하는 기준 역시 가변적이다. 유색인종의 야만성과 열등성을 강조하면서 문명과 야만을 규정하는 기준 역시 백인중심의 임의적 기준이다. 르네상스 시대의 유색인종에게 투사된 야만적 이미지는 백인중심 담론이 만들어낸 허구적 이미지이고, 여성에 대한 부정적 이미지 역시 가부장제를 근간으로 하는 남성중심 담론이 만들어낸 허구적 이미지이다. 타자에게 부과된 야만성이 지배 담론과의 '차이'로부터 발생하는 인위적인 개념이라는 말이다.

백인 남성중심의 지배담론은 '차이'를 통해 가치 기준을 설정하고, 이 가치 기준에서 이탈하는 행위를 '비정상적'인 행동으로 규정한다. 백인 남성들은 인종적 타자와 성적 타자의 저항을 봉쇄함으로써 '문명인'으로서의 권위와 가부장적 권위를 확립하려고 한다. 그러나 지배문화에 속한 그들의 존재가 항상 안전한 것은 아니다. 셰익스피어 텍스트에 드러난 극단적인 여성 억압의 양상은 역설적으로 거센 여성, 즉 자기 주장과 욕망을 적극적으로 드러내는 여성에 대한 남성의 불안과 긴장을 표출하고 있다. 극단적 인종 억압 역시 지배의 불안과 긴장을 드러내고 있다. 셰익스피어의 텍스트에서 하위주체의 '억제된' 담론은, 그 수사적 장치를 통해 '표현된' 담론만큼이나 많은 것을 말해주며, 작가는 지배담론에 균열을 가하는 하위주체의 목소리를 통해 백인 남성중심 사회의 모순을 은밀하게 조롱하고 폭로한다. 캘리밴이 패로디를 통해 지배 권력을 조롱하며, 클레오파트라가 연기를 통해 남성중심의 가부장제를 조롱하게 하는 것이 그 예이다.

인종과 성(性)의 경계를 넘어 다양한 문화가 공존하는 열린 세계와 서로 다른 이들이 어우러져 아름다운 화음을 내는 세상은 요원한가? 열린 세계는 포함과 배제의 강압적 원리가 작동하지 않는 곳에서 가능하고, 아름다운 화음은 서로 다른 다양한 것들의 울림을 들을 수 있을 때 가능하다. 차이를 차별이 아니라 다름으로 수용하지 않는 세상에서 평화를 기대하긴 어렵다. 현재 세상은 경제와 문화적 관점에서는 민족과 국가 간의 경계가 사라진 다문화 시대로 이동하고 있다. 그럼에도 불구하고 인간이 경계를 설정하고 차이를 명시하여 자신과 타자를 구분하려는, 그리고 권력관계를 구축하려는 정치적 욕망을 배제하기는 여전히 쉽지 않다. 하지만 모두가 같다면 이 세상은 얼마나 단조로운가? 인간은 인간대로 들꽃은 들꽃대로 다람쥐는 다람쥐대로 나름의 생명력을 유지하고 있다. 각자가 다른 소리를 내고 있어 더 특별하고 아름답다.

사무엘 존슨(Samuel Johnson)은 셰익스피어의 작품들을 다양한 수목들이 우거진 숲으로 비유했고 거듭 파내어도 "그 끝이 보이지 않는 풍성한 금과 다이아몬드를 매장하고 있는 광산"으로 간주했다. 사실 셰익스피어의 텍스트는 어느 단일한 의미에 매어있지 않다. 어느 단일한 비평적 접근에도 매어 있지 않다. 셰익스피어의 텍스트는 항상 그 의미를 열어놓고 있는 개방적 텍스트이기 때문이다. 그리고 이 개방성이 르네상스 시대부터 현대에 이르기까지 수많은 논의를 가능하게 하는 요소일 것이다. 우리의 시각이 기존의 지배적 비평 '담론'에서 자유롭다면 텍스트의 새로운 의미를 찾아 떠나는 여정은 계속될 것이다. 하지만 셰익스피어 작품에 반영된 인종담론과 성(性)담론의 정치성을 읽어 내려는 이 연구가 셰익스피어의 개방성에 흠집을 내지 않을까 걱정이다. 필자의 시각이 현재의 지배적 비평 담론인 문화유물론과 페미니스트 비평의 논의에 상당 부분 매어 있기 때문이다.

이 저술을 준비하면서 기존에 발표했던 본인의 논문들을 참조했다. 대부분의 경우 저술의 주제와 상응하도록 변형하고 수정하여 사용했으며 재인용 출처는 따로 밝히지 않았다. 저술에 참조한 본인 논문의 리스트는 다음과 같다.

“『폭풍우』에 나타난 문명의 야만성과 야만인의 문화.” 『영어영문학』 41 (1995): 167-89; “타자로서의 유태인: 『베니스의 상인』 연구.” Shakespeare Review 31 (1997): 121-50; “여성혐오담론과 남성의 소유의식: 『오셀로』의 경우.” Shakespeare Review 34 (1998): 171-94; “클레오파트라의 연극성과 전복성.” 『영어영문학』 50 (2004): 797-817; “인종담론과 성담론: 『오셀로』와 『안토니와 클레오파트라』의 경우.” 『영미어문학』 74 (2005): 165-98; “이아고에 대한 비평 개관.” Shakespeare Review 41 (2005): 375-98; “포셔의 남장과 반지 트릭: 『베니스의 상인』.” 『영어영문학』 53 (2007): 673-98.

인용문헌

김민경. "『타이터스 앤드로니커스』에 나타난 인종담론과 성담론." 『신영어영문학』 37 (2007): 21-41.

김성환. "내 수족이 날 가르칠 셈인가?: 『태풍』에 나타난 침묵을 강요받는 여성들." *Shakespeare Review* 36.4 (20000): 725-51.

김종환. "『폭풍우』에 나타난 문명의 야만성과 야만인의 문화." 『영어영문학』 41.1 (1995): 167-89.

____. "클레오파트라의 연극성과 전복성" 『영어영문학』 50.3 (2004): 797-817.

김화선. "초기 식민주의 담론에 나타난 기독교적 팽창주의와 여성의 몸—콜럼부스의 『일기』와 셰익스피어의 『폭풍』을 중심으로." *Shakespeare Review* 38.3 (2002): 931-51.

몽테뉴. 『몽테뉴 수상록』(*Montaigne Les Essais*). 손우성 역. 서울: 동서문화사, 2009.

박두현. "'Mine own gain'd knowledge': 자기지식과 불확실성의 문제—이아고를 중심으로." *Shakespeare Review* 42.1 (2006): 5-22.

신문수. 『타자의 초상: 인종주의와 문학』. 서울: 집문당, 2009.

이경원. 『검은 역사 하얀 이론』. 서울: 한길사, 2011.

이미영. "억압과 전복 사이: 간통의 모티프를 중심으로." *Shakespeare Review* 42.2 (2006): 317-37.

이용은. "『타이터스 앤드로니커스』: 남성에게 던지는 메두사의 시선, 그리고 응시." *Shakespeare Review* 34.1 (1998): 255-85.

이종훈 역. 『콜럼버스 항해록』(*The Voyage of Christopher Columbus: Columbus's own Journal of Discovery*, ed. by Cristobal Colon). 서울: 서해문집, 2004.

이진우 외. "담론이란 무엇인가." 『철학연구』 56 (1996): 257-90.

이혜경 외. 『셰익스피어 연극 사전』. 서울: 도서출판 동인, 2005.

임이연. "종교개혁과 잔혹무대—『타이터스 앤드로니커스』의 역사적 읽기." 『영어영문학』 53.4 (2007): 651-71.

최영주. “『오셀로』에 반영된 초기 근대 사회의 ‘계급·인종·성’의 담론.” 『영어영문학』 45.1 (1999): 75-96.

푸코, 미셸. 『말과 사물』(*Les mots et les choses,* 1966). 이광래 역. 서울: 민음사, 1986.

_____. 『광기의 역사』. 김부용 역. 서울: 인간사랑, 1991.

_____. 『지식의 고고학』(*L'archéologie du savoir*, 1969). 이정우 역. 서울: 민음사, 1992.

_____. 『담론의 질서』(*L'ordre du discours*, 1971). 이정우 역. 서울: 도서출판 새길, 1993.

플라마리옹. 『클레오파트라: 파라오의 사랑과 야망』. 지현 역. 서울: 시공사, 2002.

Adelman, Janet. “Iago's Alter Ego: Race as Projection in *Othello*.” *SQ* 48 (1997): 125-44.

Alexander, Catherine M. S. and Stanley Wells, eds. *Shakespeare and Race.* Cambridge: Cambridge UP, 2000.

Althusser, Louis. “Ideology and Ideological State Apparatuses.” *Lenin and Philosophy and Other Essays*. Trans. Ben Brewster. London: New Left Books, 1977.

Appiah, K. A. “The Uncompleted Argument: Du Bois and the Illusion of Race.” *'Race,' Writing, and Difference*. Ed. H. L. Gates Jr. Chicago: U of Chicago P, 1985. 21-37.

Ashcroft, Bill, Gareth Griffiths and Helen Tiffin. *The Empire Writes Back*. New York: Routledge, 1989.

Auden, W. H. “Brothers and Others.” *Shakespeare: The Merchant of Venice*. A Casebook. Ed. John Wilders. London: Macmillan, 1969. 224-40.

Baber, C. L. *Shakespeare's Festive Comedy: A Study of Dramatic Form and its Relation to Social Custom*. Princeton: Princeton UP, 1959.

Bakhtin, M. *The Dialogic Imagination: Four Essays.* Ed. Michael Holoquist, Trans. M. Holoquist and Caryl Emerson. Austin: U of Texas P, 1981.

Barker, Francis and Peter Hulme. “Nymphs and Reapers Heavily Vanish: The

Discursive Con-Texts of *The Tempest*." *Alternative Shakespeares*. Ed. John Drakakis. London: Methuen, 1985. 191-205.

Barker, Kenneth, ed. *The NIV Study Bible*. Grand Rapids: Zondervan Pub., 1985.

Barrett, Michèle. "Ideology and the Cultural Production of Gender." *Feminist Criticism and Social Change: Sex, Class and Race in Literature and Culture*. Eds. Judith Newton and Deborah Rosenfelt. New York: Methuen, 1985. 65-85.

Bartels, Emily C. "Making More of the Moor: Aaron, Othello, and Renaissance Refashionings of Race." *SQ* 41 (1990): 433-54.

Barthe, Roland. *Image-Music-Text*. Trans. Stephen Heath. London: Fontana, 1977.

Barthelemy, Anthony. *Black Face Maligned Race: The Representation of Blacks in English Drama from Shakespeare to Southerne*. Baton Rouge: Louisiana State UP, 1987.

Belsey, Catherine. *Critical Practice*. London: Methuen, 1980.

_____. *The Subject of Tragedy: Identity and Difference on Renaissance Drama*. London: Methuen, 1985.

_____. "Disrupting Sexual Difference: Meaning and Gender in the Comedies." *Alternative Shakespeare*. Ed. John Drakakis. London: Methuen, 1985. 166-90.

_____. "Love in Venice." *Shakespeare Survey* 44 (1992): 41-53.

_____. "Cleopatra's Seduction." *Alternative Shakespeare*. Vol 2. Ed. Terence Hawkes. London: Routledge, 1996. 38-62.

Benveniste, Emil. *Problems in General Linguistics*. Miami: U of Miami P, 1971.

Berger, Harry. "Marriage and Mercifixion in *The Merchant of Venice*: The Casket Scene Revisited." *Shakespeare Quarterly* 32 (1981): 155-62.

Bhabha, Homi K. *The Location of Culture*. London: Routledge, 1993.

Bodkin, Maude. *Archetypal Patten in Poetry*. Oxford: Oxford UP, 1934.

Boon, James A. *Other Tribes, Other Scribes: Symbolic Anthropology in the Comparative Study of Cultures, Histories, Religious, and Texts*. Cambridge: Cambridge UP, 1982.

Boose, Linda. "Othello's Handkerchief: The Recognizance and Pledge of Love." *ELR* 5 (1975): 355-64.

_____. "The Comic Contract and Portia's Golden Ring." *Shakespeare Studies* 20 (1988): 241-54.

_____. "The Getting of a Lawful Race." *Women, Race, and Writing in the Early Modern Period.* Ed. M. Hendricks and P. Parker. London: Routledge, 1994. 35-54.

Bradbrook, M. C. *Shakespeare and Elizabethan Poetry*. London: Chatto and Windus, 1951.

Bradley, A. C. *Shakespearean Tragedy: Lectures on Hamlet, Othello, King Lear, Macbeth.* 1904. 3rd ed. London: Macmillan, 1992.

Bristol, Michael D. "Charivari and the Comedy of Abjection." *Materialist Shakespeare*. London: Verso, 1995. 142-56.

Brown, John Russel. "Introduction." *The Merchant of Venice*. Ed. J. R. Brown. London: Methuen, 1979.

Brown, Paul. "'This Thing of Darkness I Acknowledge Mine': *The Tempest* and the Discourse of Colonialism." *Political Shakespeare: New Essays in Cultural Materialism.* Eds. Jonathan Dollimore and Alan Sinfield. Manchester: Manchester UP, 1985. 48-71.

Bugner, Ladislas. "Introduction." *The Image of the Black in Western Art: From the Pharaohs to the Fall of the Roman Empire*. Ed. Jean Vercoutter et. al. Cambridge: Harvard UP, 1976. 9-32.

Buhler, Stephen M. *Shakespeare in the Cinema: Ocular Proof.* Albany: State U of New York P, 2002.

Bullough, Vern L. and Bonnie Bullough. *Crossdressing, Sex, and Gender*. Philadelphia: U of Pennsylvania P, 1993.

Burckhardt, Sigurd. "*The Merchant of Venice*: The Gentle Bond." *Shakespeare: The Merchant of Venice.* Ed. John Wilders. London: Macmillan, 1969. 208-23.

Callaghan, Dympna.. "Representing Cleopatra in the Post-colonial Moment." *Antony and Cleopatra.* Ed. Nigel Wood. Buckingham: Open UP, 1985. 40-65.

_____. "What''s at Stake in Representing Race?" *Shakespeare Studies* 26 (1998): 21-26.

Cartelli, Thomas. "Shakespeare's Merchant, Marlowe's Jew: The Problem of Cultural Difference." *Shakespeare Studies* 20 (1988): 255-60.

Charlton, H. B. *Shakespearian Comedy*. 1938. London: Methuen, 1984 Rpt.

Chaucer, Geoffrey. *Chaucer's Major Poetry*. Ed. A. C. Baugh. Englewood Cliffs, N.J.: Prentice-Hall, 1963.

Chedgzoy, Kate. *Shakespeare, Feminism and Gender*. London: Macmillan, 2001.

Cixous, Helene. "Sorties: Out and Out: Attacks/Ways Out Forrays." *The Newly Born Woman*. 1975. By Helene Cixous and Catherine Clement. Trans. Betsy Wing. Minneapolis: U of Minnesota P, 1986. 63-132.

Cleaver, R. *A Godly Forme of Household Government for the Ordering of Priu(v)ate Families, According to Direction of Gods Word*. London: Printed by Thomas Creede for Thomas Man, 1603.

Cohen, D. M. "The Jew and Shylock." *SQ* 31 (1980): 53-63.

Cohen, Walter. "*The Merchant of Venice* and the Possibilities of Historical Criticism." *ELH* 49 (1982): 765-89.

Collier, Andrew. "In Defence of Epistemology." *Issues in Marxist Philosophy*. Vol.3. Eds. John Mepham and D. H. Ruden. Brighton: Harvester, 1979.

Cowhig, Ruth. "Blacks in English Renaissance and the Role of Shakespeare's Othello." *The Black Presence in English Literature*. Ed. David Dabydeen. Manchester: Manchester UP, 1985. 1-25.

Culler, Jonathan. *On Deconstruction*. Ithaca: Cornell UP, 1982.

D'Amico, Jack. *The Moor in English Drama*. Tampa: U of South Florida P, 1991.

De Sousa, Geraldo U. *Shakespeare's Cross-Cultural Encounters*. London: Macmillan, 1999.

Derrida, Jacques. "Racism's Last Word." Trans. Peggy Kamuf. *Critical Inquiry* 2 (1985): 290-99.

Detmer-Goebel, Emily. "The Need for Lavinia's Voice: *Titus Andronicus* and the Telling of Rape." *Shakespeare Studies* 29 (2001): 75-92.

Dobson, Michael. *The Oxford Companion to Shakespeare*. Oxford: Oxford UP, 2001.

Dollimore, Jonathan and Alan Sinfield, ed. *Political Shakespeare: New Essays in Cultural Materialism*. Manchester: Manchester UP, 1985.

Donaldson, Laura E. *Decolonizing Feminisms: Race, Gender and Empire Building*. London: Routledge, 1992.

Drakakis, John. "The Engendering of Toads." *Shakespeare Jahrbuch* 124 (1998): 62-80.

Du Bois, W. E. B. *The Oxford W. E. B. Du Bois Reader*. Ed. Eric J. Sundquist. Oxford: Oxford UP, 1966.

Dusinberre, Juliet. *Shakespeare and the Nature of Women.* New York: Barnes & Noble, 1975.

Eagleton, Terry. *Marxism and Literary Criticism*. London: Methuen, 1976.

Easthope, Antony. *Poetry As Discourse.* New York: Methuen, 1983.

Empson, William. "Honest in *Othello." The Structure of Complex Word.* Cambridge: Harvard UP, 1951. 218-49.

Erickson, Peter. *Patriarchal Structures in Shakespeare's Drama*. Berkeley: U of California P, 1985.

Evans, K. W. "The Racial Factor in *Othello*." *Shakespeare Studies* 5 (1969): 124-40.

Fanon, Frantz. *Black Skins, White Masks*. Trans. Charles Lam Markmann. London: Pluto, 1986.

Felixe, Schelling. "The Supernatural in Old English Drama." *Shakespesre and Demi-Science*. New York: Pennsylvania UP. 158-79.

Fiedler, Leslie A. *The Stranger in Shakespeare*. New York: Stein and Day, 1972.

Foucault, Michel. "Nietzsche, die Genealogie, die Historie." *Von der Subversion des*

Wissens. Frankfurt, 1978.

_____. *The History of Sexuality,* Vol 1. Harmondsworth: Pelican, 1981.

_____. "What Is an Author?" *The Foucault Reader.* Ed. Paul Rabinow. New York: Pantheon Books, 1984.

Frey, Charles. "*The Tempest* and the New World." *SQ* 30.1 (1979): 29-41.

Friedlander, G. *Shakespeare and the Jew.* London: Routledge & Kegan Paul, 1921.

Fuchs, Eduard. *Illustrierte Sittengeschichte vom Mittelalter bis zur Gegenmart: Renaissance.* Frankfurt: Fischer, 1985. 『풍속의 역사 II: 르네상스』 이기웅, 박종만 역. 서울: 까치 글방, 1986.

Garber, Marjorie. *Vested Interests: Cross-dressing and Cultural Anxiety.* New York: Routledge, 1997.

Girard, René. "To Entrap the Wisest." *William Shakespeare's* The Merchant of Venice. Ed. Harold Bloom. New York: Chelsea House, 1986. 91-105.

Goddard, Harold C. "The Three Caskets." *Shakespeare*: *The Merchant of Venice*. A Casebook. Ed. John Wilders. London: Macmillan, 1969. 142-63.

Grebanier, Bernard. *The Truth about Shylock.* New York: Random House, 1962.

Green, Douglass E. "Interpreting 'her martyr'd signs'." *Shakespeare Quarterly* 40 (1989): 316-26.

Greenblatt, Stephen J. *Renaissance Self-fashioning: From More to Shakespeare.* Chicago: U of Chicago P, 1980.

Greene, Gayle. "This that you call love: Sexual and Social Tragedy in *Othello*." *Journal of Women's Studies in Literature* 1.1 (1979): 16-32.

Griffiths, Trevor R. "'This Island's mine': Caliban and Colonialism." *Yearbook of English Studies* 13 (1983): 159-80.

Habib, Imtiaz. "Aaron and the Lost Blacks of Andronician Rome." *Shakespeare and Race: Postcolonial Praxis in the Early Modern Period.* New York: UP of America, 2000. 87-120.

Hall, Kim. *Things of Darkness: Economics of Race and Gender in Early Modern*

England. Ithaca: Cornell UP, 1995.

Hankins, John E. "Caliban the Bestial Man." *PMLA* 62 (1947): 793-801.

Hantman, Jeffrey L. "Caliban's Own Voice: American Indian Views of the Other in Colonial Virginia." *New Literary History* 23 (1992): 69-81.

Harris, Bemard. "A Portrait of a Moor." *Shakespeare and Race*. Ed. Catherine M. S. Alexander and Stanley Wells. Cambridge: Cambridge UP, 2000. 23-36.

Harris, Bernice. "'Sexuality as a Signifier for Power Relations: Using Lavinia, of Shakespeare's *Titus Andronicus*." *Criticism* 38.3 (1996): 383-406.

Hawkes, Terence. "Swisser-Swatter: Making a Man of English Letters." *Alternative Shakespeares*. Ed. John Drakakis. London: Methuen; 1985. 26-46.

____. "Shakespeare and New Critical Approaches." *The Cambridge Companion to Shakespeare Studies*. Ed. Stanley Wellls. Cambridge: Cambridge UP, 1986. 287-302.

Hendricks, Margo. "'The Moor of Venice,' or the Italian on the Renaissance English Stage." *Shakespeare Tragedy and Gender*. Eds. S. N. Garner and M. Sprengnether. Bloomington: Indiana UP, 1996. 193-209.

Hendricks, Margo and Patricia Parker, eds. *Women, 'Race', and Writing in the Early Modern Period.* London: Routledge, 1994.

Herrmann, Anne. "Travesty and Transgression: Transvestism in Shakespeare, Brecht, and Churchill." *Theatre Journal* 41.2 (1989): 133-54.

Hooks, Roberta M. "Shakespeare's *Antony & Cleopatra." American Imago* 44.1 (1987): 37-49.

Howard, Jean. "Cross-dressing, The Theatre, and Gender Struggle in Early Modern England." *Shakespeare Quarterly* 39 (1988): 418-40.

Hulme, Peter. *Colonial Encounters: Europe and the Native Caribbean, 1492-1797.* London: Methuen, 1986. 89-134.

Hunt, Maurice. "Compelling Art in *Titus Andronicus." SEL* 28 (1988): 197-218.

Hunter, G. K. "*Othello* and Colour Prejudice." *Dramatic Identities and Cultural*

Tradition. Ed. G. K. Hunter. Liverpool: Liverpool UP, 1978. 31-59.

_____. "Elizabethan and Foreigners." *Shakespeare and Race.* Eds. Catherine M. S. Alexander and Stanley Wells. Cambridge: Cambridge UP, 2000. 37-63.

Jakobson, Roman. "Linguistics and Poetics." *Language in Literature.* Eds. K. Pomorska and S. Rudy. Cambridge: Harvard UP, 1987.

Jankowski, Theodora A. "'As I am Egypt's Queen': Cleopatra, Elizabeth I, and the Female Body Politic." *Essays: Critical Approaches to Medieval and Renaissance Texts 5.* Ed. Peggy A Knapp. Pittsburgh: U of Pittsburgh P, 1989. 91-110.

Jardine, Lisa. *Still Harping on Daughters: Women and rama in the Age of Shakespeare.* Brighton: Harvester, 1983.

Jones, Eldred. *Othello's Countrymen: The African in English Renaissance Drama.* London: Oxford UP, 1965.

Jordan, Winthrop. *White Over Black: American Attitudes Toward the Negro, 1550-1812.* Chapel Hill: U of North Carolina p, 1968.

Kahn, Coppelia. *Man's Estate: Masculine Identity in Shakespeare.* Berkeley: U of California P 1981.

_____. "The Cuckoo's Note: Male Friendship and Cuckoldry in *The Merchant of Venice.*" *Shakespeare's "Rough Magic."* Ed. Peter Erickson and Coppelia Kahn, Newark: U of Delaware P, 1985. 104-12.

_____. *Roman Shakespeare: Warriors, Wounds, and Women.* London: Routledge, 1997.

_____. "Anthony's Wound." *Roman Shakespeare: Warriors, Wounds and Women.* London: Routledge, 1997. 110-43.

Kaplan, Cora. "Pandora's Box: subjectivity, class and sexuality in socialist feminist criticism(1985)." *Feminisms: An Anthology of Literary Theory and Criticism.* Eds. Robyn R. Warhol and Diane Price Herndl. New Jersey: Rutgers UP, 1997. 956-75.

Kermode, Frank. "The Mature Comedies." *Early Shakespeare.* Eds. John R. Brown and Benard Harris. New York: St Martin's P, 1961. 220-24.

Kermode, Frank, ed. "Introduction." *The Tempest.* By William Shakespeare. London: Methuen, 1961. xi-xciii.

Kinneavy, James L. *A Theory of Discourse.* New York: Norton, 1971.

Knight, G. Wilson. *The Crown of Life.* 1947. New York: Methuen, 1982. Rpt.

Kress, G. "Critical Sociolinguistics." *Encyclopedia of Language and Linguistics.* Vol. 2. Ed. R. E. Asher. Oxford: Pergamon P, 1994.

Lee, Kyung-Won. "Othello 'the Noble Moor' and a Postcolonioal Re-reading of Shakespearean Ambivalence." *English Language and Literature* 45.4 (1999): 969-89.

_____. "Racial Difference and Imperial Anxiety in Shakespeare's *Titus Andronicus.*" English Language and Literature 53.5 (2007): 859-78.

Leininger, Lorie J. "The Miranda Trap: Sexism and Racism in Shakespeare's *Tempest.*" *The Woman's Part: Feminist Criticism of Shakespeare.* Eds. Carolyn R. S. Lenz, Gayle Greene, Carol T. Neely. Urbana: U of Illinois P, 1980. 289-94.

_____. "Cracking the Code of *The Tempest.*" *Bucknell Review* 25 (1980): 121-131.

Liebler, Naomi Conn. "Getting It All Right: *Titus Andronicus* and Roman History." *Shakespeare Quarterly* 45 (1994): 263-78.

Little Jr. Arthur L. *Shakespeare Jungle Fever: National-Imperial Re-visions of Race, Rape, and Sacrifice.* Stanford: Stanford UP, 2000.

Loomba, Ania. *Gender, Race, Renaissance Drama.* Manchester: Manchester UP, 1989.

_____. *Colonialism/Postcolonialism.* London: Routledge, 1998.

_____. "Outsiders in Shakespeare's English." *The Cambridge Companion to Shakespeare.* Eds. Margreta de Grazia and Stanley Wells. Cambridege: Cambridge UP, 2001. 147-66.

_____. *Shakespeare, Race, and Colonialism.* Oxford: Oxford UP, 2002.

Loomba, Ania and Martin Orkin, eds. *Post-Colonial Shakespeares.* London: Routledge, 1998.

Lorris, Gullaume de, and Jean de Meun. *The Romance of the Rose*. Trans. Charles Dahlberg. Princeton, N.J.: Princeton UP, 1971.

Luborsky, R. S. "The Pictorial Image of the Jew in Elizabethan Secular Books." *SQ* 46 (1995): 449-53.

Madelaine, Richad. ed. *Shakespeare in Production*: Antony and Cleopatra. Cambridge: Cambridge UP, 1998.

Mahood, M. M. ed. "Introduction." *The Merchant of Venice*. New Cambridge Shakespeare. Cambridge: Cambridge UP, 1987. 1-53.

Mannoni, Octave. *Prospero and Caliban: The Psychology of Colonization.* Trans. P. Powesland. New York: Frederick Praeger, 1956.

McHoul, A. "Discourse." *Encyclopedia of Language and Linguistics.* Vol.2. Ed. R. E. Asher. Oxford: Pergamon P, 1994.

Memmi, Albert. *The Colonizer and the Colonized.* New York: The Orion P, 1965.

Mercer, Kobena. "Just Looking for Trouble: Robert Mapplethorpe and Fantasies of Race." *Dangerous Liaisons: Gender, Nation, and Postcolonial Perspectives.* Eds. A. McClintock, A. Mufti, and E. Shohat. Minneapolis: U of Minnesota P, 1997. 240-52.

Miller, R. P. ed. *Chaucer: Sources and Backgrounds*. Oxford: Oxford UP, 1977.

Miola, Robert S. *Shakespeare's Rome*. Cambridge: Cambridge UP, 1999.

Moisan, Thomas. "Which is the merchant here? and which the Jew?": subversion and recuperation in *The Merchant of Venice." Shakespeare Reproduced: The Text in History and Ideology*. Eds. Jean E. Howard and Marion F. O'Connor. London: Methuen, 1987. 188-206.

Monter, E. W. "The Pedestal and the Stake: Courtly Love and Witchcraft." *Becoming Visible: Women in European History*. Eds. Renate Bridenthal and Claudia Koonz. Boston: Houghton Mifflin, 1977. 119-36.

Montrose, Louis Adrian. "'The Purpose of Playing': Reflections on a Shakespearean Anthropology," *Helios* 7 (1980): 51-74.

_____. “Professing the Renaissance: The Poetics and Politics of Culture.” *The New Historicism*. Ed. H. Aram Veeser. London: Routledge, 1989. 15-36.

Moody, A. D. *Shakespeare: The Merchant of Venice*. New York: Barron’s Educational Series, 1964.

Morison, Samuel Eliot, ed. *Christopher Columbus, Mariner.* New York: Penguin, 1983.

Moss, Joyce and George Wilson. *People of the World: Western Europeans*. Detroit: Gale Research, 1993.

Nagel, Joane. *Race, Ethnicity, and Sexuality*. Oxford: Oxford UP, 2003.

Neely, Carol T. "Women and Men in *Othello*." *The Woman's Part: Feminist Criticism of Shakespeare*. Eds. C. R. Swift Lenz, Gayle Greene, and C. T. Neely. Chicago: U of Illinois P, 1980. 211-39.

Neill, Michael. “Unproper Beds: Race, Adultery, and the Hideous in Othello.” *SQ* 40.4 (1989): 383-412.

Newman, Karen. “Renaissance Family Politics and Shakespeare’s *The Taming of the Shrew*.” *ELR* 16 (1986): 86-100.

_____. “‘And Wash the Ethiop White’: Feminity and the Monstrous in *Othello*.” *Shakespeare Reproduced: The Text in History and Ideology*. Eds. J. E. Howard and M. F. O’Connor. New York: Methuen, 1987. 143-62.

_____. “Portia’s Ring: Unruly Women and Structures of Exchange in *The Merchant of Venice*.” *Shakespeare Quarterly* 38.1 (1987): 19-33.

_____. *Fashioning Femininity and English Renaissance Drama*. Chicago & London: U of Chicago P, 1991.

Newton, Judith and Deborah Rosenfelt. “Introduction: Toward a Materialist-Feminist Criticism.” *Feminist Criticism and Social Change: Sex, Class and Race in Literature and Culture.* Eds. Judith Newton and Deborah Rosenfelt. New York: Methuen, 1985. xv-xxxix.

Nicoll, Allardvce. *Studies in Shakespeare*. Leonatrd & Virginia Woolf, 1927.

Novy, Marianne L. "Giving, Taking, and the Role of Portia in *The Merchant of Venice*." *PQ* 58 (1979): 137-54.

Orgel, Stephen. "Shakespeare and the Cannibals." *Cannibals, Witches, and Divorce: Estranging the Renaissance*. Ed. Marjorie Garber. Baltimore: Johns Hopkins UP, 1987. 40-66.

_____. *Impersonations: The Performance of Gender in Shakespeare's England.* New York: Cambridge UP, 1996.

Parten, Anne. "Re-establish Sexual Order: The ring episode in *The Merchant of Venice*." *Women's Studies* 9 (1982): 145-55.

Pêcheux, Michel. *Language, Semantics and Ideology.* Trans. H. Nagpal London: Macmillan, 1982.

Perret, Marion D. "Shakespeare's Jew: Preconception and Performance." *Shakespeare Studies* 20 (1988): 261-68.

Phillips, James E. "*The Tempest* and the Renaissance Idea of Man." *SQ* 15 (1964): 147-59.

Pierson, Ruth Roach. "Nations: Gendered, Racialized, Crossed with Empire." *Gendered Nations: Nationalisms and Gender Order in the Nineteenth Century*. Eds. Ida Blom, K. Hagemann, and Catherine Hall. Oxford: Berg, 2000. 41-61.

Plutarch. *Plutarch Roman Lives*. Trans. Robin Waterfield. Oxford: Oxford UP, 1999.

Rackin, Phyllis. "Androgyny, Mimesis, and the Marriage of the Boy Heroine on the English Renaissance Stage." *PMLA* 102 (1987): 29-41.

Ranald, M. L. *Shakespeare and His Social Context: Essays in Osmotic Knowledge and Literary Interpretation*. New York: AMS P, 1987. 135-52.

Ribner, Irving. *The English History Play in the Age of Shakespeare*. Princeton: Princeton UP, 1957.

Ridley, M. R. ed. "Introduction." *Othello.* By W. Shakespeare. Arden Shakespeare. London: Methuen, 1977.

Roberts, J. A. *Shakespearean Wild: Geography, Genus, and Gender*. Lincoln: U of

Nebraska P, 1991.

Rose, Mary Beth. "*Women in Men's Clothing: Apparel and Social Stability in* The Roaring Girl." *ELR* 14 (1984): 223-47.

Royster, Francesca T. "White-limed Walls: Whiteness and Gothic Extremism in Shakespeare's *Titus Andronicus*." *Shakespeare Quarterly* 51 (2000): 432-55.

Rubin, Gayle. "The Traffic in Women: Notes on the 'Political Economy' of Sex." *Toward an Anthropology of Women*. Ed. Rayna R. Reiter. New York: Monthly Review P, 1975. 157-210.

Ruthven, K. K. *Feminist Literary Studies: An Introduction*. London: Cambridge UP, 1984.

Said, Edward. *Orientalism*. New York: Vintage Books, 1979.

Sanders, Norman, ed. "Introduction." *Othello*. By W. Shakespeare. New Cambridge Shakespeare. Cambridge: Cambridge UP, 1984. 1-51.

Scarre, Geoffrey. *Witchcraft and Magic in 16th and 17th Century*. Atlantic Hughlands: Humanities Press International, 1987.

Scott, M. W. and S. L. Williamson, ed. *Shakespearean Criticism*. Vol.8. Detroit: Gale Research, 1989.

Selden, Raman and Peter Widdowson. *A Reader's Guide to Contemporary Literary Theory*. 3rd ed. New York: Harvester Wheatsheaf, 1993.

Shakespeare, William. *The Riverside Shakespeare*. Ed. G. B. Evans. Boston: Houghton Mifflin, 1974.

Showalter, Elaine. "Feminist Criticism in the Wilderness." *Critical Inquiry* 8 (1981): 179-205.

Sinfield, Alan. "*Macbeth*: History, Ideology and Intellectuals." *New Historicism and Renaissance Drama*. Eds. Richard Wilson and Richard Dutton. N. Y.: Longman, 1992. 167-80.

Singh Jyotsna. "Renaissance Anti-theatricality, Anti-feminism, and Shakespeare's *Antony and Cleopatra*." *Renaissance Drama* 20 (1989): 99-121.

_____. "Caliban versus Miranda: Race and Gender Conflicts in Postcolonial Rewritings of *The Tempest*." *Feminist Readings of Early Modern Culture: Emerging Subjects*. Eds. Valerie Traub, et. al. Cambridge: Cambridge UP, 1996. 191-209.

Sission, C. J. "A Colony of Jew in Shakespeare's London." *Essays and Studies* 23 (1937): 38-51.

Skura, Meredith A. "Discourse and the Individual: The Case of Colonialism in *The Tempest.*" *SQ* 40 (1989): 42-69.

Smith, Bruce R. *Shakespeare and Masculinity*. Oxford: Oxford UP, 2000.

Smith, Molly E. "Spectacles of Torment in *Titus Andronicus*." *SEL* 36.2 (1996): 315-31.

Smith, Peter J. *Social Shakespeare: Aspects of Renaissance Dramaturgy and Contemporary Society*. London: Macmillan, 1995.

Sousa, Geraldo U. de. "*The Tempest*, Comedy, and the Space of the Other." *Acting Funny: Comic Theory and Practice in Shakespeare's Plays*. Ed. Frances Teague. Rutherford: Fairleigh Dickinson UP, 1994. 52-65.

Spender, Dale. *Man Made Language*. London: Routledge & Kegan Paul, 1981.

Stallybrass, Peter. "Patriarchal Territories: The Body Enclosed." *Rewriting the Renaissance: the Discourse of Sexual Difference in Early Modern Europe*. Eds. M. W. Ferguson et al. Chicago: U of Chicago P, 1986. 123-42.

Stoll, Elmer Edgar. "Shylock." *JEGP* 10 (1911): 236-79.

Stone, Lawrence. *Family, Sex and Marriage in England 1500-1800.* Abriged Edition. New York: Harper & Row, 1987.

Tennenhouse, Leonard. "The Counterfeit Order of *The Merchant of Venice*." *Representing Shakespeare: New Psychoanalytic Essays*. Ed. M.M. Schwartz and C. Kahn. Baltimore: Johns Hopkins UP, 1980. 54-69.

Tilley, M. P. *A Dictionary of the Proverbs in England in the 16th and 17th Centuries*. New York: AMS P, 1950.

Tilney, Edumund. *The Flower of Friendship: A Renaissance Dialogue Contesting Marriage*. Ithaca: Cornell UP, 1992.

Todorov, Tzvetan. *The Conquest of America: The Question of the Other*. Trans. Richard Howard. New York: Haper & Row, 1984.

Tokson, Elliot H. *The Popular Image of the Black Man in English Drama 1550-1688*. Boston: G. K. Hall, 1982.

Traub, Valerie. *Desire and Anxiety: Circulations of Sexuality in Shakespearean Drama.* New York: Routledge, 1992.

Underdown, David. "The Taming of the Scold: the enforcement of patriarchal authority in Early Modern England." *Order and Disorder in Early Modern England.* Eds. A. Fletcher and John Stevenson. Cambridge: Cambridge UP, 1985. 116-36.

Vaughan, Alden T. and V. M. Vaughan. *Shakespeare's Caliban: A Cultural History.* New York: Cambridge UP, 1991.

Vaughan, V. M. *Othello: A Contextual History*. Cambridge: Cambridge UP, 1994.

Volosinov, V. N. and Mikhail Bakhtin. *Marxism and the Philosophy of Language.* Trans. Ladislav Matejka and I. R Titunik. Cambridge: Harvard UP, 1986.

Wayne, Valerie. "Historical Differences: Misogyny and *Othello*." *The Matter of Difference: Materialist Feminist Criticism of Shakespeare*. Ed. Valerie Wayne. Ithaca: Cornell UP, 1991. 153-80.

Wayne, Valerie and Catherine Belsey, eds. *The Matter of Difference: Materialist Feminist Criticism of Shakespeare*. Ithaca: Cornell UP, 1991.

Weedon, Chris. *Feminist Practice and Poststructuralist Theory*. Oxford: Blackwell, 1997.

Wilbern, David. "Rape and Revenge in *Titus Andronicus*." *English Literary Renaissance* 8 (1978): 159-82.

Wilfert, J. "Discours." *Les Notions Philosophiques*. Ed. Auroux Sylvian. *Encyclopédie Philosophique Universelle.* Vol.1, Tome 1. Paris: P.U.F., 1990.

Woodbridge, Linda. *Women and the English Renaissance: Literature and the Nature of*

Womankind. Urbana: U of Illinois P, 1984.
Yoors, Jan. *The Gypsies*. New York: Simon & Schuster, 1976.

찾아보기

저자 약력

김종환 교수는 1981년 계명대학교 영문과를 졸업하고 1992년 미국 네브래스카 주립대학교에서 박사학위를 취득했다. 1995년에 재남우수논문상(한국영어영문학회)을 수상했고, 1998년에는 제1회 셰익스피어학회 우수논문상을, 2006년에는 원암학술상을 수상한 바 있다. 1986년부터 계명대학교 영문학과 교수로 재직하고 있다. 한국영어영문학회 부회장과 한국연구재단 전문위원으로 활동했으며, 현재 한국셰익스피어학회와 신영어영문학회의 편집이사로 활동하고 있다. 저서로는 『셰익스피어 연극 사전』(공저), 『셰익스피어와 타자』, 『셰익스피어와 현대 비평』이 있으며, 세 권 모두 대한민국학술원 우수도서로 선정되었다. 번역서로 셰익스피어 4대 비극과 『로미오와 줄리엣』, 『베니스의 상인』, 『한여름 밤의 꿈』, 『줄리어스 시저』, 『헨리 5세』, 소포클레스의 『오이디푸스 왕』, 『콜로노스의 오이디푸스』, 『엘렉트라』, 『안티고네』, 아이스킬로스의 『사슬에 묶인 프로메테우스』와 『아가멤논』, 에우리피데스의 『메데이아』와 『엘렉트라』 등이 있으며 편저로는 『셰익스피어 명구와 명대사』, 『명대사로 읽는 셰익스피어 4대 비극』 등이 있다.

인종담론과 성(性)담론: 셰익스피어의 경우

초판1쇄인쇄 2013년 1월 7일
초판1쇄발행 2013년 1월 23일

저 자 김 종 환
펴 낸 이 신 일 희
펴 낸 곳 계명대학교 출판부
(704-701) 대구광역시 달서구 달구벌대로 1095
TEL: (053)580-6233
FAX: (053)583-6235
출판등록: 제347-1998-1호 (1970. 9. 1)

ISBN 978-89-7585-604-4 정가 23,000원
* 잘못된 책은 교환하여 드립니다.